Die

arbeitenden Klassen Englands.

Die
arbeitenden Klassen Englands
in socialer und politischer Beziehung

von

J. M. Ludlow und Lloyd Jones.

Aus dem Englischen

von

Julius von Holtzendorff.

Berlin.

Verlag von Julius Springer.

1868.

ISBN-13：978-3-642-93871-9　　e-ISBN-13：978-3-642-94271-6
DOI：10.1007/978-3-642-94271-6

Softcover reprint of the hardcover 1st edition 1868

Vorwort.

Machen die Arbeiter in der Entwicklung jener politischen Eigenschaften, welche den Mann und den Bürger kennzeichnen, Fortschritte oder Rückschritte? Muß ihre Gelangung zur Macht als ein Segen oder als ein Fluch angesehen werden? — das sind die Fragen, deren Beantwortung Seitens der Verfasser die vorliegende Schrift hat entstehen lassen, nachdem die Reform-Bill des Jahres 1866 durch erweitertes Stimmrecht dem englischen Arbeiter einen Antheil an politischer Macht gegeben hatte. Der gewaltigen Größe und Schwierigkeit der Aufgabe sich bewußt, sind die Verfasser an die Lösung dieser Fragen herangegangen. Unwillkührlich ist aus dem Versuch dieser Lösung ein Rechenschaftsbericht geworden, der den Nachweis giebt, was England von dem Jahre 1832, dem Geburtsjahr der ersten Reform-Bill, bis zum Jahre 1866, dem Jahre der zweiten Reform-Bill, geleistet hat, um die Verfasser die beiden Fragen, deren Beantwortunng der Zweck dieser Schrift ist, in ihrem ersten Theile mit einem freudigen Ja beantworten zu lassen; es ist ein Rechenschaftsbericht, der Kunde giebt, was England, das inmitten dieses Zeitraums aus königlichem Munde „das Land der Erbweisheit" genannt wurde, für seine arbeitenden Klassen auf socialem und politischem Gebiet auf dem Wege der Gesetzgebung und der privaten Thätigkeit geleistet hat.

Unstreitig ist es von dem größten Interesse, die Leistungen einer so großen uns stammverwandten Nation, wie der englischen, auf diesem Gebiet zu sehen und zugleich in einem Zeitraum, der die Früchte der gesäeten Saat erkennen läßt. Die Leistungen haben aber auch zugleich vieles Belehrende und fordern, vor Allem, zu einem Vergleich auf, was Deutschland für seine arbeitenden Klassen in dem gleichen Zeitraum bis zur Gegenwart gethan hat. Diese Gesichtspunkte haben den Unterzeichneten geleitet, als er an die Uebersetzung dieser Schrift ging; er bietet seine Arbeit dem deutschen Publikum, in der Hoffnung, daß sie demselben eine willkommene Gabe sein werde.

Berlin, Anfangs Mai 1868.

Julius von Holtzendorff.

Vorrede.

Vor einigen Monaten wurde der eine der Verfasser dieser Schrift angegangen, über den Gegenstand derselben einen Essay zu schreiben für die damals projectirte Schrift über „Reform," welche seitdem von den Mssrs. Macmillan veröffentlicht worden ist. Mit Widerstreben willigte er ein, nachdem sich zu ihm als Helfer der Freund gesellt hatte, dessen Name neben dem seinigen auf dem Titelblatt steht, dessen Bekanntschaft mit dem Gegenstande viel practischer und von früherem Datum ist, als seine eigene.

Als der Essay geschrieben war, fand sich, daß er ein Werk bildete. Zu umfangreich, um seinen ursprünglichen Zweck zu erfüllen schien die beste Weise für dessen Veröffentlichung die Anfertigung von Auszügen zur Einschaltung in der Mssrs. Macmillan zweites Werk: „Questions for a Reformed Parliament," während die ganze Schrift besonders erscheinen sollte. So entstand die gegenwärtige Schrift, deren Text bedeutende Zusätze und eine nicht unbeträchtliche Revision erfahren hat seitdem die „Questions for a Reformed Parliament" erschienen sind.

J. L. M.

Vorbemerkung.

Die Commission für Lohn-Garantie-Vereine zu Sheffield.

Seitdem die folgenden Blätter dieser Schrift gedruckt sind, sind alle Zweifel geschwunden in Bezug auf die Schuld der Geschäftsführer einiger Lohn-Garantie-Vereine zu Sheffield. Durch die Geständnisse von Broodhead und Anderen ist es jetzt bekannt, daß man zu dem sogenannten „rattening"*) ja selbst zu Mord in systematischer Weise seine Zuflucht nahm, um Willfährigkeit für die Verordnungen jener Vereine zu erzwingen.

Die Commission beschloß die Untersuchung fortzusetzen, welche zu diesen Entdeckungen in Sheffield geführt hatte, weil jene Stadt, man kann sagen, beinahe ausschließlich der Schauplatz der Frevel war, deren Quelle aufzusuchen ihre Pflicht war. Bei Vergleichung der betreffenden Stellen dieser Schrift wird man sehen, daß die Verfasser, bei Besprechung des Charakters und des Fortschrittes der Lohn-Garantie-Vereine, den Fall in Sheffield als einen ausnahmsweisen behandelten, nicht nur mit Rücksicht auf das Geheimniß, mit welchem das Geschäft ihrer Vereine geleitet wurde, sondern auch mit Rücksicht auf die Einschüchterungs-Praxis bei Vereins-Zwecken. Obgleich ein oder zwei Fälle sich in milderen Farben darstellen lassen, so liefern doch die widrigen Entdeckungen keinen Grund, die Schlußfolgerung, zu welcher man gelangt ist, zu ändern.

Denen, die dem Gegenstande einige Aufmerksamkeit geschenkt haben, ist es wohlbekannt, daß die Fabrikarbeiter von Sheffield und seiner unmittelbaren Nachbarschaft durch besondere charakteristische Züge gekennzeichnet sind, die hervorgegangen sind aus Eigenthüm-

*) **rattening,** ein neues Wort, welches die Bestrafung der Mitglieder des Vereins bedeutet, welche sich weigern, sich an einem Strike zu betheiligen oder es unterlassen den Verpflichtungen gegen den Verein nachzukommen. Der Uebersetzer.

lichkeiten des Gewerbes in dem District, und die gerade solche sind, von denen man erwarten könnte, daß sie zu den Verbrechen führen, welche sich gegen sie herausgestellt haben. Die Gewerbe, deren Beamte jene Frevel angeordnet oder ermuntert haben (die Ziegelstreicher ausgenommen) sind kleine Körperschaften mit rein lokalen Beschäftigungen — Sichel- und Sensen-Schleifer, Sägen-Schärfer, Schärfer für spitziges Handwerkzeug, Gabel-Schärfer, Sensen-Macher und andere derartige Gewerbe. Meistentheils zählen sie jedes 150—400 Maun und sind in beklagenswerther Weise verwahrloset. Die Leute die in denselben beschäftigt sind, wissen, daß ihre Zeit in dieser Welt kurz ist, mißachten alle Leben erhaltenden Vorsichtsmaßregeln, machen Complotte um höherer Löhne willen, welche sie zu häufig in brutaler Sinnenlust verbringen und gehen dem unvermeidlichen Ende mit eben so großem Kaltsinn entgegen, wie sie solchen scheinen manifestirt zu haben bei der Schmiedung von Complotten für das Verderben Anderer. Diese kleinen Cooperationen, oder Vereine, sind compact und leicht lenkbar, eifersüchtig gegen Eingriffe, und leidenschaftlich in ihrem Rachegefühl gegen diejenigen, deren Verhalten sie für die Interessen ihres Gewerbes für nachtheilig halten. Es giebt verschiedene Grade von Kraft und Geschicklichkeit, welche für jedes erforderlich sind; und die Löhne schwankeu auch bedeutend, wie man aus den Antworten sieht, die den Zeugen vernehmenden Beamten gegeben sind; Eingriffe von den niedriger bezahlten Gewerbe-Vereinen in die höher bezahlten führen zu Streit, während jede Vernachlässigung der von den Mitgliedern angenommenen Verpflichtungen, wie ein Fehlenlassen an Subscriptionsbeiträgen, natürlicher Weise persönliche Feindseligkeit hervorruft, die häufig rattenings, in die Luft-Sprengungen und Schießen in ihrem Gefolge hat. Die 160 Gabel-Schärfer in Sheffield, alle gezählt, ob in dem Verein oder nicht, immer an dieselbe Oertlichkeit gefesselt, eine gefährliche Beschäftigung treibend vom Knabenalter bis zum Grabe mit derselben Engherzigkeit localen Interesses, demselben Vorurtheil und derselben Neigung, haben nur eine geringe moralische Aehnlichkeit mit den Arbeitern der Maschinen-, Bau- und anderen Gewerbe, welche zu Zehntausenden associirt sind, welche fortwährend von Laden zu Laden und von Stadt zu Stadt gehen, Belehrung aus Erfahrung sammeln und alberne Vorurtheile und persönliche Animositäten durch beständigen Contact mit frischen Gesichtern, neuen Ideen und veränderten Lebensbedingungen abstreifen oder abnehmen machen.

Wir müssen nicht vergessen, daß das, was wir sehen, nur das letzte Aufflackern, nicht der erste Ausbruch einer verwüstenden Flamme ist. Den Zeugniß-Ablegungen mußte von den Commissionen Einhalt gethan werden, weil sich ihre Offenbarungen über mehr als zehn Jahre rückwärts ausdehnten. Es ist keine Neuheit in irgend einer der Gewaltthätigkeiten vorhanden; die einzige Neuheit ist das Wissen aller um dieselben. Zu der Zeit, in der Coalitions-Gesetze aufgehoben wurden, waren sie vielen Städten und Gewerben gemein, statt auf wenige Gewerbe in einer oder zwei Städten beschränkt zu sein; sie hatten einfach in diesen sich hingeschleppt seit der Zeit, in der jeder Arbeiter-Verein eine illegale Vereinigung war und in der persönlichen Gewaltthätigkeit beinahe das einzige Hülfsmittel war, das angewendet werden konnte, um die Geheiße der Comités zu erzwingen.

Fürchterlich wie diese Offenbarungen sind, modificiren sie nicht im geringsten Grade die allgemeinen Ansichten, welche wir über die Wirkung von Lohn-Garantie-Vereinen an den Tag gelegt haben. Sie sind in der That eine sprechende Warnung für die Arbeiter gegen das, was wir den Götzendienst des Arbeiter-Unionismus nennen möchten. Sie zeigen daß die Gewohnheit, das Klassen-Interesse des Arbeiters in exclusiver Weise zu betrachten, eine Stimmung hervorbringen kann, die ebenso unversöhnlich, ebenso teuflisch ist, wie der religiöse Fanatismus einer Secte von Mördern. Aber die Windbüchse und die Pulverkanne des Unionisten von Sheffield beweisen nicht mehr, daß alle Arbeiter-Verbindungen sollten unterdrückt werden, als der Dolch Ravaillac's beweißt, daß alle religiösen Associationen sollten niedergehalten werden.

Was uns betrifft, so freuen wir uns, daß die widrige Wahrheit endlich vollständig bekannt geworden ist. Ihr brennendes Licht, besser als irgend eine Anwendung des Criminal-Gesetzes gegen die Verbrecher, wird der Wiederkehr solcher Verbrechen ein Ende machen. Schlechter vielleicht selbst als die Verbrechen ist die Duldung derselben gewesen vor einer zum wenigsten bedeutenden Anzahl der Arbeiter-Klasse in Sheffield. Die Sonde wird jedoch jetzt dem Geschwür auf den Grund gehen und durch einsichtige Behandlung kann dasselbe in wirksamer Weise geheilt werden. Während einerseits die öffentliche Meinung der Arbeiter von England die Verbrechen selbst an das Licht bringen muß, mit einem Eifer, der nicht länger einem zweiten Broadhead sein Mörder-Dingen in Scheinheiligkeit zu hüllen und es hinter falsche Lohn-Anerbietungen zu verwahren gestattet, müssen anderer Seits die erwiesenen Veranlassungen und angeführten Entschuldigungen für jene Verbrechen fortgeräumt werden.

Wie man sieht, nahm man zu rattenings und anderen tadelnswerthen Weisen von Verfolgung hauptsächlich zu dem Zweck seine Zuflucht, um widerspenstige Mitglieder der Vereine an ihre Pflicht anzuhalten, während mehrere Zeugen angaben, daß man zu solchen Weisen des Zwanges nicht gegriffen haben würde, wenn loyale Mittel existirten, um die Forderungen der Comités zu erzwingen. Ueberdies ist es notorisch, daß die ärgerlichsten Schwindeleien beständig gegen Lohn-Garantie-Vereine von ihren Beamten begangen werden ohne Furcht vor gesetzlicher Bestrafung. Es ist nicht erforderlich hier anzugeben, wie das Gesetz solche Associationen behandeln sollte; wenn sie aber eine fortdauernde Existenz behalten sollen, (und wir halten den Mann für das Irrenhaus reif, der suchen wollte sie durch Gesetz niederzuhalten) ist es unumgänglich nothwendig, daß von dem Parlament ein Versuch gemacht wird, sie zur Beschaffung vernunftgemäßer und gesetzmäßiger Zwecke zu verhelfen, die leicht in das Bereich ihrer Thätigkeit kommen können. Gegenwärtig befindet sich das Verhältniß zwischen den Lohn-Garantie-Vereinen des Landes und dem Gesetze in einem sehr unbefriedigenden Zustande, und man muß hoffen, daß keine weitere Zeit verloren gehen wird, bevor Organisationen, welche solchen bedeutenden Theil unserer besten Arbeiter umfassen und welche solche wichtige Interessen behandeln, in einem Geist behandelt werden, wie er sich für die Gesetzgebung eines Landes geziemt, dessen Industrie eines der vornehmsten Elemente seiner Macht und seines Einflusses in der Welt ist. Die richtige Lehre, welche die Offenbarungen von Sheffield geben, ist nicht, Lohn-Garantie-Vereine außerhalb des Gesetzes zu stellen, sondern sie mit Entschlossenheit in den Sprengel des Gesetzes zu bringen, sie zur Oeffentlichkeit zu zwingen und sie an Stelle unbetastbarer Schatten zu Körpern zu machen, die von dem Gesetz anerkannt und dem Gesetz verantwortlich sind.

Berichtigungen.

Seite	2	Zeile	17	von oben	lies	welchen — statt welcher.
„	5	„	13	von oben	„	vornehmlich — statt vernehmlich.
„	7	„	4	von unten	„	werden, die — statt werden. Die
„	10	„	10	von oben	„	vornehmlichsten — statt vernehmlichsten.
„	12	„	15	von unten	„	einen — statt einem
„	35	„	9	von oben	„	Arbeiter-Vereinen — statt Arbeiter-Vereine.
„	41	„	18	von oben	„	der — statt den.
„	47	„	19	von oben	„	wurden sie — statt nachher wurden.
„	48	„	15	von oben	„	waren, — statt wären.
„	50	„	17	von unten	„	fiscalische Gesetze — statt fiscelische Gesetze.
„	57	„	20	von oben	„	Aufdruck — statt Abdruck.
„	76	„	4	von uuten	„	Sympathie für — statt Sympathie, mit der.
„	93	„	17	von oben	„	Wirthshäuser — statt Miethshäuser.
„	157	„	7	von oben	„	den — statt dem

Inhalt.

Einleitung.

Zu keiner Zeit in der Geschichte unseres Landes ist von den arbeitenden Klassen mehr die Rede gewesen, als in der Jetztzeit. Das große Werk der Session von 1866 ist eine Reform-Bill; einer ihrer erklärten Hauptzwecke sollte nach der Angabe des Führers der Konservativen im Unterhause, von dem sie eingebracht war, die Wiedergabe des Antheils politischer Macht an jene Klassen sein, von welchem sie, nach seiner Meinung, durch die Reform-Bill von 1832 ausgeschlossen waren. Derweilen war ein anderer ihrer ausgesprochenen Zwecke die Beschränkung ihrer Wieder-Zulassung zu derselben. Bei so bewandten Umständen scheint die Anstellung einer Forschung nach der jüngsten Geschichte und Lage einer Klasse angebracht, deren politischer Einfluß auf diese Weise den Wende-Punkt und zugleich das Problem einer großen konstitutionellen Umwandlung bildet, und der sichtlich von denselben Personen sowohl bestritten als auch gefürchtet wird. Machen die Arbeiter in der Entwicklung jener politischen Eigenschaften, welche den Mann und den Bürger kennzeichnen, Fortschritte, oder machen sie Rückschritte? Muß ihre Gelangung zu Macht als ein Segen oder als ein Fluch angesehen werden?

Die Frage ist eine bedeutungsvolle und die Aufgabe ihrer bündigen Beantwortung eine riesenhafte. Hätten die Verfasser dieser Schrift nicht vorher eine Ahnung gehabt von der ungeheueren Größe der Aufgabe, so würde der bloße Versuch, sie zu Stande zu bringen, ihnen zur Genüge ihre eigene Unfähigkeit für deren Erfüllung dargethan haben. Sie stehen jedoch in dem Glauben, daß sie Etwas zur Vollendung derselben beitragen können, und daß die Materialien, welche sie für diesen Zweck gesammelt, Anderen von Nutzen sein können. Verknüpft durch langjährige Freundschaft und langjährige gemeinsame Arbeit, gingen sie nichts desto weniger von ganz verschiedenen Gesichtspunkten an die Frage heran und sehen sie mit ganz verschiedenen Augen an. Einer von ihnen war im Jahre 1832 Arbeiter in Manchester, nachdem er bereits in seinem Gewerbe (das damals hohen Lohn einbrachte) in dem südlichen Irland und in Dublin gearbeitet hatte. Im Verlauf der folgenden Jahre hatte er Gelegenheit, ganz Lancashire und die angrenzenden Grafschaften zu durchwandern und hernach beinahe jede große Stadt in England und Schottland zu besuchen; bei dieser Gelegenheit blieb er einige Jahre hindurch in Leeds und Glasgow sowohl, wie auch in London und bewegte sich überall in Gesellschaft der Mitglieder der arbeitenden Klasse, denen die größeste Energie und der lebhafteste Verstand inwohnte. Er trauet sich daher zu, durch practische Erfahrung eine Kenntniß von der Lage und den Empfindungen jener Klasse zu besitzen, ganz besonders, vielleicht, zu Beginn des Zeitraumes, welcher diese Schrift zu umfassen sich vorgesetzt hat. Sein Mitarbeiter hat sich seit dem Jahre 1848 an verschiedenen Bewegungen für die Verbesserung der Lage der arbeitenden Klasse betheiligt. Durch seine Profession ward er veranlaßt, vornehmlich die von Seiten des Gesetzes vorhandenen Schwierigkeiten, welche jener Verbesserung im Wege standen, in Betracht zu ziehen, die Mittel zur Entfernung jener Schwierigkeiten zu überdenken und sich auch, und zwar in zunehmender Proportion der letzten Jahre, die Bahnen anzusehen, welche die Gesetzgebung für die Förderung der Wohlfahrt des Arbeiters gebrochen hatte. Ohne sich einer sehr zahlreichen Bekanntschaft mit Arbeitern rühmen zu können, war er so glücklich, von Zeit zu Zeit mit einer gewissen Anzahl der intelligentesten unter ihnen in Verbindung zu kommen und erfreute sich und erfreut sich noch mit Einigen einer Freundschaft, die ebenso aufrichtig und herzlich ist wie die, welche ihn mit Mitgliedern jeder anderen Klasse verbindet.

Die Ausdrücke „arbeitende Klasse," „Arbeiter" werden in dieser Schrift in ihrer täglichen Bedeutung genommen werden, d. h. in der Bezeichnung für diejenigen, welche, hauptsächlich mit ihren Muskeln, für Lohn arbeiten und sich damit ernähren. Die Phrase: wir sind Alle Arbeiter, in ihrer Anwendung auf den, welcher mit dem Kopf arbeitet, hat an sich Etwas Wahres, wird aber zu einer leeren Redensart, wenn sie zu weit ausgesponnen wird. Es liegt nicht in der Absicht, zum Gegenstand der Besprechung zu machen „die Armen," d. h. diejenigen, welche arbeiten können, aber sich nicht aus Gewohnheit durch Arbeit ernähren können, sondern sich nur durch eine vorübergehende Veranlassung bei irgend einer ihrer Kraftanstrengungen zu der eigentlichen arbeitenden Klasse erheben.

Es wird, schließlich, nicht beabsichtigt, den Fortschritt nur einer der Englischen arbeitenden Klasse zum Gegenstand der Besprechung zu machen, mit deren Lage und Empfindungen beide Verfasser am Meisten vertraut sein könnten, obgleich gelegentliche Beleuchtungen ihres Gegenstandes von anderen Landestheilen, namentlich von Schottland entlehnt sein können. In der That betreffen manche der Maßregeln, auf welche hernach Bezug genommen werden wird, Schottland oder haben sich in einer modificirten Gestalt dorthin und nach Irland ausgedehnt.

Erster Abschnitt.

Lage der arbeitenden Klasse im Jahre 1832.

(Für den Inhalt dieses Abschnitts übernimmt die hauptsächliche Verantwortlichkeit Mr. Lloyd Jones. Er schreibt größtentheils aus eigener Bekanntschaft mit der Sache, und obgleich er bei Bezugnahme auf Andere, gedruckte Citate geben kann, so wird es nur geschehen, wo seine eigenen gesammelten Notizen ihn in den Stand setzen, Gewähr zu leisten für die Genauigkeit der Angaben, die er zu geben haben mag.)

Um ein Verständniß für die arbeitenden Klassen Großbritanniens zu gewinnen, muß man sich dieselben ansehen und ihr Gebahren studiren, wo sie in Thätigkeit sind, nachdenken, und frei und ehrlich herausssprechen, wo sie auf ihre eigene Hand prüfen und entscheiden, und, wenn das Bedürfniß da ist, Staatsmännern und Gesetzgebern vorausgehen und practisch ausführen, was Parlamente nachher in huldreicher Weise genehmigen. Wir können daher, fürchten wir, Wenig sagen von denen, welche in landwirthschaftlichen Branchen der Arbeit beschäftigt sind — einer Klasse zudem, welche, wie die Bevölkerungs-Statistik nachweiset, weniger als die Hälfte der industriellen Klasse ausmacht und welche in dem Maße abnimmt, wie die letztere sich vergrößert. Ländliche Arbeiter haben wenige politische Denker unter sich. Ideen socialer Reform haben bei den vereinsamten Arbeitern auf dem Felde nicht leicht Zugang, noch finden sie rasche Verbreitung unter ihnen. Sie geben sich nicht der Association hin, stehen in keiner Weise unter dem Einfluß von „Demagogen," von „Pläne schmiedenden Agitatoren," von „Vampyren" einer Lohn-Garantie-Verbindung, welche durch ihre Leichtgläubigkeit fett werden. John Bright hat noch niemals eine Zuhörerschaft unter ihnen gefunden, und Canon Girdlestone*) scheint für sie in dem engeren Kreise einem George Potter am nächsten zu kommen.**) Dennoch haben unsere Gesetz-

*) Canon Girdlestone, Vicar an der Kathedrale von Bristol, für die Erziehung und die sociale Reform der ländlichen Arbeiter thätig, während George Potter für Arbeiter-Vereine thätig ist. Anmerkung des Uebersetzers.

**) Es ist jedoch ein merkwürdiger Umstand, daß ländliche Lohn-Garantie-Vereine geber sie nicht darum mit mehr Rücksicht behandelt, als die Arbeiter unserer Fabrik-Districte. Im Gegentheil, sie sind den beharrlich angeregten Forderungen der Fabrik-Arbeiter-Klassen mit einem gesetzlichen Erlaß nach dem anderen begegnet, während der Arbeiter auf dem Lande den Lohn für seine Trefflichkeit in dieser selbst empfangen mußte, — es sei denn in jenen ausnahmsweisen Fällen, in denen jene Belohnung unterstützt wurde durch die dreißig Shillings oder den blauen Rock und die messingenen Knöpfe einer landwirthschaftlichen Gesellschaft.*)

New-Castle aber, Birmingham, Leeds, Manchester, Glasgow und noch andere kleinere und größere Städte sind die Mittelpunkte großer Districte, voll von Leben, wo Menschen mit Beharrlichkeit und mit Erfahrenheit an der Förderung nationalen Wohlstandes arbeiten. Für den Zweck unserer Darstellung mag Manchester ganz vernehmlich als ein typischer Centralpunkt angenommen werden. Ein Kreis, rund um diesen gezogen, mit einem Radius von 25 Meilen oder so ungefähr, schließt eine größere Anzahl großer Fabrikstädte in sich, als kaum innerhalb desselben Raumes auf einem anderen Theil des Erdenrunds sich finden dürften. Legen wir die Angaben des Superintendent Registrar zu Grunde, so finden wir, daß die Bevölkerung der nachfolgenden Städte sich folgendermaßen stellt: — Bolton 130,269, Bury 101,139, Haslingden 69,781, Blackburn 119,942, Burnley 75,595, Rochdale 91,754, Oldham 111,276, Ashton 134,753, Wigan 94,561, Stockport 94,360 Einwohner. Diese und noch andere sind alle, für commercielle und sociale Zwecke, Theile eines Ganzen und gewissermaßen die einzelnen Glieder eines ausgestreckten Riesen, dessen Herz die große Centralstadt ist. Alle sind mehr oder weniger mit einander ähnlichen Zweigen der Industrie beschäftigt, alle enthalten eine kräftige,

---

zu einer Zeit sehr an der Tagesordnung waren. Die ersten Jahre nach der Reform-Bill sind voll von den „Dorsethshire Lohn-Garantie-Vereinern." Aber die strenge Bestrafung, welche über diese armen mißleiteten Kerle verhängt wurde, scheint solche Vereine so wirksam gedämpft zu haben, daß der neuerliche Strike der Gowcott Arbeitsleute für zwölf Schillings die Woche von der Times als eine hübsche Neuigkeit behandelt wurde und von beinahe der ganzen Presse ein gutes Wort erhielt.

*) Das gang-System der östlichen Grafschaften scheint wenigstens in Begriff zu stehen, seine erste Beschränkung durch die Gesetzgebung zu erfahren. Die Uebel desselben sind von altem Datum und schon lange durch die Presse dargelegt; auch hat der neuerliche Bericht der Kommissäre über diesen Gegenstand nichts wesentliches Neues für die aufzuweisen, welche sich der Briefe über „Labour and the Poor" erinnern, die vor 17 oder 18 Jahren in dem Morning Chronicle veröffentlicht wurden.

thätige, intelligente Bevölkerung, Männer, welche sich selbst mit öffentlichen Fragen beschäftigen wollen, nicht sich beschränken wollen auf die Tagesordnung des täglichen Dienstes in Werkstatt und Fabrik; Männer, welche fühlen und in vielfacher Weise schon im Stande waren zu beweisen, daß sie nicht bloß Handwerkszeug der Production, sondern Bürger eines großen Reichs sein wollen, verknüpft durch tausend Bande mit allen Klassen jenes Reichs, und darum interessirt bei der Discussion und Feststellung jeder Frage, die die öffentliche Theilnahme auf sich zu ziehen vermag. In solch einem District wie dieser also (obgleich z. B. das West Riding von Yorkshire gerade eben solchen aufweisen dürfte) kann der eigentliche Charakter der Fabrik-Arbeiter von Großbritannien gewürdigt, ihre Macht geschätzt, ihr Fortschritt unter dem vollen Eindruck der Wirklichkeit empfunden werden, und auf das, was man bei diesen Leuten sieht von ihrer Denkkraft, Entschlossenheit des Willens, Fähigkeit für Organisation und practischer Geschäftsgewandtheit in Behandlung der Tagesfragen, muß man die ganze richtige Berechnung über ihren künftigen politischen Einfluß in dem Lande basiren. Was von ihnen gilt, gilt in einem gewissen Maße von der ganzen arbeitenden Klasse, denn allmälig, aber sicher, formen sie die ganze Klasse nach ihrem Bilde. Ohne den Londoner Fabrik-Arbeitern, welche ihre besonderen Eigenschaften haben, zu nahe treten zu wollen, ist es gewiß, daß beinahe, wenn nicht ganz, alle große Bewegungen, welche die Klasse betroffen haben, ihren Ursprung in den Provinzen hatten. Ein und das andere Mal mußte der hauptstädtische Theil die Krone einem Werk aufsetzen, welches er nicht begonnen hatte.

Unzweifelhaft ist es Thatsache, daß der Keim zu dem Fortschritte der arbeitenden Klassen während des Zeitraums, welcher mit der Reform-Acte von 1832 anfängt, in Bezug auf die Gesetzgebung gefunden werden muß eines Theils in Huskisson's großen Finanz-Reformen von 1824—25, anderen Theils in jenen Maßregeln desselben Zeitraums, welche hauptsächlich mit dem Namen von Joseph Hume in Verbindung gebracht werden müssen; wir meinen die Aufhebung der Coalitions-Gesetze (Combination laws) (5 Geo IV. c. 95, 6 Geo IV. c. 129), welche es dem Fabrikarbeiter nicht länger zum Verbrechen machte, sich zur Selbstvertheidigung mit seinen Genossen zu verbinden, und der Acte „to Repeal the Laws, relating to Artificers going to Foreign Parts“ (5 Geo. IV. c. 97), welche die Gesetze in Bezug auf das Reisen von Handwerkern nach dem Auslande aufhob und ihn in den Stand setzte, den Arbeitsmarkt durch Auswanderung zu lichten.*)

*) Zusammen mit diesem in dem Statute Book steht eine Acte, welche nur

Es ist inzwischen nicht weniger richtig, daß bis zum Jahre 1832 Veränderungen, selbst wenn sie von der nothwendigsten Art waren, in der Regel von denen abgerathen wurden, welche am Ruder waren. Das Gesetz war in jeder Richtung, in welcher seine Wirkungen für Fabrik-Arbeiter fühlbar wurden, allen öffentlichen Bewegungen entgegen, welche die Vereinigung bedeutender Mengen von Menschen erforderlich machten oder überwachte dieselben in eifersüchtiger und argwöhnischer Weise. Die Corresponding Societies Act (Gesetz, welches die schriftliche Verbindung der Vereine unter einander verbietet), durchgegangen in jenen trüben ersten Jahren des Continental-Krieges (39 Geo. III. c. 79), machte, indem sie (unter anderen) „alle Gesellschaften, die aus verschiedenen Abtheilungen oder Branchen zusammengesetzt waren," für ungesetzlich erklärte, jede Organisation, wenn sie nicht in ihren elementaren Anfängen blieb, unmöglich oder rief deren Geheimhaltung hervor. Die Seditions Meetings Act, — die Acte gegen aufrührerische Versammlungen — durchgegangen in den kaum weniger trüben erstern Friedens-Jahren (57 Geo. III. c. 19), unterwarf Versammlungen von funfzig Personen strengen Beschränkungen. Jede Maßnahme konnte von irgend einem Referenten in Bewegung gesetzt werden. So viele Uebel aber waren enstanden in Zusammenhang mit der politischen und industriellen Lage des Landes; so Vieles, was in nachtheiliger Weise in Wirksamkeit trat, bedurfte der Revision; so Vieles, was in durchaus gar keine Wirksamkeit trat, mußte in Thätigkeit gerufen werden, daß man Stimmen, welche man vorher zur Ruhe gebracht hatte, Gehör geben mußte, daß man Beschwerden, die bis dahin übersehen worden waren, untersuchen und schließlich die dringendsten und bedeutendsten Forderungen der leidenden Theile bewilligen mußte.

Unser Baumwollen Handel, welcher während des ganzen ersten Theils dieses Jahrhunderts rasch an Ausdehnung gewonnen hatte, nahm in einer ungeregelten, halb-wagehalsigen Weise zu. Das alte Häusler-System hatte dem Fabrikgebäude auf dem Lande Platz gemacht, wo das Bedürfniß des Besitzers in Bezug auf Wasserkraft den Arbeitern den Luxus einer gesunden Landluft verschaffte. Dieses System wurde wiederum, in Folge der Anwendung von Watt's Erfindung, durch die gruppenartige Aufstellung großer Fabrikanlagen in den verschiedenen

Geltung hat, wenn Schiedsgerichte für Handelsstreitigkeiten ein legales Factum werden. Die 5 Geo. IV. c. 96, „to Consolidate and Amend the Laws relative, to the Arbitration of Disputes between Masters and Workman" — „um die Gesetze über schiedsrichterliche Aussprüche bei Streitigkeiten zwischen Meister und Arbeiter in einen Gesetz zu verwandeln und zu amendiren."

großen Städten beseitigt, so daß eine volle Beisteuer von Kinder-Arbeit erzielt werden konnte, ohne daß man die kostbare, damals herrschende Praxis fortdauern ließ, arme Kinder selbst aus den entferntesten Kirchspielen, in den landwirthschaftlichen Districten, herbeizuführen. Unter diesen neuen Verhältnissen nahm die Baumwollen-Manufactur in Manchester und seiner Umgebung eine rapide Entwicklung. Bedeutende Vermögen wurden gemacht von einer Menge von Männern — ausdauernd, derb und untersetzt — deren Verschlagenheit in der Geschäfts-Handhabung weit augenfälliger war, als ihre Sorgfältigkeit oder Humanität in Behandlung derer, deren Arbeit für den glücklichen Erfolg ihrer Unternehmungen unumgänglich nothwendig war. Selbst fleißig und betriebsam, sahen sie die Klagen ihrer Arbeiter in Bezug auf Ueberladung mit Arbeit so an, als hätten dieselben ihren Ursprung in einer erbärmlichen Begierde, ihnen zu rauben, was ihnen als ehrliche Arbeiter gebühre; und wenn ihre Gewinne glücklich gemacht waren, so glaubten sie blindlings, daß die Welt für Alle insgesammt die bestmögliche Welt sei. Richtig ist es zwar, daß die Uebel des neuen Systems in manchen Districten drückender gefühlt wurden, als in anderen, und häufig auch gemildert wurden durch besondere Verhältnisse, in vielen Fällen durch die freundliche und hochherzige Dazwischenkunft humaner Fabrikbesitzer. Allmälig jedoch begannen die fürchterlichsten Folgen an den Tag zu treten. Der Mangel an Unterricht verkümmerte den Geist, während die zunehmende Arbeit den Körper im Wachsthum hinderte und ihn verunstaltete, und die kurzen Stunden der Erholung, die dem Fabrik-Arbeiter von seiner beschwerlichen Arbeit gestattet waren, gemeiniglich in den sinnlichsten und herabwürdigendsten Beschäftigungen verbracht wurden. Man fing an zu fühlen, daß die moralische, physische und den Unterricht betreffende Lage von Englands Fabrik-Arbeitern durchaus unerträglich sei.

Commission auf Commission wurde von der Krone in der Absicht bestellt, Untersuchungen anzustellen; sie alle offenbarten so widrige Scheußlichkeiten in ihrer Darstellung, daß die Sprache, in welcher sie beschrieben sind, wenn sie auch auf den Seiten eines parlamentarischen Blaubuchs ihre Rechtfertigung finden mag, doch durchaus unschicklich ist für eine Wiedergabe an dieser Stelle. Einige Stellen jedoch, die einer Zeugen-Aussage entnommen sind, gegen welche die wenigste Einwendung gemacht werden kann, müssen zur Darlegung des allgemeinen Thatbestandes gegeben werden.

Von Manchester im Jahre 1832 sprechend, bemerkt Sir J. P. Kay Shuttleworth — den Werth seines Zeugnisses werden Wenige in Frage stellen — „die Bevölkerung, welche in den Baumwollen-Manufacturen beschäftigt wird, steht um fünf Uhr des Morgens auf, arbeitet in den Spinnereien von 6—8 Uhr, und geht auf eine halbe Stunde oder vierzig Minuten nach Hause, um das Frühstück zu nehmen. Diese Mahlzeit besteht gemeiniglich aus Thee oder Kaffee mit einem wenig Brod. Der Thee ist beinahe immer von einer schlechten und bisweilen von einer schädlichen Beschaffenheit. Die Fabrik-Arbeiter kommen wieder nach den Spinnereien und Werkstätten bis 12 Uhr, wo ihnen eine Stunde für das Mittagessen gegeben wird. Für die, welche den geringeren Lohnsatz erhalten, besteht diese Mahlzeit gemeiniglich aus gekochten Kartoffeln. Das Gericht Kartoffeln wird in eine große Schüssel geschüttet, geschmolzenes Schmalz oder dergleichen Butter werden über sie geschüttet und einige Stücke gebratenen fetten Specks bisweilen mit ihnen vermengt, nur selten ein wenig Fleisch. Die, welche höhere Löhne erhalten, fügen, wenigstens drei Male in der Woche, einen größeren Theil animalischer Nahrung dieser Mahlzeit hinzu; jedoch ist die Quantität, die von der Arbeiter-Bevölkerung consumirt wird, nicht groß. Die Familie sitzt rund um den Tisch und jeder nimmt sich schnell seine Portion auf einem Teller, oder sie tauchen alle ihre Löffel in die Schüssel ein und stillen mit thierischer Begierde ihren scharfen Appetit."

Nachdem er in dieser Weise die halb-wilden häuslichen Gewohnheiten der Leute beschrieben hat, geht Sir James daran, eine Beschreibung ihrer gewöhnlichen Umgebungen zu geben: — „Die Bevölkerung, welche sich mit solcher Nahrung nährt, ist in eine dichte Masse zusammengedrängt in kleinen Häusern,*) die durch enge, ungepflasterte und beinahe verpestete Straßen geschieden sind, in einer mit Rauch überladenen Atmosphäre, und in den Ausdünstungen einer großen Fabrikstadt. Die Fabrik-Arbeiter sind zwölf Stunden des Tages in den Spinnereien oder Werkstätten versammelt in einer entnervenden, erhitzten Atmosphäre, welche häufig beschwert ist mit Staub oder den Fasern von Baumwolle, oder die unrein ist in Folge des beständigen Athemholens, oder aus anderen Ursachen. Sie sind Handlanger, welche die Bewegungen einer gewaltigen materiellen Kraft überwachen, und Beistand leisten den Verrichtungen dieser Kraft, die sich mit einer Energie überarbeitet, welche von Ermüdung nichts weiß. Der Zustand der Straßen greift in starker Weise die Gesundheit ihrer

*) Im englischen Text cottage; cottage wird in Hinsicht der Abgaben, jedes Haus genannt, das nicht sieben Fenster hat. Anm. des Uebersetzer.

Bewohner an; sporadische Fälle von Typhus kommen vornehmlich in denen vor, welche eng sind, schlechte Ventilation haben und ungepflastert sind, oder welche Abfall-Haufen oder stagnirende Pfuhle enthalten."

Wir dürfen nicht vergessen, daß die Uebel, die ein solcher Zustand der Dinge mit sich führt, einen nicht geringeren Druck auf die schwache Frau und das hülflose Kind übten, als auf den Mann. „Nach allen den Zeugenaussagen, die vor uns abgegeben sind," sagte die Commission von 1832, „finden wir, erstens, daß die Kinder, welche in allen den vornehmlichsten Fabrikzweigen durch das Königreich hindurch beschäftigt werden, dieselbe Anzahl von Stunden arbeiten, wie die Erwachsenen." „In einigen vereinzelten Fällen," sagen sie an einer anderen Stelle, „fangen Kinder in dem Alter von fünf Jahren an in Fabriken zu arbeiten. Es ist nicht ungewöhnlich, sie dort in dem Alter von sechs Jahren zu finden. Viele sind unter sieben, noch mehr unter acht; die größeste Anzahl aber ist unter neun." Aus reiner Müdigkeit gingen die armen Geschöpfe ohne Abendbrod zu Bette, waren nicht im Stande, am Abend die Kleider abzulegen oder sie am Morgen anzulegen. „Beschwerden in den Gliedern, im Rücken, in den Lenden und in der Seite," sagen die Commissäre, „sind häufig. Die Häufigkeit und Härte des Schmerzes stehen regelmäßig in genauer Verbindung mit dem zarten Alter des Kindes und der Härte der Arbeit. Mädchen leiden an Schmerz häufiger als Knaben und bis zu einem vorgerückteren Alter hinein." Ferner, „Die Folgen von Arbeit während solcher Stunden sind in einer großen Menge von Fällen bleibende Verschlechterung der physischen Constitution, die Erzeugung von gänzlich unheilbarer Krankheit und das theilweise oder gänzliche Fernhalten (wegen übermäßiger Ermüdung) von den Mitteln, einen angemessenen Unterricht zu erhalten und sich nützliche Fertigkeiten anzueignen, oder von solchen Mitteln Vortheil zu ziehen, wenn sie geboten waren."

„Die erzeugten Ungestaltheiten" sagt Mr. Robert Baker*), einer der Fabrik-Inspectoren, welcher von 1828 bis 1832, als ausübender Arzt in Leeds, vermöge seines Berufsfaches mit der täglichen und nächtlichen Besichtigung verschiedener Fabriken beschäftigt war, „bestanden in einwärts gekrümmten Knieen, Plattfuß und Krümmung des Rückgrates. Die erste dieser Ungestaltheiten war in den Fabrik-

*) In einer werthvollen Abhandlung: „On the Physical Effects of Diminished Labour," die sich befindet in den Transactions of the National Association for the Promotion of Social Science für das Jahr 1859 Seite 553 und folgende.

Districten gemeiniglich als das „factory leg" (Fabrik-Bein) bekannt. Es gab kaum eine Stelle in einem District, in welchem sie nicht zu sehen waren." Ein anderer Herr, den er citirt, Mr. S. Smith, erster Chirurg an dem Krankenhaus zu Leeds, sagt: „Im Jahre 1832 hatte ich häufige Gelegenheit, Mittags einen District zu passiren, wenn die Arbeiter von der Arbeit gingen, um Mittag zu essen. Ein großer Theil von ihnen waren blasse, magere, abgezehrte, muthlos aussehende Geschöpfe, die keine Neigung zu Heiterkeit und Frohsinn zeigten. In dem gehörigen Alter waren die Hüften breit, aber spitz und eckig, die Schultern zugespitzt, der Kopf wurde nicht aufrecht getragen, sondern in sehr gebeugter Haltung." Solche Aussage hat um so größeren Werth für unseren Zweck, da sie aus einem Yorkshire Fabrik-District kommt und ein genaues Bild von dem Zustande der Fabrik-Arbeiter in den großen Städten von Lancashire giebt.

Daß ein Unterricht, der diesen Namen verdiente, für eine Bevölkerung unter solchen Bedingungen unmöglich war, ergiebt sich aus dem offenen Bekenntniß in den Angaben der Commissäre im Jahre 1832. Fabrik-Arbeiter waren in jenen frühen Tagen meistentheils gröblich unwissend. Selbst die Kunstspinner, welche am Besten bezahlt wurden, zeichneten sich vor den übrigen nur durch ihre übermäßige Schwelgerei aus. Gegenstände der Unterhaltung gab es wenige; Talent, in verständiger Weise die Unterhaltung zu machen, war im Besitz weniger; der Lärm der Fabrik war für den Austausch von Ideen ungünstig. Selbst unwissend, was Wunder, wenn sie wenig Sorge trugen um den Unterricht ihrer Kinder, und in ihnen zu oft nur Werkzeuge für Geldgewinn und Mittel zur Nachsicht gegen sich selbst sahen? Fürchterliche Beispiele könnten aus den Blaubüchern citirt werden, wie Eltern ihre Kinder nach der Fabrik trieben, einfach, damit sie in schwelgerischem Müßiggang leben konnten von dem Gewinn des Verdienstes ihrer Kinder. Jedoch war der erste große Kampf Seitens der Fabrik-Reformer weniger ein Kampf um den Unterricht, als um dessen unumgänglich nothwendige Bedingung — die Erholung des Kindes von Ueberarbeitung; und daher kommt der erstgenannte Gegenstand nur in untergeordneter Reihe unter den Beschwerden vor, die in den früheren Berichten aufgezählt werden. Wie in der That der Unterricht im Jahre 1832 gewesen sein muß, ergiebt sich am Besten aus solchen Documenten, wie die Berichte der Fabrik-Inspectoren aus den Jahren 1839 bis 1842 sind, als der Ueberladung mit Arbeit einigermaßen Einhalt gethan war, und die Unterrichts-Maschinerie der Fabrik-Gesetze bereits in Thätigkeit war. So war im Jahre 1843

(30 Januar) Mr. Leonard Horner im Stande zu berichten, daß, an dem Datum seines damals letzten vierteljährigen Berichtes, auf einer Fläche von 8 Quadratmeilen, welche die großen Burgflecken Oldham und Ashton umfaßte, für eine Bevölkerung von 105,000 Seelen nicht eine öffentliche Tages-Schule für die Kinder niederer Klassen vorhanden war. Und wie war der Unterricht derer, von denen man annahm, daß sie einen empfingen? Am 7. Juli desselben Jahres fühlte er sich berechtigt zu sagen, daß von den 6872 Kindern innerhalb seines Districts (Manchester eingeschlossen), für welche Certificate über den Schulbesuch gegeben waren, 4500 „durchaus gar kein Unterricht" erhielten. Von diesen waren 2689 oder 39½ Procent in privaten Frauen-Schulen, welche er beschreibt als „kleine Vereinigungen von Kindern, zusammengebracht von dürftigen alten Männern oder alten Frauen, welche dem Namen nach eine Schule halten, da sie unfähig sind sich in irgend einer anderen Weise einen Lebensunterhalt zu erwerben, jedoch ohne irgend welche Qualification für das Lehrfach." Die Fabrik-Schulen selbst, statt in Wahrheit eine Vermehrung der Unterrichtsmittel der Zeit zu bilden, waren zu Anfang meistentheils ein reiner Gegenstand des Spottes. „Man findet den Maschinisten, den Spinner, den Tuchreiniger, den Buchhalter, den Oberaufseher, die Frau eines von diesen, den kleinen Ladenhalter oder den nächsten Nachbar, wie sie sechs oder sieben kleine Kinder, die an der Erde oder auf ihrem Schooß sitzen, an den verschiedenen Orten ihrer Beschäftigung die zwei Stunden hindurch, welche das Gesetz erfordert, unterrichten", so berichtet Mr. Robert Baker an Mr. H. J. Saunders, einem der Inspectoren, in einem Extract, der zu dem Bericht des Letzteren vom 1. Januar 1839 als Anhang gegeben ist. Und Mr. Baker glaubte nicht, daß er würde im Stande sein unter den 500 Fabriken, welche in dem West Riding unter seiner Oberaufsicht standen, ein Dutzend zu nennen, wo der Unterricht in Wirklichkeit gut war.

Solcher Unterricht, wie er gegeben wurde, beschränkte sich noch dazu auf die Sonntags-Schule. Wir sahen Oldham und Ashton mit einer Bevölkerung von 105,000 Seelen und mit keiner Tagesschule. In weit mehr bevorzugten Orten aber war das Mißverhältniß von Sonntagsschülern zu Tagesschülern ein niederdrückendes. Mr. T. J. Howell berichtete unter dem 30. Juni 1843, daß zu Macclesfield, Kongleton und zu Sandbach, auf eine Bevölkerung von 50,250 Seelen die Anzahl der Sonntags-Schule-Besuchenden sich auf 12,266 belief, gegen nur 2028, welche die täglichen Schulen besuchten. Und wie war der Sonntagsschulen-Unterricht? Sogar ein so spätes Document kann uns davon erzählen, wie es der Bericht der Commissäre ist, die bestellt waren, eine Untersuchung anzustellen über die Lage der Kinder der ärmeren Klassen, welche Beschäftigung fanden in den Bergwerken und Kohlengruben und den verschiedenen Fabrik- und Manufactur-Zweigen, in welchen Mengen von Kindern arbeiteten, die aber nicht eingeschlossen wären in die Verordnungen der Act for regulating the Employement of Childern and Joung Persons in Mines and Factories (1861) — Acte für Regulirung der Beschäftigung von Kindern und jungen Personen in Bergwerken und Fabriken. Mr. Fletcher, indem er von Oldham (sieben Meilen von Manchester) spricht, sagt von dem Sonntagsschulen-Unterricht: „Der Zwischenraum von sechs Tagen zwischen jedem Unterrichts-Tage ist der Erreichung eines guten Resultates hinderlich. Die Anzahl derer, welche sagen, sie können ein leichtes Buch lesen, beträgt drei Viertel, diese aber schließt gemeiniglich Alle ein, welche ihre Zeilen wortweise buchstabiren." Mr. Symons giebt an, daß die Lehrer in Yorkshire ihm sagten, daß sie gewöhnlich die Kinder nicht fragen, was sie gelesen haben und daß der gleichmäßige Bericht der Geistlichen und anderer Zeugen lautet, daß die Kinder vergessen, was sie an einem Sonntag lernen, ehe sie am nächstfolgenden zur Schule kommen. Einige Schüler, die von dem Unter-Commissär für Derbyshire examinirt wurden, antworteten selbst in folgender Weise: Einer, „war vier oder fünf Jahre in einer Baptisten-Sonntagsschule, kann nicht horse oder cow (Pferd oder Kuh) buchstabiren;" ein anderer „war vier Jahre in einer Kalvinistischen Sonntagsschule, kann weder church noch house (Kirche, Haus) buchstabiren", während ein Dritter, der fünf Jahre eine Methodisten-Schule besucht hat, „nur a—b ab lieset, und nicht sagen kann, wie sich d—o buchstabirt." Was auch immer der Werth der Sonntagsschulen gewesen sein mag in Verleihung von Gewohnheiten von Ordnung und Regelmäßigkeit an die Kinder, welche sie besuchten, oder an Hervorrufung frühen Besuchs des Gottesdienstes, es ist ganz klar, daß sie von geringer Wirkung waren für die Verbreitung von Unterricht unter die Kinder der arbeitenden Klasse.

Welches nun waren die Unterhaltungen der Massen, die auf diese Weise überarbeitet, schlecht genährt, schlecht quartiert — meistentheils ohne Unterricht gelassen waren? Große Mengen von Arbeitern besuchten Jahrmärkte und Kirmessen; auf den letzteren waren Sacklaufen, Klettern an eingeschmierten Stangen, Gesichterschneiden durch Pferde-Kummete für Taback, Jagen nach Schweinen mit eingeseiften Schwänzen, die auserlesensten Belustigungen. Eine beinahe allgemeine Unkeuschheit, deren Beweise so reichlich vorhanden sind, als ihre Anführung peinlich ist, herrschte unter den Frauen, welche in den Fabriken arbeiteten und ganz allgemein unter der niedrigsten Klasse der Arbeiter-Bevölkerung. Trinken war ein Hauptvergnügen. Wenn der Sonnabend Abend kam, begannen die Sinnenlüste, welche sich bis Sonntag Abend fortsetzten. Fiedeln waren von allen Seiten zu hören, schmal aussehende Männer und Frauen mit blassen Gesichtern stürmten nach den Wirthshäusern und sprangen und tanzten bis sie trunken und lärmend, zu den unpassendsten Stunden, auf die Straßen geworfen wurden. Am Sonntag Morgen wurden die Wirthshäuser wiederum bestürmt, damit der Durst, welcher auf die Sinnenlust der Nacht folgte, gelöscht werden konnte. Wenn jedoch die Kirchenstunden heranrückten, so kamen die Kirchendiener, mit langen mit Silber beschlagenen Stäben, und ergriffen, wenn möglich, alle die Betrunkenen und Ungekämmten, deren sie sich bemächtigen konnten. Diese wurden in einem für sie bestimmten Kirchenstuhl sorgsam untergebracht, und dort belassen, um sich an der Predigt zu ergötzen, während ihre Einfänger gewöhnlich eine nahe gelegene Kneipe besuchten, um sich mit einem oder zwei Glas für die wichtigen Dienste zu belohnen, welche sie der Moralität und der Religion geleistet hatten. In der That, grämliche, schweigsame Arbeit wechselte ab mit Lärm und rauschender Lustbarkeit, und die Schwelgereien zu Ostern und Pfingsten, hin und wieder mit einem Ausbruch bei beliebten Kirmessen, rundeten das ganze Leben des Fabrik-Arbeiters ab.

Der gewöhnliche Handwerker der Werkstatt war fürwahr ein ganz anderer Mann. Er war nicht gefesselt an die Tagesordnung eines colossalen mechanischen Systems, das, ob in Ruhe oder Bewegung, so kostbar war, daß es der regelmäßigen Beihülfe menschlicher Anstrengung bedurfte, wenn es gewinnbringend sein sollte. Seine Freiheit für den Verkehr mit seinem Mitarbeiter war eine beinahe uneingeschränkte. Er hatte Zeit zu studiren, wenn er dazu neigte, und wenn er das Wirthshaus der Werkstatt vorzog — was er zu oft that — so war es ein Gegenstand seiner Wahl, und er war zugänglich für Besserung, wenn irgend ein geeigneter Einfluß vermocht werden konnte, auf ihn einzuwirken. Außerdem wurde er nicht in einem so frühen Alter zur Arbeit angespannt und hatte in der Regel mehr Unterricht empfangen und vollständiger die Wohlthaten häuslichen Einflusses erfahren. Doch war die Werkstatt jener Tage keineswegs die wünschenswertheste Schule für einen Jüngling, um darin mit den thätigen Pflichten, die das Leben fordert, den Anfang zu machen. In den am höchsten bezahlten Gewerben war von dem Handwerker Arbeit an einem Montag nicht zu haben, viele Arbeiter begannen ihre Woche erst am Donnerstag. Die Praxis des Eintrittsgrußes (footings) war allgemein; der Betrag desselben wurde beständig mit Trinken vergeudet.*) Doch waren manche gute Einflüsse in solchen Werkstätten zu finden. Es gab ernste Männer, welche ihre Muße-Stunden mit Lesen oder Studiren verbrachten — Insectenkundige, Blumisten, Botaniker, Chemie und Astronomie Studirende. Es gab auch Männer — Politiker, Fuscher in Theologie — welche, wenn die Arbeit nicht geschäftig im Gange war, die Unterhaltung unter ihren Genossen ferne hielten von einem Verstocken in Leerheit oder Lasterhaftigkeit, oder welche solch grobes Scherzen, welches leichtfertig und elend war, niederschlugen. Solche Männer jedoch waren Ausnahmen, und bisweilen liebten sie trotz ihrer Studien ein Glas, ebenso wie ihre gottlosen Nachbaren. Besonderer Charakter machte sich in sehr kräftiger Weise unter diesen Männern bemerklich. In ihren Gewerbe-Versammlungen waren manche von ihnen, wenn sie über Gegenstände sprachen, deren sie durch Erfahrung Herr waren, beredte, logische und mächtige Redner, andere waren gelassen, geschäftsgewandt und geschickt im Negociren, andere wiederum waren ohne Grundsätze in so geistreicher Weise, als wenn sie geboren worden wären, Reiche zu regieren, voll von Stichelreden und Spitzfindigkeiten — Männer, welche Gott hintergehen konnten („that weeld circumvent God“) um den Gewinn oder den Ruhm eines Triumphes.

Es waren die Besonnensten und Nachdenkendsten von diesen Männern, wie wir nachher zeigen werden, welche die Agitation für die Short Time Bill — Bill für kurze Arbeitszeit — begannen. Sie sahen und fühlten weit früher, als die Fabrik-Arbeiter selbst, welch ein Fluch das Fabrik-System, wie es damals existirte, war. Sicherlich sahen sie die Nothwendigkeit, es in der Absicht seiner Verbesserung anzugreifen, eher, als die Fabrik-Arbeiter daran dachten, sich in der Sache zu regen. Und erst, als die Agitation eine Zeit lang gedauert hatte, konnten diejenigen, welche das unmittelbarste Interesse an derselben hatten, dahin gebracht werden, sich für die Frage zu interessiren, Ein Freund des Verfassers erzählte ihm zur Zeit der Agitation, wie er nach einem Dorfe ungefähr drei Meilen von Manchester gegangen sei, um auf einem Short Time Meeting zu sprechen; als er sich dem Platze näherte, wo das Meeting gehalten werden sollte, fand er sich

*) In dem Gewerbe, dem der Verfasser angehörte, mußte der Ankömmling 5 Sh. bezahlen, dazu fügten die alten Arbeiter jeder 1 Sh. und die ganze Gesellschaft begab sich nach dem Wirthshause.

in Mitten eines Haufens von Fabrik-Arbeitern, die sich rasch nach der Richtung hin bewegten, in welcher er ging. Sich erfreut und gehoben fühlend, sprach er Einen von denen, die ihm zunächst waren an, „Wir werden, denke ich, ein gutes Meeting haben“ — Was? — Ein gutes Meeting zu Gunsten der Short Time Bill. — Nein! schrie der Mann, es ist weiter nichts als eine Hunde-Fote.

Ueberdieß wurden, als Erfindung auf Erfindung neue Gewerbe in das Fabrik-System hineinbrachte, als der Concurrenz-Krieg heftiger und heftiger wüthete, die Mitglieder dieser außerhalb liegenden Gewerbe immer weniger und schwächer in Mitten der anschwellenden Masse der Fabrik-Arbeiter, und wenn die eifrigen Anstrengungen Vieler von ihnen jene Masse in die Höhe zu ziehen strebten, so neigte das Gewicht dieser dagegen immer dahin, sie herunter zu ziehen. Mittel gemeinsamer Action gab es nur wenige, und alle lagen, wie bereits gesagt, außerhalb des Gesetzes. So gab es einige „Building Societies (Bau-Gesellschaften), aber sie waren wenige und schlecht; dann gab es eine Anzahl von co-operativen Läden, aber mit Ausnahme sehr weniger ohne glücklichen Erfolg; das richtige Princip cooperativer Consumtion, das der Theilung der Gewinne bei Einkäufen, war noch nicht entdeckt. Die großen „Friendly Societies“ (Unterstützungs-Gesellschaften) waren, vermöge ihrer Abzweigungen, Losungswörter u. s. w. entschieden widergesetzlich und wurden nur um ihrer Harmlosigkeit willen nachgesehen. Politische Unzufriedenheit war weit verbreitet und Unzufriedenheit in jenen Tagen war immer nicht weit ab von Rebellion. Der Verfasser (der seitdem die Ehre gehabt hatte, mehr oder weniger unregelmäßig unter den Lanarkshire-Freiwilligen Ihrer Majestät zu zu dienen) muß bekennen, daß er im Jahre 1832 seine geschärfte Pike bei sich gehabt hatte, bereit gehalten für einen Marsch nach London, wenn die Reform-Bill nicht durchgegangen wäre, und er war nur einer der Tausende von Fabrik-Arbeiter zu Manchester, welche sich in gleicher Weise gerüstet hatten für das fürchterliche Wagniß eines Bürgerkrieges.

Vornehmlich waren Arbeiter-Vereine, auf welche in der That manche Leute heut zu Tage als neue und unerhörte Formen von Uebel zu blicken scheinen, in Thätigkeit, wenn auch im Allgemeinen schlecht verwaltet; sie waren geheimnißvoll in ihren Vorschriften und Berathungen und zu oft tyrannisch in ihren Maßnahmen. In ihnen allen war eine Tendenz nach Gewaltthätigkeit.*) Männer der Verbindung

*) Der Verfasser kennt persönlich zwei Personen, welche zu verschiedenen Zeiten und verschiedenen Gewerben angehörend, völlig erblindeten durch

wollten gewöhnlich nicht arbeiten mit Männern, die derselben nicht angehörten. „Knobsticks," wie die Männer genannt wurden, welche unter Preis arbeiteten, wurden oft gemißhandelt; Mord war bisweilen die Folge. In solchen Professionen jedoch, welche nicht in Verbindung waren, fanden Maßnahmen statt, welche beinahe ebenso sträflich, und weit mehr nachtheilig für die öffentliche Wohlfahrt waren. In dem Jahre 1829 z. B., einer Zeit der Geschäftslosigkeit und der Trübsal, wurde eine Verringerung der Löhne gewisser Klassen der Fabrik-Arbeiter von einigen ihrer Arbeitsgeber in Vorschlag gebracht. Die Erwiederung auf solche Vorschläge war die Zusammenrottung aufrührerischen Pöbels. Die Fabrik, welche den Mrs. Brocklehurst, of Macclesfield, gehörte, wurde angegriffen, und alle Fenster eingeschlagen. In Manchester fand auf verschiedene Baumwollen-Fabriken ein Angriff statt; die Fenster wurden in Stücke zerschlagen und die Maschinen zerstört; eine oder zwei wurden angezündet. In Rochdale, jetzt das Modell einer Stadt, in der Cooperation und jede andere Gestalt friedlicher Association in Blüthe stehen, brachen die Weber in die Fabriken ein, vernichteten die Webestühle und andere Maschinen. Funfzehn von den Aufrührern wurden gefangen genommen, und als ein Versuch zu ihrer Befreiung gemacht wurde, gaben die Truppen Feuer und erschossen sechs Personen. Der Verfasser dieser Zeilen war gegenwärtig, als eine der Fabriken in Manchester durch Feuer zerstört wurde. Das brennende Gebäude war umlagert von Tausenden aufgeregten Volkes, deren Gesichter, geröthet durch die aufsteigenden Flammen, eine ungestüme und wilde Freude ausdrückten. Als das Feuer seinen Weg nahm von Raum zu Raum, herausschlagend aus den langen Fensterreihen, wurde ein Freudengeschrei von dem Haufen ausgestoßen, und als es endlich durch das Dach brach und prasselnd zum Himmel aufstieg, tanzte die rasende Menge in Luft, jauchzte und klatschte in den Händen wie in ungezügeltem Dankgefühl für einen großen Sieg.

Wir haben unternommen, wenigstens vermittelst einiger Beispiele, die als Vorbilder gelten können, eine Darstellung zu geben von der Lage der arbeitenden Klassen Englands um die Zeit der Reform-Acte von 1832. Wir wollen nun eine Skizze geben von der Geschichte ihrer Fortentwickelung von jener Zeit an bis zur Gegenwart. Der einfache Versuch einer vollständigen Geschichte würde nicht Seiten, sondern Bände in Anspruch nehmen; es würde eine vollständig vergebliche Hoffnung

Vitriol, das ihnen in das Gesicht geworfen war von Männern, die sich am Strike betheiligt hatten. Aehnliche Gewaltthaten, aber vielleicht nicht oft von so ernsten Folgen, kamen häufig vor.

sein, die Aufgabe in befriedigender Weise zu lösen. Denn diese theilt sich in zwei Capitel, erstens in die Geschichte der verschiedenen Arten wohlthätigen Einflusses, der auf die arbeitenden Klassen von Außen her ausgeübt ward, und zweitens in die ihrer eigenen Anstrengungen für Selbst-Hebung. Das erste Capitel schließt unter anderen in sich den Bericht über die fünfunddreißigjährigen Bemühungen jeder religiösen Körperschaft, jeder wohlthätigen Gesellschaft, jedes Unterrichts-Instituts u. s. w. in dem Königreich, ferner den Bericht über die Entwickelung jeder Industrie und Erfindung, über die Anwendung jeder wissenschaftlichen Wahrheit während dieses Zeitraumes — genug, um die Lebenszeit eines Methusalem auszufüllen. Der andere Theil ist großentheils das, was unaufgezeichnet, im Gedächtniß unbehalten und unentdeckbar geblieben ist. Wenn es von der ganzen Menschheit wahr ist, daß die Einen säen und die Anderen ernten, so ist von den arbeitenden Klassen auch wahr, daß bei ihnen Säer und Schnitter nur selten in derselben Person die Frucht ernten. Die kleine „mutual improvement“ society (Gesellschaft für gegenseitige Ausbildung ohne Namen und ohne Sitz an einem bestimmten Ort, welche nur einige Jahre zusammenhielt — der glückliche Einfluß eines oder zweier Männer in einem Laden — der Griff, gethan von einer beharrlichen Willenskraft eines einzelnen fruchtbaren Gedankens — können der wirkliche Keim einer außerordentlichen Organisation gewesen sein, die mit glücklichem Erfolg von Männern betrieben wurde, welche mit deren Ursprung durchaus unbekannt sind. Vom physischen und moralischen Standpunkt aus kann man sagen, daß wir alle unser Leben in dem Staub vergangener Generationen hinleben. Von Keinem aber ist dieses mehr wahr, als von den Arbeitern. Vermöge verschiedener Ursachen — häufige Umwälzungen in mechanischen Processen, Verrückung gewisser Industrie-Formen, Veränderungen des Domicils und der Stellung, Auswanderung u. s. w. — ist bei ihnen mündliche Tradition gegenwärtig von ganz besonders kurzer Dauer, und der Tonangeber von heute wird oft unbekannt sein mit den Anstrengungen seines unmittelbaren Vorgängers, selbst wenn er gerade in seine eigenen Fußtapfen tritt.

Es giebt jedoch eine sichtbare Macht, deren Thätigkeit glaubwürdig verzeichnet steht, welche zugleich eine der kräftigsten Ordner ist und, in einem freien Lande wenigstens, einer der besten Exponenten socialen Fortschrittes, die Gesetzgebung. Gezwungen, die Proportionen unserer Aufgabe zu kürzen, wollen wir versuchen, dem Leser eine Skizze der Gesetzgebung der letzten fünfunddreißig Jahre (1832—1866) zu geben, so weit man annehmen darf, daß diese einen direct wohlthätigen Einfluß auf die arbeitenden Klassen geübt hat; dann wollen wir zeigen — 1. wie weit die arbeitenden Klassen solche Gesetzgebung gefördert oder ihr zuvorgekommen sind, oder in wie weit sie die Politik des Landes beeinflußt haben; 2. wie weit sie sich selbst der Mittel der Hebung bedient haben, die durch das Gesetz zu ihrer Verfügung gestellt wurde; 3. wie weit sie im Stande gewesen sind, es ohne dasselbe zu thun. Wir werden schließen mit einigen Betrachtungen über die allgemeine moralische Fortentwickelung der arbeitenden Klasse während des Zeitraumes, den wir im Auge haben.

Zweiter Abschnitt.

Fortentwickelung der Gesetzgebung in den Jahren 1832—1866, soweit sie die arbeitenden Klassen berührt.

(Für den Inhalt dieses Kapitels ist Mr. Ludlow verantwortlich.)

Obgleich, wie wir bereits gesagt haben, der erste Anfang jeglicher Fortentwickelung, die von den arbeitenden Klassen seit 1832 gemacht sein mag, in dem früheren Zeitraum gesucht werden muß, so kann man doch ohne Uebertreibung behaupten, daß kein gleicher Zeitraum unserer Gesetzgebung bisher eine Liste von so vielen Maßnahmen aufweisen kann, die in directer oder indirecter Weise zu der Wohlfahrt der arbeitenden Klasse beitragen, wie die vierunddreißig Jahre, welche mit der Session von 1866 schlossen. So zahlreich in der That sind diese Maßnahmen, daß, um sich nicht in einem Chaos zu verlieren, es nothwendig scheint, sie in besonderen Gruppen zu ordnen. Wir wollen daher der Reihe nach betrachten — 1. die Protective Acts — Schutz gewährende Gesetze — welche gewisse Uebelstände, die aus der Arbeit entstehen, ablenken oder hemmen sollen; 2. die Enabling Acts — Befugnisse ertheilende Gesetze — welche gewisse Formen der Thätigkeit unter der arbeitenden Klasse freigeben, entwickeln oder aufmuntern; 3. Gesetze von allgemeinem Nutzen, welche aber in einem markirten Grade auf die Hebung der arbeitenden Klasse abzielen. Zum Schluß wollen wir die Fortentwickelung der socialen Gesetzgebung und die der politischen gegen einander halten.

Der Unterschied zwischen den verschiedenen Klassen von gesetzlichen Erlassen, auf welche wir Bezug zu nehmen haben werden, ist für wahr oft ein so feiner, daß wir von vornherein die Verzeihung unserer Leser in Anspruch nehmen müssen, wenn wir die Maßnahmen, über welche wir berichten, hin und wieder verrücken. Auch können wir nicht unterlassen uns zu caviren. Unsere Skizze macht nicht den Anspruch, erschöpfend sein zu wollen. Jederman von practischer Kenntniß wird ohne Zweifel im Stande sein, von seinem eigenen Felde des Wissens her auf Lücken in derselben hinzuweisen. Das kann auch nicht anders sein. Denn in einem Staatskörper, wie dem unsrigen, wo ein starker Strom nationalen Lebens alle seine Glieder durchströmt, ist es unmöglich die Gesetze, welche eine Klasse betreffen, von denen genau zu scheiden, welche irgend eine andere betreffen. Sei dem wie ihm wolle, schließlich berührt alle Gesetzgebung die ganze Nation; der einzige Unterschied zwischen ihrer Wirkung auf einen oder den anderen Theil der Nation besteht in dem der Zeit, und in dem der größeren oder geringeren Unmittelbarkeit der Wirkung. Die Act for the Abolition of Fines and Recoveries and for the Substitution of more simple Modes of Assurance (3 et 4 Wm. IV. c. 74) — Gesetz für Aufhebung von Geldbußen und gerichtlicher Rückgewährung einer Sache und für die Substitution einfacherer Versicherungsformen — erscheint auf den ersten Blick den Bedürfnissen der englischen arbeitenden Klasse fremd. Und doch stützt sich auf dieses Gesetz manches Fabrik-Arbeiters Rechtstitel auf sein Haus und sein Stück Land, welche er durch die Hand einer Bau- oder Landverkaufgesellschaft erworben hat. Von der Act to Provide for the Government of the Straits Settlements (29 et 30 Vict. c. 115) — Gesetz, betreffend die Regierung der Niederlassungen an den Seestraßen — könnte man denken, daß sie nichts zu schaffen hat mit dem Arbeiter. Doch wenn sie darauf hinausgeht, wie die Colonisten hoffen, den Handel dieser Niederlassungen auszudehnen, so kann sich manch ein Webestuhl in Manchester und manch ein Hammer in Birmingham in Bewegung setzen.

§. 1. Die Schutz gewährenden Gesetze.

Die sogenannten Factory Acts — Fabrik-Gesetze — machen die vornehmste Abtheilung in der Gruppe der Schutz gewährenden Gesetze aus; dieselbe ist mit dem Jahrhundert beinahe gleich alt, da die erste Akte über Baumwollen- und Wollen-Fabriken vom 22. Juni 1802 (42 Geo. III. c. 73) datirt ist. Die erste Acte des Zeitraumes, welchen wir betrachten, ist die 3 et 4 Wm. IV. c. 103 (29. August 1833, etwas verändert durch die Act 4 et 5. Wm. IV. c. 1). Vergleichen wir nun diese mit ihrer unmittelbaren Vorgängerin, der Acte 1 et 2 Wm. IV. c. 39, so werden wir in dem ersten Augenblick durch ein anscheinendes Zurückgehen überrascht; während die erste Acte Abend-Arbeit in Baumwollen-Spinnereien und Manufacturen allen Personen beiderlei Geschlechts unter einundzwanzig Jahren verbot, beschränkt die gegenwärtige solche unter achtzehn. Der Spielraum der Maßregel ist jedoch jetzt bedeutend erweitert. Sie umfaßt jetzt jede Spinnerei oder Manufactur in Baumwolle, Wolle, Kammwolle, Hanf, Flachs, Werg, Leinen oder Seide, in welcher Dampf oder Wasser oder irgend eine andere mechanische Kraft benutzt wird das Maschinenwerk zu treiben oder in Bewegung zu setzen. Die Arbeit junger Leute unter achtzehn bleibt fixirt auf zwölf Stunden für den Tag, und auf neunundsechzig für die Woche, mit anderthalb Stunden für Eßzeiten, und das Alter für die erste Zulassung der Kinder auf neun Jahr. Die Beschäftigung der Kinder unter 11, 12, und 13 Jahren soll allmälig beschränkt werden von zwölf auf neun Stunden täglich, oder auf achtundvierzig wöchentlich. Regelmäßige Feiertage für Kinder und junge Leute sind angesetzt; ärztliche Zeugnisse sind erforderlich, ehe Kinder Beschäftigung erhalten können; Fabrik-Inspectoren sollen von der Krone angestellt werden; Schulbesuch ist zu einem zwangsweisen gemacht für alle Kinder, deren Arbeit auf achtundvierzig Stunden für die Woche begrenzt ist; ein Hauptinhalt der Acte und der Vorschriften und Verfügungen, welche von den Inspectoren gegeben sind, soll in jeder Fabrik, in die Augen fallend, ausgehängt werden.

Diese Maßnahme blieb eilf Jahre hindurch in Kraft; alsdann passirte die „Act to Amend the Laws relating to Labour in Factories" 7 et 8 Vict. c. 15. (6. Juni 1844) — Gesetz für Verbesserung der Gesetze betreffend die Arbeit in Fabriken. Außer der Ausbildung des Systems der Fabrik-Inspection — durch die Creirung von Unter-Inspectoren, die Errichtung eines anerkannten Amtes, die erforderliche Mittheilung, die einem solchen Amte über die Eröffnung einer Fabrik gemacht werden sollen, die Ernennung attestirender Chirurgen durch die Inspectoren, deren Honorar sie bestimmen können — enthält die Acte Verordnungen zum Schutz von Kindern und jungen Personen, welche bei dem Naß-Spinnen von Flachs, Hanf, Jute oder Werg beschäftigt werden, für die Vermeidung von Unglücksfällen bei Kindern, für die Ueberwachung des Maschinenwerks, für die Untersuchung von Unglücksfällen und die Beschaffung einer Vergütigung für dieselben. Das Alter, in welchem Kinder zuerst beschäftigt werden können, wird auf acht Jahre herabgesetzt; die Stunden ihrer Beschäftigung werden vermindert auf sechs und eine halbe oder sieben Stunden täglich, oder auf zehn Stunden in einem Tag um den andern; die Beschäftigung von Frauen wird der junger Personen gleichgestellt; das Aufhören der Arbeit am Sonnabend wird für die unter den Schutz dieses Gesetzes gestellten Klassen zu einem unbedingten um $4^1/_2$ Uhr Nachmittags gemacht; die Stunden für Eßzeit sollen zwischen $7^1/_2$ Vormittags und $7^1/_2$ Uhr Nachmittags gewählt werden; dazu treten Verfügungen in Betreff der Eßzeiten und halber Feiertage (Weihnachten und Charfreitag waren in England zu obligatorischen Feiertagen und in Schottland zu sacramentalen Festtagen gemacht) und auch in Betreff des Schulbesuchs (mit einer besonderen Ausnahme bei Kindern von eilf Jahren, die bei dem Abhaspeln und Drehen roher Seide angestellt sind).

Das nächste Jahr sah eine neue Klasse von Arbeitern unter Gesetz gestellt durch die „Act to regulate the Labour of Children, Young Persons, and Women in Print Worhs" 8 et 9 Vict. c. 29 (30. June 1845) — Gesetz zur Regulirung der Arbeit von Kindern, jungen Leuten uud Frauen in Druckereien. Diese werden unter die Controle der Inspectoren und Unter-Inspectoren der Fabriken gestellt; keine Druckereien sollen ohne Anzeige eröffnet werden, kein Kind soll unter acht Jahren Beschäftigung erhalten, kein Kind, keine junge Person ohne chirurgisches Zeugniß, kein Kind oder weibliche Person während der Nacht; die Kinder sollen die Schule besuchen und die Acte und gewisse Bestimmungen sollen ausgehängt werden. Die Stunden des Schulbesuchs bei Druckereien mag bemerkt werden, wurden etwas modificirt durch die Act of the 10 et 11 Vict. c. 70 (22. July 1847).

Es folgt nun die berühmte Zehn-Stunden-Acte — Act to limit the Hours of Labour of Young Persons and Females in Factories" 10 et 11 Vict. c. 29 (8. June 1847) — Gesetz zur Festsetzung der Arbeitsstunden junger Leute und weiblicher Personen in Fabriken — welche die Arbeitsstunden junger Leute unter achtzehn und weiblicher Personen, nach dem 1. Mai 1848 auf zehn Stunden täglich und auf achtundfunfzig wöchentlich beschränkte. Wohl bekannt ist es, daß diese Acte in ihrer Ausübung (bis ganz neuerlich, wo von einigen Arbeitsgebern Mittel erfunden zu sein scheinen für Beschäftigung nur Erwachsener) die Wirkung einer allgemeinen Veränderung der Arbeitsstunden gehabt hat, in Folge der Verbindung, die man zwischen der Arbeit von Männern und der der Frauen und junger Leute eintreten ließ. Drei Jahre später änderte die Act to amend the Acts relating to Labour in Factories, 13 et 14 Vict. c. 54 (5. August 1850) — Gesetz zur Amendirung der Gesetze über die Arbeit in den Fabriken — die verbotenen Arbeitsstunden für junge Leute und weibliche Personen, welche unter 3 et 4 Wm. IV. c. 103 von $8^1/_2$ Uhr

Vormittags bis $5^1/_2$ Uhr Nachmittags gedauert hatten, und nach 7 et 8 Vict. c. 15 an den Sonnabenden um $4^1/_2$ Uhr beginnen sollten, auf die Zeit von 6 Uhr Vormittags bis 6 Uhr Nachmittags an jedem Tage mit Ausnahme des Sonnabends, wo sie hinfüro um 2 Uhr beginnen sollten; so machte die Acte völlig den Sonnabend zu einem halben Feiertag, gestattete aber der That nach zehn und eine halbe Stunde Arbeit an anderen Tagen. Die Eßzeiten müssen hinfort zwischen $7^1/_2$ Uhr Vormittags und 6 Uhr Nachmittags liegen. Die Stunden, in denen junge Leute und weibliche Personen über die regelmäßigen Grenzen hinaus beschäftigt werden können, um verlorene Zeit wieder einzubringen, wurden beschränkt. Andererseits wurden Kinder über eilf Jahre, die bei dem Abhaspeln und Drehen roher Seide beschäftigt werden, jungen Leuten gleichgestellt.

Die zuletzt erwähnte Acte begriff in ihren Haupt-Verordnungen nicht Kinder in sich, es folgte daraus, daß man diese früher mit der Arbeit anfangen und sie später mit derselben aufhören lassen konnte, wie die, welche älter waren als sie. Diese Anomalie wurde aufgehoben durch Act 16 et 17 Vict. c. 104 „further to regulate the Employment of Childern in Factories“ (20. August 1853) — weitere Regulirung der Beschäftigung von Kindern in Fabriken. Kinder, gleich jungen Leuten und Frauen, sollten nicht länger arbeiten als zwischen 6 Uhr Morgens und 6 Uhr Abends, außer unter gewissen Bedingungen in der Zeit vom 30. September bis 1. April, wo sie zwischen 7 Uhr Morgens und 7 Uhr Abends beschäftigt werden konnten. In keinem Falle aber, selbst wenn sie verlorene Zeit wieder einbringen wollten, sollten sie beschäftigt werden nach 2 Uhr Mittags am Sonnabend, oder nach 7 Uhr Abends an andern Tagen.

Sieben Jahre später (wenn wir eine unwichtige Acte 19 et 20 Vict. c. 38, 30. June 1856 übergehen) wurde dem System eine wichtige Ausdehnung gegeben durch die Act 23 et 24 Vict. 78 „to place the Employment of Women Young Persons and Children in Bleasting Works and Dyeing under the regulations of the Factories Acts“ (6. August 1860) — Gesetz, betreffend Stellung der Beschäftigung von Frauen, jungen Leuten und Kindern in Bleichereien und Färbereien unter die Verfügungen der Fabrikgesetze. Der Titel erklärt den Zweck des Gesetzes vollständig. Es enthält einige kleinere Abweichungen von dem allgemeinen System, von denen die bemerkenswertheste vielleicht ist eine Gestattung von Abend-Arbeit, um in gewissen speciellen Fällen verlorene Zeit wieder einzubringen. Das nächste Jahr nahm Spitzen-Fabriken in das System auf, welche speciell ausgeschlossen worden waren durch die Act 3 et 4 Wm. IV. c. 103. Die „Act to place the Employment of Women, Young Persons, Youths and Children in Lace Factories ander the regulation of the Factories Acts“ 24 et 25 Vict. c. 117 (6. August 1866) — das Gesetz, betreffend die Stellung der Beschäftigung von Frauen, jungen Leuten und Kindern in Spitzen-Fabriken unter die Verordnung der Fabrik-Gesetze — enthält, gleich dem vorigen, manche Specialitäten, wie z. B. eine Erlaubniß, Jungen zwischen sechszehn und achtzehn Jahren nicht länger als neun Stunden zwischen 4 Uhr Morgens und 6 Uhr Abends zu beschäftigen, und eine Ausschließung der Verfügungen der Fabrik-Gesetze für die Wiedereinbringung verlorener Zeit und für die Umgitterung der Maschinen. Die „Act to prevent the employment of Women and Children during the night in certain operations connected with Bleaching by the Open-air process“ 25 et 26 Vict. c. 8. (11. April 1866) — das Gesetz zur Verhütung der Beschäftigung von Frauen und Kindern während des Abends bei gewissen Verrichtungen, die mit dem Bleichen durch den Proceß in freier Luft in Verbindung stehen — brachte in gleicher Weise, so weit als Abend-Arbeit in Betracht kommt, unter die Bestimmungen der Act 23 et 24 Vict. c. 78 eine Klasse von Fabrik-Anlagen, welche von derselben besonders aufgenommen waren. Die Acte 26 et 27 Vict. c. 38 (29. Juni 1863) dehnte die Verordnungen der Bleach and Dye-Works Act aus auf die Beschäftigung von Personen weiblichen Geschlechts, jungen Personen und Kindern in Zurichtung von Garn und Tuch jeglichen Materials in solchen Fabriken, welche sich mechanischer Kraft bedienen. Und durch die Acte 27 et 28 Vict. c. 98 (20. Juli 1864) wurden jene Verordnungen weiter ausgedehnt auf die Processe des Walkens, Scheerens, Wickelns, Sortirens von Garn oder Tuch, wo immer es fabricirt würde.

Ein noch weit wichtigeres Gesetz derselben Parlaments-Session als das oben erwähnte, ist die „Act for the Extension of the Factory Acts“ 27 et 28 Vict. c. 48 (25. Juli 1864) — das Gesetz, betreffend die Ausdehnung der Fabrik-Gesetze. Unter Zugrundelegung einiger besonderer-Fälle wurde eine ganze Gruppe neuer Industriezweige und Geschäfte — die Fabricirung von Thonwaaren, mit Ausnahme der Mauer- und Dachsteine, weil diese nicht zur Zierde dienen, von Phosphorhölzchen, Zündhütchen und Patronen, ferner die Tapeten-Fabricirung und Manchesterwirkerei — in die Gesetzgebung hineingebracht. Bei der Fabrikation von Phosphorhölzchen sollte kein Kind, keine junge Person oder Frau die Mahlzeiten nehmen in irgend einem Theile der

Fabrik, wo gewöhnlich ein Fabrikationsproceß, der des Holzschneidens ausgenommen, ausgeführt wird. Bei der Manchesterwirkerei sollte kein Kind vor dem Alter von eilf Jahren beschäftigt werden.

Mit diesem Gesetz schließt die Reihe der Fabrik-Gesetze, welche unter der Oberaufsicht und Controle der Fabrik-Inspectoren in Wirksamkeit sind. Wir haben uns nun zu einer anderen Reihe von Gesetzen zu wenden, welche nur von geringerer Bedeutung sind als die vorigen, und beginnen mit der „Act to prohibit the Employment of Women and Girls in Mines and Collieries to regulate the Employment of Boys and to make other Provisions relating to Persons working therein,“ 5 et 6 Vict. c. 99 (10. August 1842) — Gesetz, betreffend das Verbot der Beschäftigung von Frauen und Mädchen in Bergwerken und Kohlengruben, die Regelung der Beschäftigung von Knaben, und die Anordnungen anderer Bestimmungen in Bezug auf Personen, welche darin arbeiten; durch diese Acte wurden, wie ihr Titel besagt, die für ihr Geschlecht unpassenden Arbeiten weiblicher Personen in Bergwerken und Kohlengruben absolut verboten. Knaben sollten nicht unter 10 Jahren Beschäftigung erhalten; die Lehrzeitcontracte wurden auf acht Jahre begrenzt; keine Dampf- oder andere Maschine in bestimmteren Fällen sollte unter der Obhut einer Person unter funfzehn Jahren stehen; die Bezahlung der Löhne in Wirthshäusern war verboten. Endlich sollten Inspectoren für Bergwerke und Kohlengruben angestellt werden, jedoch mit weit engeren Machtvollkommenheiten als die Fabrik-Inspectoren — sie sollten nur einfahren, inspiciren und an den Staats-Secretair des Innern berichten können.

Die zuletzt genannte Acte wendet sich an Bergwerke im Allgemeinen; die beiden, welche nun zunächst erwähnt werden sollen, richten sich nur an die Kohlengruben. Die erste von diesen ist die „Act for Inspection of Coalmines in Great Britain“ 13 et 14 Vict. c. 100 (14. August 1850) — Gesetz für die Inspection von Kohlengruben in Großbritannien — welche Verordnungen trifft für die Ernennung von Inspectoren von Kohlengruben, mit etwas ausgedehnteren Machtvollkommenheiten, als nach der früheren Acte; für die Erstattung von Berichten über alle Unglücksfälle an den Staats-Secretair und über alle Untersuchungen von Todesfällen durch solche Unglücksfälle. Diese Acte (welche nur fünf Jahre dauern sollte) wurde aufgehoben und im Wesentlichen von Neuem gegeben durch die Act 18 et 19 Vict. c. 108 „to amend the Law for the Inspection of Coal Mines in Great Britain (14. August 1855) — Gesetz, betreffend die Amendirung des Gesetzes für die Inspectoren der Kohlen-Gruben in Großbritannien. Die Inspection erhielt erweiterte Machtvollkommenheiten; gewisse allgemeine Sicherheits-Vorschriften wurden durch sie verfügt; specielle Vorschriften sollten für jede Kohlen-Grube festgesetzt werden, welche der Genehmigung des Staats-Secretairs unterworfen sein sollten; beide sollten in augenfälliger Weise auf dem Haupt-Comtoir solcher Kohlengruben ausgehängt und gedruckte Exemplare derselben an alle beschäftigte Personen verabreicht werden.

Fünf Jahre später passirte die wichtige Acte „for the Regulation and Inspection of Mines," 23 et 24 Vict. c. 151 (28. August 1860) — Gesetz, betreffend die Regelung und Inspection der Bergwerke. Die fünf ersten Abschnitte dieser Acte richten sich an alle Bergwerke und verbieten die Beschäftigung von Knaben unter zwölf Jahren, mit Ausnahme solcher Knaben zwischen zehn und zwölf Jahren, welche ein Zeugniß eines Schulmeisters vorlegen können, daß sie lesen und schreiben können, oder welche die Schule zwei Mal in der Woche zum wenigsten drei Stunden des Tages besuchten. Achtzehn Jahr ist als das Alter festgesetzt, in welchem junge Leute angestellt werden können zur Ueberwachung von Dampf-Maschinen oder Maschinenwerk, wodurch Personen einen senkrechten Schacht oder eine geneigte Ebene herauf oder herunter gewunden werden. Noch wichtiger sind die übrigen Verordnungen, welche Bezug nehmen auf Kohlen-Bergwerke und „auf Eisenstein-Bergwerke der Kohlengebirge und bearbeitet werden in Verbindung mit Kohle oder mit nicht mehr bearbeiteten oder erschöpften Kohlen-Bergwerken." Die allgemeinen Vorschriften sind ausgedehnt; specielle Vorschriften sollen, vor Vorlegung an den Staats-Secretair, vierzehn Tage lang auf dem Haupt-Comtoir und auf dem Auszahlungsplatz für Arbeiter ausgehängt werden; Vorkehr wird durch die Vermittelung des Inspectors getroffen für die Wegräumung Gefahr bringender Ursachen, welche nicht von den Vorschriften vorgesehen sind; Löhne sollen in Geld gezahlt werden und nicht in einem Comtoir, das in der Nähe einer Branntwein-, Wein- oder Bierkneipe liegt; wo die Bezahlung der Beschäftigten durch Gewicht, Maaß oder Visirstab geschieht, können sie auf ihre Kosten Einen aus ihrer Zahl auf dem Platz des Wiegens u. s. w. anstellen, um das Gewicht u. s. w. zu überwachen. Mit dieser Reihe von Gesetzen steht Act 25 et 26 Vict. c. 79 (7. August 1862) in Verbindung, welche nur einen Schacht in Kohlen- oder Eisenstein-Bergwerken, auf welche sich die zuletzt erwähnte Acte bezieht, verbietet, und Vollmacht ertheilt by injunction — durch Interlocut — ein Nachkommen ihrer Verfügungen zu erzwingen.

Es ist unmöglich, nicht überrascht zu sein über den Unterschied, der zwischen der Reihe von Fabrik-Gesetzen und der der Bergwerks-Gesetze herrscht. In ihnen beiden sind absolute Beschränkungen für die Arbeit von Kindern und von Frauen; in beiden befindet sich eine Maschinerie von Beaufsichtigung. Aber das umständliche Detail der Fabrik-Gesetze findet sich nicht in den Bergwerksgesetzen; ihre Verordnungen über Erziehung kann man nicht, mit Ausnahme in einer einzigen Acte, auf Knaben zwischen zehn und zwölf Jahren angewendet finden; die Machtvollkommenheiten der Inspectoren sind äußerst begrenzt. Andererseits liefert die absolute Ausschließung weiblicher Arbeit, und von Knaben Arbeit unter zwölf Jahren, oder unter zehn in gewissen Fällen, von selbst den Beweis, daß die Personen, welche die Bergwerksgesetze vor Augen haben, in der Hauptsache die Starken und nicht die Schwachen sind. Dieses ist es, was eine Erklärung giebt für die ungeschmälerten Rechte, welche den Arbeit-Empfängern verliehen sind, alle speciellen Vorschriften für ihre respectiven Kohlengruben prüfen zu dürfen, bevor sie zur Genehmigung eingesendet werden, und Personen bestimmen zu können, um das Wiegen und Messen der Früchte ihrer Arbeit zu controliren.

Von der Kohle zu den Schornsteinen ist nur ein geringer Schritt. Wir wollen jedoch hier nicht lange bei einer Reihe Schutz gewährender Gesetze verweilen, welche das Schooßkind der Philantropie, das Schornsteinfegen, betreffen; es ist eine Reihe, die älter ist als die Union und hinter 1788 beginnt (28 Geo. III. c. 48). Drei gehören der Periode an, welche uns beschäftigt, die Acts 4 et 5 Wm. IV. c. 35 (25. Juli 1836), 3 et 4 Vict. c. 83 (7. August 1840), und 27 et 28 Vict. c. 37 (30. Juni 1864). Die Acte sind von stets wachsendem Nachdruck, und haben ein bedeutendes sociales Gewicht, insofern sie durch Anordnungen über die Materialien und Construction der Schornsteine und durch das absolute Verbot, daß keine Person unter einundzwanzig Jahren dieselben besteigen darf, wesentlich die gute Bauart und Sicherheit unserer Wohnungen gefördert haben. Der außerordentliche Nachdruck der gesetzlichen Erlasse erklärt sich zum Theil durch die Schwierigkeiten, wenn nicht durch die Unmöglichkeit einer Beaufsichtigung in einem Gewerbe, welches so exceptionell ist, wie das der Schornsteinfegerei.

Von Schwarz zu Weiß zurück scheint ein gewaltiger Schritt zu sein. Gleichwohl ist die nächste Schutz gewährende Acte, welche erwähnt sein will, die Act of Regulation of Bakehouses 26 et 27 Vict. c. 40. (31. Juli 1863.) — Gesetz, betreffend die Einrichtung von Bäckereien. Die Acte verbietet in Bäckereien die Beschäftigung von

Personen unter achtzehn Jahren zwischen den Stunden von 9 Uhr Abends bis 5 Uhr Morgens und trifft verschiedene Anordnungen für die Reinlichkeit der Bäckereien und über die Anlage der Schlafstellen in derselben gleichen Höhe mit Bäckereien in Städten ersten Ranges und kleinen Städten. Mit Wahrscheinlichkeit ist diese Acte nicht die letzte in ihrer Reihe.

Von der Bäckerei-Acte können wir übergehen zu einer enormen Gesammtheit Schutz gewährender Gesetze, welche eine äußerst bedeutende, aber besondere Klasse unserer Arbeiter — die Matrosen — betreffen. Acte über diese sind von frühem Datum in unserem Gesetzbuch, da sie bis auf Richard II. zurückgehen. Die erste unseres Zeitraumes jedoch (3 et 4 Wm. IV. c. 88. 28. August 1833) ist eine bloße Prolongations-Acte und hat nur die pecuniären Interessen des Matrosen im Auge. Die nächste (5 et 6 Wm. IV. c. 19. 30. Juli 1835) bringt einige sanitätliche Verordnungen und gründet ein „General Register Office of Merchant Seames" — General-Versorgungs-Büreau für (Stellen suchende) Matrosen der Kauffahrtei-Flotte. Sir James Graham's Acte, die Act 7 et 8 Vict. c. 112. (5. September 1844), ist von einer hohen Autorität, Dr. M. William, „Die Magna Charta of British Sailons" — die Magna-Charta für engliche Matrosen — genannt wurden. Die Reihe der Gesetze culminirt in zwei Acten, 17 et 18 Vict. cc. 104, 120, von denen die letztere, die „Merchant Shipping Repeal Act. 1854" — die Aufhebung der Kauffahrteischifffahrts-Acte, 1854 — die ganze vorhergehende Gesetzgebung wegfegt, während die andere, die „Merchant Shipping Act, 1854" an ihre Stelle einen umfangreichen Codex mit 548 Paragraphen stellt, mit Formularen im Anhang, welche das Alphabet bis W einschließlich erschöpfen. Der dritte Theil dieser Acte, der Bezug nimmt auf Capitäne und Matrosen, und der vierte, der sich bezieht auf Sicherheit und Schutz gegen Unglücksfälle, umfaßt hauptsächlich die dem Matrosen Schutz gewährenden Verordnungen; derselbe ist jedoch nicht vertreten in der „Local Marine Boards", den localen Marine-Büreaux, Körperschaften, die in einem großen Umfange mit der Ausführung der Acte betrauet sind. Die Maschinerie der Acte umfaßt Schiffs-Comtoire (welche in London Sailon Homes sein können) für Registrirung der Matrosen, Oberaufsicht über ihre Engagements und Erleichterung derselben, Entlassung u. s. w.; die Prüfung der Capitäne und Steuerleute für Certificate, ohne welche kein nach dem Auslande gehendes Schiff oder inländisches Passagier-Schiff in See gehen darf; Verordnungen, betreffend die Lehrzeiten zum Seedienst, das Engagement der Matrosen, ihre Entlassung, die Zahlung, den Antheil, die Ueberwachung, die gerichtliche Erlangung u. s. w. ihrer Löhne; Sparbanken für Matrosen; Clauseln für ihre Gesundheit und Versorgung durch die Bemessung von Lebensmitteln und Wasser, die Beschaffung oder Benutzung von Medicamenten, Limonen- oder Citronen-Saft, Zucker und Essig; die Bestellung von Inspectoren für Medicamente, medicinische Wartung in Krankheit, Begräbniß in Fall des Todes, Führung von medicinischen Sachverständigen auf gewissen Schiffen; der Raum, der jeden Mann zugetheilt werden muß; die Beschützung der Matrosen gegen Steuer-Auflage; die Absetzung von Capitänen wegen Untüchtigkeit oder schlechter Führung, See-Gerichtshöfe, the „General Register and Record Office of Seamen", officielle Logs, Boote für in See gehende Schiffe, wasserdichte Querwände auf eisernen Dampfern, die Ausrüstung der Dampfschiffe mit Sicherheitsventilen, Feuerspritze, Signalen u. s. w., die Ausmessung der Passagier-Dampfer u. s. w. Die Acte wurden in gewissen Beziehungen amendirt durch die „Merchant Shipping Amendement Act 1855" (18 et 19 Vict. c. 91) und die Merchant Shipping Amendement Act 1862 (25 et 26 Vict. c. 63) — Gesetz für Amendirung des Kauffahrteischifffahrts-Gesetzes; das letztere ordnete unter anderen an, daß Dampfschiffe, welche mit Certificaten versehene Capitaine haben sollen, auch mit Certificaten versehene Ingenieure haben sollten. Damit in Verbindung steht die „Act for regulating the proving and sale of chain cables and anchors," 27 et 28 Vict. c. 27 (23. Juni 1664) — das Gesetz, betreffend die Anordnung der Prüfung und des Verkaufs von Ankerketten und Ankern — welches einen indirekten, aber äußerst bedeutenden Einfluß auf die persönliche Sicherheit unserer Seeleute hat.

Mit den obigen Gesetzen könnten einige in Verbindung gebracht werden, die sich auf zwei Klassen von Leuten beziehen, welche mit dem Schiffswesen im engen Zusammenhang stehen, die Kohlen-Lader und die Ballast-Ablader; da diese, wenn sie auch an sich Interesse einflößen, in ihrer Thätigkeit auf die Hauptstadt sich beschränken, so wollen wir hier nicht genau auf sie eingehen, obgleich wir nachher wiederum auf sie zurück zu kommen haben werden.

Wie man bemerkt haben wird, sind keine der obigen Acte von einem allgemeinen Charakter; alle beziehen sich auf gewisse specifische Gewerbe oder Beschäftigungen. Beinahe die einzige unserer Periode angehörende Acte der ersteren Gattung, welche man als Schutz gewährende ansehen kann, ist die Acte 7 Wm. IV. et 1 Vict. c. 67 (15. Juli 1837) zur Amendirung der früheren, 5 Geo IV. c. 96, betreffend die Schiedsgerichte bei Streitigkeiten zwischen Fabrikherren und Arbeitern; jedoch sind ihre Verordnungen nicht des Verweilens werth. Außer dieser wollen wir indessen erwähnen die Acte 14 et 15 Vict. c. 11. (20. Mai 1851) „for the better Protection of Persons under the care and control of other's as Apprentices ar Servants and to enable the Guardians and Overseer of the Poor to institute and conduct Prosecutions in certain cases." — Gesetz, betreffend den Schutz von Personen unter der Obhut und Controlle von anderen, als Lehrlingen und Dienern, und die Bevollmächtigung der Wächter und Oberaufseher der Armen in gewissen Fällen Verfolgungen anzustellen und zu leiten; die Acte wurde aufgehoben durch die Acte 24 et 25 Vict. c. 25 und im Wesentlichen wiederhergestellt durch die Acte 24 et 25 Vict. c. 100 (6. August 1861); ihr Zweck ergiebt sich zur Genüge aus ihrem Titel.

§. 2. Befugnisse ertheilende Gesetze.

Wir kommen jetzt zu den Gesetzen, welche wir die Befugnisse ertheilenden Gesetze genannt haben. Diese lassen sich in lockerer Weise unter drei Abtheilungen gruppiren: 1. solche, welche die Bank-Operationen des Arbeiters erleichtern oder betreffen; 2. solche, welche die Verwendung seiner Ersparnisse und seiner Kräfte betreffen; 3. solche, welche sich auf seine physische und intellectuelle Förderung beziehen.

1. Bis zu dem Zeitraum welchen wir betrachten, wurde das Bankgeschäft des Arbeiters ausschließlich durch zwei Klassen von Instituten betrieben und zwar die Aufbewahrung seines Geldes durch die Sparbank und die Erlangung von Geld gegen Sicherheit durch den Pfandleiher. Den letzteren können wir mit einem Wort beseitigen, durch die einfache Bemerkung, daß drei Pawnbroking-Acts — Pfandleihe-Gesetze — dem Zeitraum angehören: die 19 et 20 Vict. c. 27; 22 et 23 Vict. c. 14; und 23 et 24 Vict. c. 21. Das Sparbank-System, welches von 1817 datirt (59 Geo III. c. 105) wurde in gleicher Weise in einer früheren Zeit zum Abschluß gebracht (9 Geo. IV. c. 92), obgleich es zu verschiedenen Zeiten modificirt wurde im Lauf der von uns betrachteten Periode, zwischen der Acte 3 et 4 Wm. IV. c. 14 (10. Juni 1833) und der Acte 26 et 27 Vict. c. 87 (28. Juli 1863); die letztere stellte unter gewissen Beschränkungen, die Verantwortlichkeit der Vorsteher wieder her. In der Acte 22 et 23 Vict. c. 53 „to enable Charitable and Provident Societies

and Penny Saving Banks to invest all their proceeds in Saving Banks" (13. August 1859) — Gesetz, betreffend die Bevollmächtigung, an Versorgungs- und Mildthätigkeits-Gesellschaften und Pfenning-Sparbanken all ihr Einkommen in Sparbanken anzulegen — aufgehoben, aber im Wesentlichen von Neuem wiedergegeben durch die Acte 26 et 27 Vict. c. 87, erhalten wir den ersten Lichtblick über die Verbreitung haushältiger Gewohnheiten unter einer Klasse, die auf der socialen Scala niedriger steht als die, für welche die gewöhnliche Sparbank bestimmt war.

Die Loan Societies Act, 5 et 6 Wm. IV. c. 23 (21. August 1835) — Gesetz für Anleihe-Gesellschaften — ist der erste neue Schritt in dieser Richtung. Auf keine Weise wollen wir diesen Anstalten mehr als das knappeste Maaß von Beifall geben. In vielen Fällen sind sie, fürchten wir, wenig mehr als Wucher-Werkstätten von der betrügerischsten Gattung. Doch sind sie für den Arbeiter das, was die Discontobank für den Kaufmann ist, und in Ermangelung von etwas Besserem war es vielleicht weise von dem Parlament, die Gesetzgebung über diesen Punkt, welche bisher nur eine zeitweilige war, durch die Acte 26 et 27 Vict. c. 36 (21. Juli 1863) zu einer perpetuirlichen zu machen.

Die dienlichsten Erleichterungen im Bankwesen sind jedoch durch das Post-Amt dem Arbeiter zu Theil geworden. Das Geld-Departement des letzteren (welches in der Acte 3 et 4 Vict. c. 96 (10. August 1840) eine erste parlamentarische Sanction erhielt), durch sein Registrations-System ergänzt, ist der große Kanal geworden, durch welchen er sein Geld von Platz zu Platz übermachen kann. Von noch größerer Bedeutung ist die Institution der Post-Amt-Sparbanken geworden durch die Acte 24 et 25 Vict. c. 14., 17. Mai 1861 (amendirt durch die 26 et 27 Vict. c. 14, und ausgedehnt durch andere Acte, die sogleich vermerkt werden sollen); dieselbe gewährt in den Eingangs-Worten „die directe Sicherheit des Staats" für Rückzahlung alles deponirten Geldes. Es ist ein merkwürdiger Beweis für die Zunahme jener Gewohnheiten, für deren Förderung die Sparbank eingerichtet war, daß die Spar-Prämie, welche nach der ersten englischen Sparbank-Acte 57 Geo. III. c. 130 3 Pence täglich oder 4 Pfd. St. 2 Sch. 11 P. per annum betrug — ohne Unterschied Seitens des Gesetzes zwischen dem Zinsfuß, der von dem Staat der Bank zugestanden war und dem der von der Bank dem Depositen eingeräumt war — und welche zu Anfang des Zeitraumes, der uns beschäftigt, noch (nach der Acte 9 Geo. IV. c. 92) $2^1/_2$ P. täglich an die Bank und $2^1/_4$ P. an den Depositor oder 3 Pfd. 16 Sch. $^1/_2$ P. und 3 Pfd. 8 Sch. $4^1/_2$ P. per annum resp. betrug, in der Post-Amt-Sparbank auf 2 Pfd. St. 10 Sh. per annum gefallen ist — indem der nach der Acte 26 et 27 Vict. c. 87. den Privat-Spar-Banken eingeräumte Zinsfuß 3 Pfd. St. 5 Sh. per annum, und der dem Deponenten zugestandene 3 Pfd. St. 10 P. ausmacht. In indirecter Weise gewährte eine weitere Hülfe in dieser Richtung die Entwickelung des Actien-Bank-Systems (hauptsächlich die „Act to regulate Joint-Stock Banks in England," 7 et 8 Vict. c. 113. — und die „Act to enable Joint-Banking Companies to be formed on the principle of Limitid Liability," 21 et 22 Vict. c. 91. — Gesetz betreffend die Regelung der Banken in England, und die Bevollmächtigung der Actien-Bank-Gesellschaften, sich nach dem Princip beschränkter Verantwortlichkeit zu bilden) — und die Praxis, welche in solchen Instituten sich ausgebildet hat, Depositen von kleineren Summen auf Zins zu nehmen. Und ziehen wir alle diese verschiedenen Einflüsse in Berechnung, so finden wir, daß während des in Rede stehenden Zeitraumes eine enorme Ausdehnung den Erleichterungen im Bankwesen für die arbeitenden Klassen gegeben worden ist.

2. Wir wollen nun zu jenen Maßnahmen übergehen, welche die Verwendung der Ersparnisse und der Kräfte des Arbeiters betreffen. Eine Gruppe von Maßnahmen für diesen Zweck fällt auf den ersten Blick durch ihre Abwesenheit in die Augen. Wenn die erfahrenen Arbeiter Großbritanniens heutigen Tages abstimmen sollten, um zu sagen, welche Form von Organisation sie für die wichtigste für sich selbst halten, und wenn sie wagten eine freie Antwort zu geben, so würden mit Wahrscheinlichkeit drei bis vier Fünftel von ihnen antworten, daß der Arbeiter-Verein (Trade Society) jetzt jene Form ist, welche andere auch immer später ihren Platz ausfüllen mag. Bis jetzt jedoch hat die Gesetzgebung in hartnäckigster Weise sich geweigert, diese in directer Weise anzuerkennen. Die Zufälligkeit eines Mangels an Arbeit — obgleich völlig geeignet, um in Berechnung gebracht zu werden — war noch niemals so angesehen worden, um für ihre Vorbeugung einen Unterstützungs-Verein zu gründen. Als nach langen und vergeblichen Anstrengungen zur Unterdrückung von Arbeiter-Vereinen die Gesetzgebung schließlich die Coalitions-Gesetze aufhob, ignorirte sie in starrsinniger Weise die Körperschaften, welche mit glücklichem Erfolg ihrer Macht Hohn gesprochen hatten. Der Arbeiter-Verein war nicht länger an sich verbrecherisch, sondern blieb, so zu sagen, aus dem Reich des Gesetzes verbannt.

Doch in Folge von Maßnahmen eines mehr allgemeinen Charakters gelang es Arbeiter-Vereinen, eine Verbesserung ihrer Stellung herbeizuführen. Die „Act to amend the Laws relating to Corresponding Societies and the Licensing of Lecture-rooms“ 9 et 10 Vict. c. 33 (27. Juli 1846) — Gesetz, betreffend die Amendirung der Gesetze, welche Bezug nehmen auf Vereine, die unter einander in Verbindung stehen, und auf die Bewilligung von Lese-Zimmern — verfügte, daß gerichtliche Verfahren nach der Acte 39 Geo. III. c. 79 und 57 Geo. III. c. 19. nur im Namen eines Gesetz-Beamten der Krone eingeleitet werden sollten. Precär, wie der Schutz ist, der durch solch eine Beschränkung gewährt wird, hat er doch ausgereicht, Dank der Weisheit der executiven Gewalt und der Controle der öffentlichen Meinung, die Entwicklung unserer großen Amalgameted Societies, mit Verzweigungen über die ganze Welt, zu gestatten.

Eins aus der Reihe der Unterstützungs-Vereins-Gesetze, welches um anderer Zwecke willen sogleich erwähnt werden soll, die Acte 13 et 14 Vict. c. 115 „to Consolidate and Amend the Laws relating to Friendly Societies“ (3. Juli 1846) — Gesetz zur Zusammenfassung und Amendirung der Gesetze über Unterstützungs-Vereine — öffnete in schüchterner Weise dem legalen Schutz der Arbeiter-Vereine neben anderen die Thür in einer Klausel, welche gewisse Garantieen gewährte, die enthalten sind in der Act „to benevolent and charitable institutions and societies, formed by voluntary subscriptions and benefactions for the purpose of reliving the physical wants and necessities of persons in distressed circumstanves“ — Gesetz, betreffend wohlthätige und milde Stiftungen und Gesellschaften, welche gebildet sind durch freiwillige Subscriptionen und Gaben zum Zweck der Abhülfe physischer Bedürfnisse und Nothdürfte von Personen in kümmerlichen Verhältnissen — welche ihre Vorschriften registriren sollen. In dem darauf folgenden Unterstützungs-Vereinsgesetz, der Act 18 et 19 Vict. c. 3 (23. Juli 1855) theilt sich die letzte Clausel in zwei, indem die eine gegen Certificat des Registrar manche der Vergünstigungen der Acte verleihet an „Versorgungs-Gesellschaften, milde Stiftungen und Wohlthätigkeits-Gesellschaften, welche gebildet sind zur Abhülfe der Bedürfnisse und Nothdürfte von Personen in armen Verhältnissen, oder für Verbesserung der Wohnungen der arbeitenden Klassen, oder für Bewilligung von Pensionen, oder für die Beschaffung von Wohnungen für die einzelnen Mitglieder oder anderer Personen, welche sie auswählen,“ — während die andere die Vergünstigungen nur der Verordnungen, welche Bezug nehmen auf die Beilegung von Streitigkeiten und die Vorbeugung von Betrug und Unterschleif, an

Gesellschaften verleiht, die gegen eine Deponirung ihrer Vorschriften, ohne Certificat, „für einen Zweck, der nicht illegal ist", („for any purpose wich is not illegal") gebildet sind. Von der letzteren Klausel ist Seitens der Arbeiter-Vereine in einem bedeutendem Maße Gebrauch gemacht worden, und die Weisheit des vorigen Lords der Schatzkammer hatte in Folge dessen ihnen als Unterstützungs-Vereine den Zutritt zu den Privilegien der Post-Spar-Bank gestattet. Unglücklicherweise hat eine kürzliche Entscheidung des Court of Queen's Bench (Hornly v. Close) die Garantieen, welche Arbeiter-Vereine durch die eben genannten Gesetz-Erlasse gewährt waren, in ernstliche Gefahr gebracht, wenn nicht vernichtet.

Ein Gesetz jedoch, welches in directer Weise das Verhältniß solcher Vereine berührt, gehört unserem Zeitraum an, die Act 22 Vict. c. 34 (19. April 1859) „to amend and explain" the Act 6 Geo. c. 129 — Gesetz betreffend Amendirung und Erläuterung des Gesetzes 6 Geo. c. 129 — indem sie die Coalitions-Gesetze aufhebt. Diese Acte verfügt, „daß friedliches Bemühen und in einer vernünftigen Weise, und ohne Drohung und Einschüchterung, direct oder indirect, um Andere zu überreden, in der Arbeit aufzuhören oder sich ihr zu enthalten", um einen bestimmten Lohnsatz oder andere Arbeitsstunden zu erzielen, nicht als eine „Belästigung" („molestation") oder „Hinderung" („obstruction") nach dem Sinn der besagten Acten angesehen, noch der Arbeiter der gerichtlichen Verfolgung oder der Anklage auf Conspiration unterworfen werden soll. Kaum braucht darauf hingewiesen zu werden, daß der Wortlaut der Acte nicht genügend ist. Die „vernünftige Weise" der Bemühung zur Ueberredung wird sicherlich einfach von dem Gutdünken des Richters bemessen.

Wir betreten jetzt das weite Uebungsfeld, welches viele Jahre hindurch den Kräften des Arbeiters eingeräumt war, das des Unterstützungs-Vereins, der zuerst im Jahre 1793 (33 Geo. III. c. 54) anerkannt wurde. Gleich der Sparbank gehört dieses Institut in seiner beinahe vollendeten Gestalt dem Zeitraume an, der dem, welchen wir jetzt betrachten, vorausgeht (10 Geo. IV. c. 56), es erfuhr jedoch während des letzteren mehrere bedeutende Entwickelungen. Die Act 5. Wm. IV. c. 40 (30. Juli 1854) verlieh das wichtige Ernennungsrecht für Gegenstände des gegenseitigen Wohles, und autorisirte die Bildung von Unterstützungs-Vereinen für jeden Zweck mit Ausnahme solcher, welche aufgezählt waren in der Act „which is not illegal". Eine unbedeutende Acte, „Act of the 3 et 4 Vict. c. 73 übergehend, kommen wir zu der Act of the 9 et 10 Vict. c. 27 (5. Juli 1846), welche einige bedeutende Verwilligungen an die arbeitenden Klassen machte. Unterstützungs-Vereine als solche wurden zum ersten Male ausdrücklich ausgenommen von den Verordnungen der vorher erwähnten Acts relating to Corresponding Societies and the Licensing of Reading-rooms, 39 Geo. III. c. 79. und 57 Geo. III. c. 19., (außerdem, daß sie Gesellschaften mit „Abzweigungen" verbot, erklärte die erstere derselben alle Gesellschaften für ungesetzlich, welche einen Schwur, ein Testeid oder eine Erklärung verlangten, die nach dem Gesetze nicht erforderlich oder autorisirt waren). Die Aufhebung dieser Beschränkungen setzte zum ersten Male die großen Gesellschaften der Odd Fellows, Foresters, Druids in den Stand, legalen Schutz zu erhalten. Ferner ward eine Klausel eingeschaltet, welche den ersten legalen Schutz den co-operativen Gesellschaften gewährte, die sogenannte „frugal investment" Klausel, unter gewissen Beschränkungen bevollmächtigte sie zu bildende Unterstützungs-Vereine, die Ersparnisse der Mitglieder hauswirthschaftlich anzulegen (for frugal investment), dieselben besser in Stand zu setzen Nahrungsmittel, Feuerung, Kleider oder andere Bedürfnisse oder das Handwerkszeug oder die Geräthe für ihren Stand und ihr Gewerbe einzukaufen, oder für den Unterricht ihrer Kinder und Verwandten Sorge zu tragen." Diese Klausel wurde beibehalten in der nächsten Acte über diesen Gegenstand 13 et 14 Vict. c. 115 (15. August 1850), „welche die Befugniß jedes Mitgliedes, oder des Mannes, der Frau, der Kinder oder des Präsentirten von solchem Mitgliede zur Auswanderung" hinzufügt, zu den Zwecken für welche ein Verein gebildet werden kann; sie substituirt jedoch für die beschränkende Klausel „for any purpose, which is not illegal", die weit mehr beengende: „zu einen Zweck, dem der Attorney-General oder der Lord-Advocat das Certificat geben soll, daß er legal ist als ein Zweck, auf welchen die Bevollmächtigungen und Vortheile dieser Acte ausgedehnt werden könnten."

Die Zwecke, für welche Unterstützungs-Vereine gegründet werden können, erfuhren eine bedeutende Verkürzung durch die „Act to Consolidate and Amend the Law relating the Friendly Societies" 18 et 19 Vict. c. 63 (23. Juli 1865) — Gesetz, betreffend die Zusammenfassung und Amendirung des Gesetzes über die Unterstützungs-Vereine — das Hauptgesetz, welches jetzt hierüber vorhanden ist. Die Frugal Investment-Klausel mit ihren Erleichterungen für den Unterricht, die Auswanderungs-Klausel und eine andere, welche wir nicht der Erwähnung werth gehalten haben, betreffend die Versicherung von lebendem und todtem Inventarium, Waaren oder Betriebsvorräthen,

Geräthen und Handwerkszeug, sind alle verschwunden. Der Zweck soll ein von dem Staatssecretair oder dem Lord-Advocat „für rechtmäßig erklärter" („authorized") sein, „ein Zweck, auf welchen die Machtvollkommenheiten und Vortheile dieser Acte ausgedehnt werden könnten." Die Acte erfuhr eine leichte Abänderung durch zwei andere, 21 et 22 Vict. c. 101 und 23 et 24 Vict. c. 58. Die größere Beschränkung der Act 18 et 19 Vict. c. 63 in Vergleich mit der Act 13 et 14 Vict. c. 115 erklärt sich großentheils durch den Umstand, daß zwischen den beiden die Industrial and Provident Societies Act — Gesetz für Gewerbe und Unterstützungs-Gesellschaften — deren nachher Erwähnung geschehen soll, durchgegangen war, welche in angemessenerer Weise die Zwecke der weggelassenen „Frugal investment" Klausel zum Austrag brachte. Es mag wenigstens erwähnt werden, daß die „Act to give further Facilities for the Establishment of Societies for the Assurance of Cattle and other Animals" 29 et 30 Vict c. 34 (11. Juni 1866) — Gesetz, betreffend die Verleihung weiterer Erleichterungen für die Gründung von Gesellschaften zur Versicherung von Rindvieh und anderen Thieren — solche Gesellschaften in die Privilegien der Friendly Societies Act einsetzte.

Der Unterstützungs-Verein muß als eine Art von Stamm angesehen werden, auf welchen manch ein Pfropfreis nach und nach aufgesetzt worden ist. Den ersten von diesen, die Anleihe-Gesellschaft, haben wir bereits genannt: der nächste, welcher für den Arbeiter ein sehr fruchtbringender war, war die Bau-Gesellschaft, anerkannt durch die „Act for the Regulation Benefit Building Societies" 6 et 7 Wm. IV. c. 32 (14. Juli 1836) — Gesetz, betreffend die Einrichtung wohlthätiger Bau-Gesellschaften — welche durchgegangen war, wie ihr Eingang besagt, zur Gewährung von „Aufmunterung und Schutz an gewisse Gesellschaften", die in verschiedenen Theilen des Königreichs, vornehmlich unter den industriellen Klassen, gegründet sind zu dem Zweck, durch geringe periodische Subscriptionen einen Fond anzusammeln, um aus demselben den Mitgliedern Beistand zu leisten zur Erlangung eines kleinen Freigut- (freehold) oder Pacht- (leasehold) Eigenthums. Diese wurden nach dem Muster des Unterstützungs-Vereins (Friendly Society) gegründet mit Kuratoren, welche mit dem Eigenthum bekleidet wurden, und mit attestirten (certified) Vorschriften.

Der dritte Pfropfreis ist die Industrial and Provident Society — Gewerbe und Versorgungs-Gesellschaft — jetzt von dem Stamm ganz losgelöst. Die erste Industrial and Provident Societies Act ist die Act 15 et 16 Vict. c. 31 (30. Juni 1852) vielleicht die bedeutendste Befugnisse ertheilende Acte des ganzen Zeitraums, wie die Zehn Stunden-Acte die bedeutendste Schutz gewährende ist. Indem sie „frugal investment“ Klausel der Act 13 et 14 Vict. c. 115 wiederholt und sagt, daß „verschiedene Associationen von Arbeitern sich gebildet haben zu gegenseitiger Hülfe, Unterstützung, Erziehung und Dotirung der Mitglieder, ihrer Männer, Weiber, Kinder oder Verwandte, und zur Beschaffung von Lebensmitteln, Wohnung, Kleidern und anderen Bedürfnissen durch gemeinsame Ausübung oder Betreibung ihrer respectiven Gewerbe oder Handwerke“ autorisirt sie, „jegliche Anzahl von Personen nach den Verordnungen dieser und der genannten citirten Acte eine Gesellschaft zu gründen zu dem Zweck, durch freiwillige Subscriptionen ihrer Mitglieder einen Fond anzusammeln, zur Erreichung eines Zweckes oder Gegenstandes für die Zeit, die durch die für Unterstützungs-Vereine geltenden Gesetze oder durch diese Acte verstattet ist, durch gemeinsame Betreibung oder Ausübung einer Arbeit, eines Gewerbes oder Handwerks, oder Betrieb von verschiedenen Arbeiten, Gewerbe oder Handwerke“; ausgenommen sind Bergwerke und Steingruben außerhalb Landes und Bankwesen, die den Bestimmungen der Acte unterworfen sind.

Wenn Sir James Graham's Merchant Shipping Act den Namen der Magna Charta of British Sailors verdiente, könnte diese Acte in gleicher Weise die „Magna Charta“ für cooperatives Gewerbe und cooperative Industrie genannt werden; obgleich amendirt durch die Act 17 et 18 Vict. c. 25 und die Act 19 et 20 Vict. 40 ließ sie doch die unter ihr associirten Arbeiter — nach dem Durchgehen der ersten Act „for Limiting the Liability of persons in certain Joint-Stock Companies“ 18 et 19 Vict. c. 133 (14. August 1855) (Gesetz betreffend die Beschränkung der Verantwortlichkeit von Personen in gewissen Actien-Gesellschaften) — in einer nachtheiligen Position ihren reicheren Concurrenten gegenüber, weil ihr solche beschränkte Verantwortlichkeit fehlte. Diese Anomalie ward aufgehoben durch die Act 25 et 26 Vict. c. 87 „to Consolidate and Amend the Laws relating to Industrial and Provident Societies“ (7. August 1862). Diese Acte ist jetzt in Gültigkeit; zum ersten Male in solchen Fällen von dem Vorbilde des Unterstützungs-Vereins ausgehend, bestimmte sie, daß alle Vereine unter ihrem Schutze als Corporationen mit beschränkter Verantwortlichkeit registrirt werden sollten. Solche Vereine konnten durch nicht weniger als sieben Personen gebildet werden „für die Betreibung jeglicher Arbeit, jeglichen Gewerbes oder Handwerks, sowohl en gros wie en détail, mit Ausnahme der Bearbeitung von Bergwerken und Steingruben und mit Ausnahme des Geschäfts des Bankwesens, und ferner für die Verwendung des Gewinnes zu irgend welchen Zwecken, die durch die Friendly Societies Act verstattet oder in anderer Weise durch Gesetz erlaubt sind." Die Ausschließung aller Bergwerke und Steinbrüche von der Wirksamkeit dieses letzten Gesetzes (das erste Gesetz schloß nur solche im Auslande aus) ist ein ernster Rückschlag gegen dessen Nützlichkeit, da ein bedeutender Theil der Bergwerk-Bevölkerung von cooperativen Ideen sehr eingenommen ist; überdies liefern die Kornish Bergleute ein Beispiel von erfolgreicher Cooperation, obgleich nur in einer elementaren Weise. Auch ist die Ausschließung des Bankwesens im Prinzip nicht gerechtfertigt, namentlich so lange, als Anleihe-Gesellschaften (Loan Societies) ähnliche Privilegieen eingeräumt sind.

Wir haben die obigen Gesetze als spezielle Befugnisse ertheilende Acte für die Arbeiter abgehandelt. Die Industrial and Provident Societies Acts müssen ihrer eigenen Benennung willen so angesehen werden. Ein anderer gemeinsamer Zug zieht sich jedoch durch sie alle hindurch, welche verhindert, daß der Reiche sich ihrer jemals in bedeutendem Umfange zu Nutzen machen kann — eine Begrenzung der Vortheile, die sich aus ihnen herleiten. So ist der Antheil eines Mitgliedes oder einer anderen Person in einer Friendly Society (nach den neuesten Gesetzen) limitirt auf 200 Pfd. St. oder vermittelst Rente (annuity) auf 30 Pfd. St. jährlich; in der Benefit Building Society darf der Antheil nicht über 150 Pfd. St. hinausgehen und die monatliche Subscription nicht über 20 Pfd. St.; in der Industrial and Provident Society ist der Antheil der Mitglieder auf 200 Pfd. St. limitirt. Sie haben auch das gemeinsam, daß sie alle Mittel für associative Selbsthülfe sind. Wir haben nun unserer Betrachtung zu unterwerfen eine letzte Reihe von Maßnahmen für Erleichterung der Anlage kleiner Ersparnisse Seitens des Einzelnen zu vorsorglichen Zwecken, unter Mitwirkung der Regierung.

Diese Reihe beginnt mit der Act 16 et 17 Vict. c. 45 (4. August 1853), ihr Titel „to Consolidate and Amend the Laws and to grant additional facilities in relation to the purchase of Government Annuities through the medium of Saving Banks and to make other provisions in respect there of" — Gesetz, betreffend die Zusammenfassung und Amendirung der Gesetze, die Bewilligung weiterer Erleichterungen für den Kauf von Regierungs-Annuitäten vermittelst der Sparbanken, und die Anordnung weiterer Bestimmungen hierüber

— giebt keineswegs ihre Gestalt an, da der erste Wurf auf das Privat-Sparbank-System hinzielt. Nach früheren Gesetzen (welche wir mit Bezug auf Sparbanken nicht erwähnt haben, weil ihre Bestimmungen aufgehoben sind), den Acten 3 et 4 Wm. IV. c. 14 und 7 et 8 Vict. c. 83, konnten kleine Regierungs-Annuitäten durch Vermittlung von Sparbanken gekauft werden. Die gegenwärtige Acte gab Befugniß, daß Annuitäten unmittelbare oder übertragene, die nicht unter 4 Pfd. St. und nicht über 30 Pfd. St. betragen, direct von den Commissioners for the reduction of the National Debt (Commissäre für die Reduction der Nationalschuld) gekauft werden können Seitens eines Deponenten in einer Sparbank, oder Seitens einer Person, welche die Commissioners for the reduction of the National Debt zu einer Deponirung „berechtigt" („entitled") halten, und daß von solchen Personen Versicherungen, die nicht über 200 Pfd. St. bei ihrem eigenen Tode hinausgehen, bei den Commissären validirt werden können. Größere Vortheile wurden für die gleichen Zwecke gewährt durch eine Acte, welche anständiger in ihrem Titel ist, die „Act to grant additional facilities for the purchase of small Government Annuities and for assuring payments of money on death." 27 et 28 Vict. c. 43 (14. Juli 1864) — Gesetz, betreffend die Bewilligung weiterer Erleichterungen für den Einkauf kleiner Regierungs-Annuitäten und für Versicherung von Geldzahlungen bei Todesfall. — Der Betrag einer durch die Commissäre bewilligbaren Annuität wurde jetzt auf 50 Pfd. St. jährlich gesteigert und die Maschinerie des Post-Amtes wurde nutzbar gemacht für die Annahme von Geldern, die für die Zwecke der Acte deponirt wurden.

Es ist handgreiflich, daß die obigen Acte nicht nur darauf hinausgehen durch eine Regierungs-Maschinerie die private Sparbank zu verdrängen, sondern auch in einem großen Umfange den Unterstützungs-Verein (Friendly Society); die Räthlichkeit, dieses zu thun, wurde während der Discussion über die Bill offenherzig verfochten. Die erstere Institution, welche bloß eine legalisirte Mildthätigkeit ist, bedarf keiner großen Sympathie, wenn ein sichereres Mittel für Aufbewahrung der Ersparnisse der arbeitenden Klassen aufgefunden werden kann. Ohne im Geringsten die Augen verschließen zu wollen gegen die Thatsachen der häufigen Mißverwaltung von Unterstützungs-Vereinen und den Ruin, welchen sie über ihre Mitglieder gebracht haben, nehmen sie doch als Institutionen für associative Selbsthülfe — für vereinte Vorsorge — einen weit höheren Standpunkt ein; man muß noch sehen, ob die Sicherheit einer Regierungs-Maschinerie ein genügendes Aequivalent bietet für die Benehmung der Lust an eine Form von Cooperation, welche darauf hinausgeht, die Leute gerade durch ihre Fehlschläge zu erziehen, und welche in Bezug auf die große Körperschaft der ländlichen Arbeiter bis jetzt beinahe das einzige Feld bietet, auf dem sie bis zu einem gewissen Umfange die Kunst der Selbstregierung lernen können. Während wir daher mit Bangigkeit dem vormaligen Schatzkanzler Glauben beimessen, für die äußerst wohlthätigen Intentionen gegen die arbeitenden Klassen durch Darbietung der Staats-Sicherheit, für die Anlage ihrer kleinen Ersparnisse in dem Ankauf von Annuitäten oder in der Validirung von Lebens-Versicherung wagen wir zu glauben, daß die Unterdrückung des Unterstützungs-Vereins ein äußerst bedenkliches Hinderniß für die wahre Fortentwicklung jener Klassen sein würde, und daß die sorgsame Reform jener Institution das ist, was erstrebt werden sollte.

Es bleibt aber noch ein gesetzlicher Erlaß übrig, welcher in socialer Wichtigkeit wahrscheinlich weit hinausgeht über jede Maschinerie für gouvernementales Einkassiren und Assecuriren dem Arbeiter gegenüber, wir meinen die Klausel den „Act to Amend the Law of Partnership“, 28 et 29 Vict. c. 86 (5. Juli 1865) — Gesetz, betreffend die Amendirung des Gesetzes in Bezug auf Arbeiter-Gesellschaft (partnership), dieselbe verordnet, „daß kein Contract für die Remuneration eines Dieners oder eines Agenten Jemandes, welcher in einem Gewerbe oder Unternehmen mit einem Antheil an den Gewinn solchen Gewerbes oder Unternehmens beschäftigt ist, solchen Diener oder Agenten von selbst verantwortlich machen soll als Theilnehmer (partner) an demselben, noch ihm die Rechte eines Theilnehmers geben soll.“ Zum ersten Male wurde es jetzt möglich für einen Arbeitsgeber, ohne durch das Gesetz sein Alles auf das Spiel zu setzen, zu thun, was so viele National-Oekonomen empfohlen haben — sich mit seinen Arbeitern auf Gewinn zu associiren. Zum ersten Male wurde es für den Arbeiter möglich, ohne sein geringes Alles zu riskiren, die Vortheile einer solchen Association anzunehmen.

3. Außer den Schutz gewährenden Maßnahmen, welche wir in Betracht gezogen haben, ist die wichtigste Klasse der Gesetze für die physische Förderung der arbeitenden Klassen, welche aufgezählt sein will, diejenige, welche sich auf die Verbesserung ihrer Wohnungen bezieht. Die erste Acte ist die „Act for the well ordering of Common Lodging-Houses“ 14 et 15 Vict. c. 28 (24. Juli 1851) — Gesetz, betreffend die gute Einrichtung gemeinsamer Wohnhäuser — welche Verordnungen enthält für Registrirung, Einrichtung, Beauf-

sichtigung und Reinhaltung solcher Häuser. Ihr auf dem Fuße folgt in dem Statute Book eine Acte von demselben Datum, welche aber augenscheinlich Verordnungen treffen will für eine höhere Klasse, die „Labouring Classes Lodging Houses Act 1851“ (14 et 15 Vict. c. 34) — Gesetz in Betreff der Wohnhäuser für die arbeitenden Klassen; sie bevollmächtigt den Rath jedes Burgfleckens, jede Sanitäts-Commission eines Orts, oder jede Commission für Verbesserungen, die Acte zu adoptiren und sie in Ausführung zu bringen mittelst der Stadt-Einnahmen oder geborgter Fonds (welche vorgeschossen werden können durch die Publis Works Loan Comissioners), entweder durch Errichtung von „Wohnhäusern für die arbeitenden Klassen“, durch Umwandlung von Gebäuden in solche oder durch Kauf vorhandener Wohnhäuser. Ein Versuch, die Entreprise privater Gesellschaften für diesen Zweck zu fördern, wurde gemacht durch die „Labourers Dwelling Act 1855“ (18 et 19 Vict. c. 232) — Gesetz Arbeiter-Wohnungen betreffend — welche die Bildung von Gesellschaften von nicht weniger als sechs Personen gestattet, „für den Zweck, Wohnungen für die Arbeiterklassen zu beschaffen mit oder ohne Privatgärten, und mit oder ohne gemeinsame Gärten oder Erholungs-Plätze für die Benutzung der Insassen solcher Wohnungen und für durchaus keinen andern Zweck;“ solche Wohnungen sollen wochen- oder monatweise vermiethet oder nicht über ein und zwanzig Jahre hinaus verpachtet werden, und die Gesellschaft soll zu keiner Zeit mehr als zehn Acres Land besitzen ohne Licenz des Handels-Amtes. Der Fehler der Acte liegt darin, daß sie unter Beschränkung des öffentlichen Nutzens, Ueberlassung der Wohnungen in Erbmiethe an die Insassen nicht gestattet; sonst würde sie bis zu einer großen Ausdehnung in äußerst dienlicher Weise die Acte für gemeinnützige Baugesellschaften bei Seite geschoben haben. Die Acte gleichen Inhalts für Schottland (18 et 19 Vict. c. 88) scheint liberaler; die Besonderheiten des Schottischen Gesetzes verhindern uns jedoch auf deren Verordnungen einzugehen. Wir dürfen jedoch nicht vergessen Erwähnung zu thun der „Act to facilitate the Building of Cottages for Labourers, Farm Servants and Artisans by the Proprietors of Entailed Estates in Scotland,“ 23 et 24 Vict. c. 95 (13. August 1860) — Gesetz zur Erleichterung des Baues von Häusern für ländliche Arbeiter, Dienstleute und Handwerker durch die Besitzer von Fideicommiß-Landgütern in Schottland — eine Vollmacht, um welche die Eigenthümer von Fideicommiß-Landgütern in England nicht bekümmert gewesen zu sein scheinen, denn nur in der „Improvement of Land Act 1864“ (27 et 28 Vict. c. 114) finden wir „die Errichtung von Häusern für ländliche Arbeiter, von Pachthäusern und anderen Gebäuden, welche für Wirthschaftszwecke erforderlich sind, und die Verbesserung von Häusern für ländliche Arbeiter, von Pachthäusern und anderen Gebäuden, welche für Wirthschaftszwecke bereits errichtet sind, und die Hinzufügung solcher zu den genannten" aufgezählt unter den Gegenständen, für welche nach der Acte Land-Eigenthümer Geld borgen oder verschießen können. Der Umfang der Staatshülfe für solche Zwecke ist inzwischen ausgedehnt durch die neuerliche „Act to enable the Public Works Loan Commissioners to make Advances to wards the erection of Dwellings for the Labouring Classes 29 et 30 Vict. c. 28 (18. Mai 1866) — Gesetz, betreffend die Bevollmächtigung der Public Works Loan Commissioners Vorschüsse zu machen für die Errichtung von Wohnungen für die arbeitenden Klassen, sie giebt die Vollmacht solche Vorschüsse zu machen nicht nur an jede öffentliche Obrigkeit, die berechtigt ist in Ausführung zu bringen die „Labouring Classes Lodging Houses Act 1851" — Gesetz, betreffend Wohnhäuser für die arbeitenden Klassen — sondern auch an jede Orts- oder andere Behörde, die durch Parlaments-Acte bekleidet ist mit den Vollmachten der Verwaltung und der Besteuerung einer Stadt oder eines Ortes, an jede Localbehörde, die nach der „Nuisances Removal Act 1855" — Gesetz, betreffend die Entfernung allgemeiner Nachtheile — oder nach ihren amendirten Acten verfährt, an jede Eisenbahn-, Dock- oder Hafen-Gesellschaft, oder an jede andere Compagnie-Gesellschaft oder Association, „die gegründet ist für die Zwecke der Acte oder für Zwecke, die sich auf Handel und Fabriken beziehen" oder an jede andere Privatperson, die die Berechtigung an Land in einfachem Lehn besitzt.

Eine andere Gruppe von gesetzlichen Erlassen des Zeitraumes kann in diesem Zusammenhange Erwähnung verdienen, da sie vielleicht von besonderem Vortheil für die arbeitenden Klassen ist, obgleich sie nicht speciell für sie gegeben ist, die, welche sich auf die Erhaltung offener Plätze und auf die Anlage von Erholungs-Anlagen bezieht. Außerdem, daß die General Enclosure Act 8 et 9 Vict. c. 118 (18. August 1845) — Allgemeines Einhägungs-Gesetz — verordnet, daß keine Ländereien, welche innerhalb 15 Meilen von der Stadt London, oder innerhalb 2 Meilen von einer Stadt von 10,000 Einwohnern, 2½ Meilen von einer von 20,000, 3 Meilen von einer von 70,000, 3½ Meilen von einer von 90,000, 4 Meilen von einer von 100,000 Einwohnern liegen, ohne besonderes Gesetz eingehägt werden sollen, und die Einhägung von Rasenplätzen in den Dörfern verbietet, enthielt sie eine besondere Klausel für die Verwendung oder Einhägung „eines Stückes Land von 4 — 10 Acres, der Bevölkerung entsprechend zum Zweck der Bewegung oder Erholung für die Bewohner der Nachbarschaft". Mr. Slaney's „Recreation Grounds" Act 22 1852 Vict. c. 27 — Gesetz für Erholungs-Plätze — gab Vollmacht, daß Verleihungen von Land an Besitzern von Fideicommiß-Gütern gemacht werden könnten, „damit sie von ihnen gehalten würden als freie öffentliche Plätze für den Besuch und die Erholung Erwachsener und als Spielplätze für Kinder und junge Leute oder zu einem oder dem anderen von diesen Zwecken," ohne den Bestimmungen der Charitable Trusts Act — Gesetz, betreffend die Kuratoren von Wohlthätigkeits-Stiftungen — unterworfen zu sein; sie autorisirte auch zur Vermachung von Legaten, welche nicht 100 Pfd. St. überschreiten, „zu dem Zweck der Bestreitung der Kosten für den Kauf, die Zubereitung, Pflege und Unterhaltung solcher Stücke Landes für die vorgenannten Zwecke und für deren Ausschmückung." Die Act „to enable a majority of two-thirds of the ratepayers of any parish or district, duly assembled, to rate their district in aid of public improvements for general benefit within their District" 23 et 24 Vict. c. 30. (3. Juli 1860) — Gesetz, betreffend die Vollmacht-Ertheilung an eine Majorität von zwei Drittel der Armentaxpflichtigen eines Kirchspiels oder Districts, welche in gehöriger Weise versammelt sind, ihren District eine Steuer aufzulegen zur Beihülfe für öffentliche Verbesserungen zum allgemeinen Nutzen in ihrem District — welche unglücklicher Weise beengter ist als ihr Titel, autorisirt die vorgenannte Majorität von Armentaxpflichtigen in Kirchspielen von mehr als 500 Seelen Bevölkerung „zum Zweck der Anlage eines öffentlichen Spazierganges, eines Platzes für Bewegung oder eines Spielplatzes," Ländereien zu kaufen oder zu pachten und Geschenke oder schriftliche Schenkungen dafür anzunehmen, und sich selbst nicht über 6 Pence (5 Sgr.) auf das Pfd. Sterl. zu besteuern (aber nur wo die Hälfte der berechneten Kosten für die vorgeschlagene Verbesserung subscribirt worden ist) für Unterhaltung solcher Anlage für „die Verbesserung eines öffentlichen Spazierganges oder Fußweges, für die Aufstellung passender Sitze oder die Bedachungen gegen Regen und für andere Zwecke ähnlicher Natur." Endlich verbietet die „Metropolitan Commons Act 1866" 29 et 30 Vict. c. 122 — (Gesetz, betreffend hauptstädtische Gemeindeplätze) — welche ein System einführt, das einer Entwicklung und Ausdehnung für den Nutzen großer Städte sicher zu sein scheint — den Enclosure Commissioners Commissare für (Einhägungen) irgend eine Vorrichtung für die Einhägung eines Theils eines Gemeindeplatzes zu unterhalten, der ganz oder zum Theil in dem hauptstädtischen Polizei-District gelegen ist, und autorisirt sie Pläne für die „örtliche Einrichtung („local management") solcher Gemeindeplätze in Erwägung zu nehmen und gutzuheißen. Ungerecht würde es sein, mit vollständigem Stillschweigen zu übergehen die vielen Acte für die Anlage von Parks und anderen Verbesserungen in einzelnen Städten und die Victoria-Battersea und Camberwell-Parks in der Hauptstadt.

Wir gelangen nun zu den Maßnahmen, welche vornehmlich die intellectuelle Förderung der arbeitenden Klasse im Auge haben. Diese sind weit schwieriger zu definiren. Es ist der Arbeiter als solcher, welcher des Schutzes eines Fabrik-Gesetzes, eines Bergwerk-Gesetzes und eines Kohlengruben-Gesetzes bedarf; die Vortheile der Unterstützungs-Vereins-Acte und der mit ihr gleichartigen Acte sind ausdrücklich beschränkt auf den kleinen Capitalisten, welcher den Arbeiter in sich einschließen muß. Aber Unterricht und intellectueller Fortschritt sind dazu gelangt, daß sie als ein menschliches, universelles Bedürfniß angesehen werden, und setzen wir den Verbrecher und den Armen bei Seite, so können wir auf dem Gebiet der Gesetzgebung kaum unterscheiden zwischen dem, was für den Unterricht der einen Klasse beabsichtigt wird und zwischen dem, was für den Unterricht Aller gewollt wird.

Eine bedeutende Thatsache jedoch tritt in dem Zeitraum hervor, welcher uns beschäftigt, die Anerkennung des Unterrichts Seitens des Staats als eines Gegenstandes nationaler Staatsweisheit. Wunderbarer Weise gingen der ersten Votirung von 30,000 Pfd. Sterl. „für öffentlichen Unterricht in Großbritannien" Jahre lang voraus Votirungen „für Unterricht emancipirter Neger," oder „für Unterricht in Irland; jene erste Votirung von 30,000 Pfd. Sterl. kommt vor in der Appropriation Act 3 et 4 Vict. c. 112 (11. August 1840)" — Gesetz betreffend die Uebertragung einer Pfründe an die todte Hand — und wurde sogar in dem nächsten Jahr auf 15,000 Pfd. Sterl. reducirt (4 et 5 Vict. c. 53). Vier Jahre später jedoch passirte die „Act to secure the terms on which grants are made by her Majesty out of the Parliamentary grant for the Education of the Poor, and to explain the Act of the fith year of the reign of her present Majesty, for the Conveyanve of Sites for Schools" 7 et 8 Vict. c. 37 (19. Juli 1844.) — Gesetz betreffend die Bedingungen, unter welchen Bewilligungen von Ihrer Majestät außer der Bewilligung des Parlaments für den Unterricht der Armen gemacht werden, und betreffend die Erklärung der Acte des fünften Jahres der Regierung Ihrer jetzigen Majestät in Bezug auf die Verleihung von Schul-

Grundbesitz. Die Acte erkennt die Autorität des Committee of Council on Education (zuerst eingesetzt durch Geheimer Raths-Befehl im Jahre 1859,) das Princip der Bewilligungen für Schulen und das der Beaufsichtigung Seitens der Regierung an. Die folgenden Acte 18 et 19 Vict. c. 131 bedarf keiner besonderen Erwähnung. Durch den Beschluß der letzten Parlaments-Session belief sich die Bewilligung für öffentlichen Unterricht in Großbritannien (obgleich sie geringer ist, als sie gewesen) auf 694,530 Pfd. Sterl., welche ergänzt wurde durch die 336,170 Pfd. St. für „Public Education in Ireland under the Commissioners of National Education in Ireland" — öffentlicher Unterricht in Irland unter Aufsicht der Commissäre nationaler Erziehung in Irland — nach der Act 29 et 30 Vict. c. 91.

Die letztere Hälfte des Titels der Act 7 et 8 Vict. c. 37 verräth den Zusammenhang einer Reihe von Gesetzen mit diesem Theil unseres Gegenstandes, welche wir nur ganz kurz zu erwähnen brauchen, jene nämlich, welche die Erleichterung der Verleihung von Schul-Grundstücken und deren Dotation betreffen; sie beginnen mit der Act 6 et 7 Wm. IV. c. 70 (13. August 1836), welche nur den ersteren Zweck berührt, und mit der Act 4 et 5 Vict. c. 38 (21. Juni 1841), welche beide Gegenstände umfaßt. Die Wichtigkeit der letzteren ist jedoch bedeutend beeinträchtigt worden und die Vortheile, welches das gouvernementale Unterrichts-System angefangen hatte für Entfaltung großer intellectueller Gaben unter den ärmeren Klassen zu gewähren, schrumpften zusammen, durch den verderblichen, wenn nicht gehässigen Einfluß Eines, dessen Zweck zu sein scheint die Klassen, welchen er ihren geringeren Stand vorgeworfen hat, nieder zu halten*).

Es giebt jedoch andere Klassen von Einrichtungen für den Unterricht, welche wir in diesem Zusammenhang nicht außer Augen lassen dürfen. Wir halten dafür, daß der Unterschied zwischen dem Arbeiter und dem Armen ein tief gehender ist. Es giebt aber einen Zweig des Armen-Gesetz-Systems, dessen besonderer Zweck ist, den Armen dem Pauperismus zu entheben und das arme Kind in einen sich selbst unter-

*) Wir bitten Diejenigen, denen die obigen Ausdrücke über die Tendenz von Mr. Lowes's Revised Code zu stark scheinen, in den Transactions of Social Science Association for 1866 den Hauptinhalt der Discussion über den Gegenstand zu Sheffield im October 1865 nachzulesen; sie werden finden, daß jeder Sprecher — Lehrer, Schulinspectoren, Geistliche, Dissenters, Arbeiter u. s. w. — erklärte, daß die Wirkung des Rivised Code die Ursache gewesen ist, daß die höheren Zweige des Unterrichts vernachlässigt oder aufgegeben wurden — kurz, wie Dr. Hodson sagt, daß derselbe die „Verschlechterung und Entartung" der Schulen erzeugte.

haltenden Arbeiter umzuwandeln. Und ferner, während wir jegliche Erwähnung des Strafgesetzes bei der Behandlung der Fortentwicklung der arbeitenden Klasse vermieden haben, giebt es in gleicher Weise einen Zweig des Systems, welcher unserem Gegenstande angehört, den, welcher das verbrecherische Kind durch Unterricht zu einem ehrenhaften Arbeiter zu erheben sucht. Zu dem ersteren Zweig gehört, nach einigen der Verordnungen der Act 7 et 8 Vict. c. 101 „for the Further Amendment of the Laws relating to the Poor in England (9. August 1844) (Gesetz betreffend die weitere Amendirung der Gesetze in Bezug auf die Armen in England) die Erschaffung von Schul-Districten mit ihren Schulen und District-Aemtern, und die wichtige Act 18 et 19 Vict. c. 34 „to Provide for the Education of Children in the Receipt of Outdoor Relief" (26. Juni 1855) — Gesetz, betreffend die Anstalten für den Unterricht der Kinder, welche vor den Thüren Almosen erhalten. Den Uebergang von dieser Klasse gesetzlicher Erlasse zu der anderen liefern solche, welche sich auf die Industrial-Schools (Arbeits-Schulen mit dem Nebenbegriff des Zwanges) beziehen; zuerst mit den eigentlichen Besserungs-Schulen (Reformatory-Schools) zusammengeworfen, nachher wurden nach und nach von diesen gesondert. Die letzteren leiten ihren Ursprung her von der „Act for the Better Care and Reformation of Youthful Offenders in Great-Britain" 17 et 18 Vict. c. 86 (10. August 1854) — Gesetz, betreffend die bessere Pflege und Verbesserung junger Missethäter in Großbritannien. Die Acte sagt, daß Besserungs-Schulen für die bessere Erziehung jugendlicher Missethäter errichtet worden sind, und errichtet werden mögen, und gestattet die Sendung jugendlicher Missethäter, auf Kosten des Staats, zu einer Besserungs-Schule, der von einem Gefängniß-Inspector attestirt ist, daß sie von Vortheil und Erfolg für ihren Zweck ist. Die Act to make Better Provision for the Care and Education of Vagrant, Destitute and Disorderly Children and for the Extension of Industrial Schools", 20 et 21 Vict. c. 48 (17. August 1837), Gesetz, betreffend eine bessere Anordnung für die Pflege und den Unterricht umherstreichender, hülfloser und lasterhafter Kinder, und die Ausdehnung der Arbeits-Schulen, wiederholt, daß Arbeits-Schulen für die bessere Haltung umherstreichender Kinder begründet worden sind und begründet werden können, und autorisirt das Committee of Council on Education mit einem Zeugniß zu versehen jede Schule, in welcher Erziehung zu Arbeit vorgesehen ist, und in welcher Kinder sowohl Nahrung wie auch Belehrung erhalten," zu welcher Kinder geschickt werden können, „welche unter der Anklage der Landstreicherei in Haft genommen sind. Die Machtvollkommenheit zur Ertheilung von Zeugnissen wurde durch die Act 23 et 24 Vict. c. 108 dem Staats-Secretair für das Innere übertragen; durch die Industrial Schools Act 1861, 24 et 25 Vict. c. 113 wurde das ganze System revidirt und in Verbindung mit den Armen-Gesetzen gebracht. „Certified Industrial Schools" — mit Zeugnissen versehene Arbeits-Schulen — welche hinfort gesondert sein sollten von Besserungs-Schulen, sollten solche sein, in welchen außer der Erziehung zur Arbeit und dem Unterhalte, Kinder auch Kleidung und Wohnung erhalten. Armen-Gesetz-Wächter (Poor Law Guardians) wurden mit der Einwillung der Armen-Gesetz-Commission (Poor Law Board) bevollmächtigt, Contracte für den Unterhalt und den Unterricht armer Kinder in solchen Schulen abzuschließen; dieselben konnten auch aufnehmen bettelnde und umherschweifende Kinder, wenn sie anscheinend unter 14 Jahren waren. Kinder, dem Anschein nach unter 12 Jahren, die ein Verbrechen begangen hatten, das nicht Capital-Verbrechen und mit Gefangenschaft oder einer geringeren Strafe strafbar ist, und Kinder unter 14 Jahren, die von ihren Eltern geschickt wurden. Da die Vermengung einfach armer Kinder mit Kindern, die muthmaßlich oder wirklich eines Verbrechens schuldig waren, sich, wie es auf der Hand liegt, als tadelhaft erwies, so wurde die Act to prowide for the Education and Maintenanc of Pauper Children in certain Schools and Institutions, 25 et 26 Vict. c. 43 (27. Juli 1862) — Gesetz, betreffend Anordnungen für die Erziehung und Unterhaltung armer Kinder in gewissen Schulen und Anstalten — erlassen; diese Schulen sollen von der Armen-Gesetz-Commission mit Zeugnissen versehen und von ihren Inspectoren inspicirt werden. Schließlich wurde das Industrial School System revidirt und durch die „Industrial School Act 1866" (29 et 30 Vict. c. 118) ausgedehnt; dieselbe beschränkte sich auf widerspenstige Kinder oder auf solche von verbrecherischen Eltern, wie solche Armen-Gesetz-Wächter nach einer mit einem Zeugniß versehenen Arbeits-Schule senden konnten.

Wenn wir von dem Unterricht der Kinder zu dem der Erwachsenen übergehen, so finden wir keine sehr unterscheidbaren Maßnahmen für die Förderung des letzteren unter den arbeitenden Klassen; in einem Punkt wenigstens, der Uebergehung des Unterrichts in den späteren Unterstützungs-Vereins-Gesetzen, als eines Zweckes, für welchen solche Vereine gegründet werden konnten, wurde ein entschiedener Rückschritt gemacht, welcher eine Zeit lang wenigstens das trefflichste unter den cooperativen Lebensbedürfnissen zu einem wirklichen Nachtheil machte.

Die „Act to exempt from County, Borough, Parochial and other Local Rates Land and Buildings occupied by Scientific or Literary Societies“ 6 et 7 Vict. c. 36 (28. Juli 1843) Gesetz, betreffend die Befreiung des Landes und der Gebäude, die von wissenschaftlichen oder litterarischen Gesellschaften eingenommen sind, von den Grafschafts-, Flecken-, Kirchen- und anderen lokalen Steuern — schien beinahe mit Bedacht für die Ausschließung des „Mechanics Institute“ (Gewerbe-Schulen) entworfen zu sein. Es war zu der Zeit die einzige paßliche Anstalt für den Unterricht Erwachsener unter den Arbeitern — ausdrücklich war die Entscheidung gefällt worden, daß die Acte nicht Anwendung finde auf Vereine, deren Zwecke sich auf Unterricht richten (Queen v. Pocock 8 Q. B. 729). Das einzige Gesetz, von welchem man sagen kann, daß es den Unterricht des erwachsenen Arbeiters in directer Weise gefördert hat (und dieses nur in Gemeinschaft mit allen anderen), war die „Act to afford greater Facilities for the Establishment of Institutions for the Promotion of Literature, Science and the Fine Arts and to provide for their Better Regulation“ 17 et 18 Vict. c. 112 (11. August 1854) — Gesetz, betreffend die Gewährung größerer Erleichterungen für die Gründung von Instituten für die Förderung von Litteratur, Wissenschaft und der schönen Künste und die Veranstaltung für deren bessere Einrichtung. Die Acte umfaßt ausdrücklich: „jedes Institut, das gegründet ist für die Förderung von Wissenschaft, Litteratur und schönen Künsten, die Unterweisung Erwachsener, die Verbreitung dienlicher Kenntnisse, die Gründung oder Unterhaltung von Bibliotheken und Lesezimmern zur allgemeinen Benutzung Seitens der Mitglieder oder mit offenem Zutritt für das Publikum, ferner für öffentliche Museen und Gemälde-Gallerieen und andere Werke der Kunst; Sammlungen naturgeschichtlichen Inhalts, mechanische und physikalische Erfindungen, Instrumente oder Muster.“ Schenkungen von Land, die nicht über einen Acre hinausgehen, können solchen Instituten gemacht werden; Mittel zu klagen oder verklagt zu werden, sind für sie durch Verordnung festgestellt, eine Vollmacht, Reglements zu machen ist verliehen, und Verordnungen sind erlassen gegen die Unsittlichkeit von Mitgliedern.

Es ist aber noch eine andere interessante Maßnahme vorhanden, deren in diesem Zusammenhang Erwähnung geschehen kann, obgleich sie vielleicht auch Anspruch machen könnte, unter den Schutz gewährenden Gesetzen zu rangiren, wie ihr Titel besagt — die Act „for the Protection of Inventions and Designs exhibited at certain Industrial Exhibitions in the United Kingdom“ 28 et 29 Vict. c. 3 (27. März 1865) oder die „Industrial Act" — Gesetz, betreffend den Schutz von Erfindungen oder Musterzeichnungen, die auf gewissen Industrie-Ausstellungen in dem vereinigten Königreich ausgestellt worden sind. Die Acte sagt, daß „Ausstellungen von Gegenständen der Kunst und der Industrie, ganz oder zum Theil von Mitgliedern der arbeitenden Klassen fabricirt oder beigetragen," kürzlich gehalten worden sind, oder gehalten werden können, und bevollmächtigt das Handelsamt, solche Ausstellungen mit einem Certificat zu versehen, nach welchem die Ausstellung selbst, oder die Veröffentlichung von Beschreibungen während derselben oder deren Benutzung zum Zweck einer neuen Erfindung dem Patent oder den Registrirungs-Rechten solchen Erfinders keinen Abbruch thun soll. Das Princip, das in dieser Act sowohl verborgen ist, wie in denen, welche sich auf größere Ausstellungen beziehen, involvirt wahrscheinlich eine größere Umänderung in unserer Patent-Gesetzgebung, wie es von den Gesetzgebern vermuthet wurde. In jedem Falle aber ist es unmöglich, den Antrieb zu verkennen, welchen es den erfinderischen Kräften des Arbeiters verleihen muß.

§. 3. Maßnahmen von allgemeinem Nutzen.

Eine andere Klasse von Maßnahmen will nun in Betracht genommen sein — jene Maßnahmen von allgemeinem Nutzen, welche inzwischen die Lage der arbeitenden Klassen bedeutend beeinflußt haben.

Obenan unter diesen stehen vielleicht die fiscalischen Gesetze Gesetze, betreffend die Aufhebung oder Erleichterung der Accise oder anderer verwandter Abgaben zur Verringerung der Preise von Consum-Artikeln — Gesetze, betreffend die Aufhebung oder Erleichterung von Zöllen, welche nebenher die Production anregen durch Aufmunterung des Verkehrs mit fremden Ländern — Gesetze, betreffend die Aufhebung oder Erleichterung der Stempel- oder verwandter Abgaben zur Erleichterung der Geschäfte zwischen Einzelnen — Gesetze, betreffend die Aufhebung oder Verringerung des Postporto, die jeder anderen Reform Vorschub leisten und jeden socialen, intellectuellen und moralischen Fortschritt fördern. Die erste Reihe, welche merkwürdiger Weise mit der Aufhebung der Accise auf Essig in der Act 4 et 5 Vict. c. 25 (4. Juli 1844) beginnt, umfaßt die der Zölle auf Glas, Mauersteine, Seife und Papier und schließt mit der der Zölle auf Hopfen; an die Stelle der Fenster-Steuer trat die Haus-Steuer mittelst der Act 14 et 15 Vict. c. 36 (24. Juli 1851). Der Reformen in der zweiten Reihe, derer von Zoll-Abgaben, sind zu viele, um hier aufgezählt werden zu können;

es genüge zu sagen, daß, mit dem Jahre 1842 beginnend, die Liste schließt mit der Herabsetzung des Thee-Zolles auf sechs Pence das Pfund, welcher nach einer früheren Acte aus dem Jahre 1833 1 Shilling 6 Pence bis 3 Shilling betrug, daß die zeitweise Aufhebung der Korn-Gesetze, welche zu deren gänzlicher Aufhebung führte, dem Jahr 1847 angehört, und daß die endliche Aufhebung des Ausfuhr-Zolles auf Kohlen durch die Act 11 et 12 Vict. c. 95 (14. August 1850) erfolgte. Im Zusammenhang mit diesen beiden Reihen von Gesetzen würde es ungerecht sein, die Eigenthum- und Einkommen-Steuer 5 et 6 Vict. c. 35 (22. Juni 1842) zu übergehen; während sie als eine Last, nur gewissermaßen die oberste Spitze der arbeitenden Klasse streifte, ist sie für diese Klasse in indirecter Weise ein Geschenk von unschätzbarem Werth gewesen, indem sie die Befreiung von Steuern für alle die Hauptartikel des Consums und die Stoffe der Production ermöglichte. Die dritte Gruppe, die die Aufhebung der Auctions-Abgabe, verschiedene Herabsetzungen der Stempel-Abgaben und die Herabsetzung der Abgaben bei Feuer-Versicherung umfaßt, ist im Allgemeinen von weniger directer Wichtigkeit für die arbeitenden Klassen. Wir könnten jedoch die Acte ausnehmen, welche auf die Presse sich beziehen und zu Anfang unseres Zeitraums den Anfang machend (6 et 7 Wm. IV. c. 76), die Zeitungs-Abgaben (13. August 1836) herabsetzen. Die vornehmsten von diesen sind (im Jahre 1853) die Act 16 et 17 Vict. cc. 63, 71, welche beide den Zeitungs-Stempel herabsetzen und die Anzeigen-Abgabe aufheben (außerdem auch in anderen Beziehungen die Preß-Gesetze mildern), und vor allen im Jahre 1855 die Act 18 et 19 Vict. c. 27, welche den Zeitungs-Stempel nur der Wahl überläßt. Es würde auch ungerecht sein, unter den Reformen in anderen Stempel-Abgaben zu übergehen die Herabsetzung des Quittungsstempels auf einen Penny, und die Einführung des anklebbaren Stempels, die Herabsetzung des Vergleichs-Stempels auf sechs Pence und die Einführung des anklebbaren Vergleichs-Stempels; die Abschaffung der Kosten der Testaments-Bestätigung bei Vermögen unter 100 Pfd. St. und die Einführung der graduirten Scala von Abgaben für Uebergabs-Urkunden unter der Summe von 25 Pfd. St. Werth, welche für die erste Zeit eine ungeheuere Menge von Verhandlungen der ärmeren Klassen in den Kreis des Gesetzes brachte. Unter der Gruppe, welche sich auf das Postwesen bezieht, wollen wir Erwähnung thun der Acte, welche die Portofreiheit gestempelter Zeitungen gestattet, der Acte, welche die Berechnung des Porto nach dem Gewicht verfügte und endlich der, welche die Porto-Marke einführte und das Penny-Porto-System möglich machte, durch die Freiheit nach Willkühr zu handeln, welche sie dem Post-Amt überließ (22. Juli 1847).

Eine Menge von Gesetzen, theils fiscalischen, theils socialen Charakters sind vorhanden, welche wir, obgleich ihre Einwirkung auf die physische und moralische Fortentwicklung der arbeitenden Klassen unzweifelhaft sehr bedeutend ist, übergehen wollen wegen der vielen Streitfragen, die aus denselben entstehen — namentlich den bedeutenden Bestandtheil der Gesetze, welche auf die Besteuerung und den Verkauf spirituöser und gegohrener Getränke Bezug nehmen. Unter diesen wollen wir einfach Erwähnung thun der Acte über die Erfrischungshäuser und Weinschänken, die eine Klasse von Etablissements einführte, die von Vielen, wenigstens, als passende Rivalen gegen die Wirthshäuser oder die Bierkneipen angesehen wurden.

Gesetze, die sich auf den öffentlichen Gesundheitszustand beziehen, können nun die nächsten für unsere Betrachtung sein; sie machen aber für eine ausführlichere Darstellung eine zu zahlreiche Reihe aus. Die erste Gruppe vielleicht, welche unsere Aufmerksamkeit verdient, ist die der Impfungs-Gesetze, welche mit der Act 3 et 4 Vict. c. 29 (23. Juli 1840) „to extend the Practice of Vaccination" — Gesetz, betreffend die Ausdehnung des Impfungsverfahrens — den Anfang nimmt, und von welcher die wichtigste ist die Act 16 et 17 Vict. c. 100, welche die Impfung zu einer zwangsweisen durch Gesetz machte, obgleich es ihr unglücklicher Weise nicht gelungen ist, dieselbe allgemein in Ausübung zu bringen. Eine andere Gruppe von großem Werth beginnt mit der „Act to Encourage the Establishment of Public Baths and Washhouses" — Gesetz, betreffend die Aufmunterung zur Anlage von öffentliche Badeanstalten und Waschhäusern — Seitens der Flecken und Kirchspiele (26. August 1846); dieselbe wurde im folgenden Jahre amendirt, spielt aber hin und wieder auf das Gebiet sanitätlicher und municipaler Gesetzgebung hinüber. Die zeitweise „Nuisance Removal" Act. 9 et 10 Vict. c. 96 (28. August 1846) Gesetz, betreffend die Wegräumung öffentlicher Nachtheile — im Jahre 1848 amendirt und für dauernd erklärt, bahnte den Weg zu der wichtigen Public Health Act 1848 — Gesetz, betreffend den öffentlichen Gesundheits-Zustand. Im Wesentlichen ist dieselbe noch in Kraft, obgleich sie in verschiedenen Beziehungen modificirt ist durch die „Local Government Act 1858, welche sogleich erwähnt werden soll und (in Gemeinschaft mit allen Acten, die auf diesen Gegenstand Bezug nehmen) durch die „Sanitary Act 1866" 29 et 30 Vict. c. 90. Eine andere Acte, die in diese Kategorie hinein gehört, ist die „Act for preventing the Adulteration of Articles of Food or Drink“ 23 et 24 Vict. c. 84 (6. August 1860) — Gesetz, betreffend die Vorbeugung der Verfälschung von Nahrungsmitteln und Getränken — welche über jede Person Strafe verhängt, „welche einen Nahrungs-Artikel oder ein Getränk verkauft, dem, unter Wissen solcher Person, ein Ingrediens oder Bestandtheil beigemischt worden ist, die der Gesundheit von Personen nachtheilig sind, welche solche Stoffe essen oder trinken“ oder welche „als rein und unverfälscht einen Nahrungs-Artikel oder ein Getränk verkauft, welche gefälscht oder nicht rein sind.“

Die „Public Health Act 1848“ liefert durch die Institution der localen Gesundheits-Commissionen (Local Boards of Health) einen Uebergang zu den, im eigentlichen Sinne so genannten, Municipal-Acts, mit welchen von nun an die Gesundheitsgesetze meistentheils vermengt werden. Die frühesten derselben, dem Datum nach in dem Zeitraume, welcher uns beschäftigt, sind die zwei großen Gesetze von 1844/5 — the New Poor Law, („an Act for the Amendment and better Administration of the Laws relating to the Poor in England and Wales,“ 14. August 1844) und die Municipal-Reform Act 5 et 6 Wm. IV. c. 76 (an Act to provide for the Regulation of Municipal Corporations in England and Wales 9. September 1835.) — Gesetz, betreffend die Amendirung und bessere Handhabung der Gesetze in Bezug auf die Armen in England und Wales, und, Gesetz betreffend die Regelung municipaler Corporationen in England und Wales. Von der ersten Acte (mit ihren verschiedenen Amendement-Acten, zu viele um sie zu nennen) wird es genügen zu sagen, daß, so unvollkommen noch das System ist, welches sie begründete, sie dem ehrlichen Arbeiter in der Stadt und auf dem Lande einen wesentlichen Dienst geleistet haben muß, indem sie dem Wachsthum des Pauperismus mittelst der Unterdrückung demoralisirender Weisen der Unterstützung Einhalt that und gleichzeitig vollständig das Recht zum Leben anerkannte. Und obgleich die Tendenz der zweiten Acte auf die Beschneidung der Klasse der Freibürger (freemen) hinausging, welche die Masse der bis dahin zu den municipalen Vorrechten zugelassenen Arbeiter umfaßte, so ward doch die Qualification eines Bürgers (burgess), die einfach aus dem Aufenthalt in einem Orte und dreijähriger Zahlung der Armen-Steuer bestand, hinlänglich niedrig gestellt, um die Gewerbfleißigen der arbeitenden Klassen in den Städten im Allgemeinen zu dem municipalen Wahlrecht, mit Ausnahme in der Hauptstadt, zuzulassen. Die enorme Gruppe von Acten, welche die zuletzt genannte Acte amendirten oder modificirten, und welche gegenwärtig schließt mit der Act 24 et 25

Vict. c. 75 (6. August 1861) kann nur angedeutet werden; wir wollen jedoch aus derselben herausgreifen die Act 21 et 22 Vict. c. 43 (23. Juli 1858), welche verordnet, daß, wo der Eigenthümer eines Hauses besteuert wird, der Bewohner nichts desto weniger stimmen soll, und die Act 22 Vict. c. 35 (19. April 1859) welche Candidaten-Zettel bei municipalen Wahlen einführt.

Obgleich die „Local Government Act 1858" 21 et 22 Vict. c. 98 — Gesetz, betreffend die locale Verwaltung — sich in plumper Weise anschließt an die Public Heath Act („an Act to Amend the Public Health Act 1848 and to make further Provisions for the Local Government of Towns and Populous Districts;" 2. August — Gesetz, betreffend die Amendirung der öffentlichen Gesundheits-Acte von 1848, und den Erlaß weiterer Verordnungen für die locale Verwaltung von Städten und bevölkerten Districten), ist sie in der That ein Municipal-Corporations-Gesetz für das ganze Königreich, da sie von jedem „Platz" („place") mit einer bestimmten Grenze adoptirt werden kann und auf denselben die Verwaltung mittelst einer corporativen Local-Behörde („Local Board") (nicht länger „of Health") überträgt. Sie ist inzwischen eine weit weniger demokratische Maßregel als die Municipal Reform Act. Statt des einfachen an Steuerzahlung geknüpften Wahlrechts der letzteren und unseres alten Kirchspiel-Systems, fordert die Qualification der Wähler — die Acte scheint beschämt sie in besonderen Worten anzuordnen und borgt sie von der Public Health Act 1848 — einen Minimum steuerpflichtigen Satz von 50 Pfd. St. für Uebertragung einer Wahlstimme, erhöhet die Wahlstimmen bis auf sechs für 250 Pf. St. oder mehr, und verleiht Stimmen an Eigenthümer sowohl, wie an Bewohner und an Eigenthümer-Bewohner in beiden Stellungen. Die Acte, wenngleich neu, hat natürlicher Weise einen wachsenden Schweif von Amendement-Acten. Gleichen Zweck mit ihr hat, für die Hauptstadt, die „Metropolis Local Management Act 1855" (14. August) 18 et 19 Vict. c. 120, welche die Maschinerie der District-Commissionen und der hauptstädtischen Bau-Commissionen (District Boards und Metropolitan Board of Works) schafft; in erster Linie behält sie jedoch das einfache an Steuerzahlung geknüpfte Wahlrecht bei. Die Acte hat auch eine lange Nachfolge von Acten, welche erklärter Weise oder ihrem Wesen nach dieselbe amendiren, bis herunter zu der „Metropolitan Fire Brigade Act 1865" 28 et 29 Vict. c. 29 und einer Superannuation Allowances Act 29 et 30 Vict. c. 31, Gesetz, betreffend die hauptstädtische Feuerwehr und Gesetz, betreffend eine Verjährung von Entschädigungen.

Durch die Wirksamkeit der obigen Gesetze ist ein System begründet worden, welches, wenn es bis jetzt auch noch chaotisch ist, der Bevölkerung im Großen die primären Elemente von Gesundheit, Sicherheit und Wohlbefinden zu beschaffen sucht vermittelst einer Kanalisation der Städte, der Anwendung des Inhalts dieser Kanäle, der Wasserleitung, der Verhütung von Feuer und Rauch, der gehörigen Anlage von Gebäuden und Straßen, Entfernung öffentlicher Schädlichkeiten und Nachtheile, der Vorbeugung und Bekämpfung von Krankheit, der guten Anlage öffentlicher Plätze u. s. w.; es sucht aber auch in allen Orten, über welches sich eines der drei Municipal-Systeme, die Municipal Reform Act, die Local Government Act oder die Metropolis Local Management Act, ausdehnt, diesen verschiedenen Zwecken vermittelst localer Selbstverwaltung in einem mehr oder weniger ausgedehnten Grade zu begegnen. Und da die ungeheuere Masse der arbeitenden Klassen Bewohner der Städte oder bevölkerter Oerter sind, so liegt es auf der Hand, daß sie den bedeutendsten Antheil an den Wohlthaten des obigen Gesetzgebungs-Systems geerntet haben müssen. Was die rein landwirthschaftliche Bevölkerung betrifft, so haben aus der langen Reihe von Gesetzen einige der sanitätlichen Wohlthaten, nach deren Beschaffung die Public Health und Municipal Acts strebten, die Dränirung und Verbesserung von Land zur Folge gehabt, indem sie zu Vorschüssen öffentlicher und privater Gelder für solche Zwecke Autorisation verliehen. Die Reihe beginnt mit der Act 9 et 10 Vict. c. 101 (28. August 1846); die wichtigste derselben ist die „Improvement of Land Act 1864“ und bereits bei einer anderen Gelegenheit erwähnt.

Die eigentlichen Municipal-Gesetze stehen in engem Zusammenhang mit einer Gruppe von Maßnahmen für allgemeine intellectuelle Förderung. Unter diesen steht oben an die „Act for Encouraging the Establishment of Museums in large Towns“ 8 et 9 Vict. c. 43 (21. Juli 1858) — Gesetz, betreffend die Aufmunterung zur Gründung von Museen in großen Städten. Die Acte bevollmächtigt die Stadtbehörden municipaler Flecken über 10,000 Einwohner zum Ankauf von Land oder zur Annahme von Gaben, Schenkungen oder Vermächtnissen, zur Errichtung von Gebäuden zu Museen für Kunst und Wissenschaft, und zu deren Vergrößerung und Unterhaltung; ferner zur Selbstbesteuerung für diesen Zweck, jedoch nicht über einen halben Penny auf das Pfund jährlichen Steuerbetrages, und zur Aufnahme von Geld. Die „Act for enabling Town Councils to establish Public Libraries and Museums“ (oder Public Libraries Act) 13 et 14 Vict.

c. 65. — Gesetz, betreffend die Bevollmächtigung städtischer Behörden zur Gründung öffentlicher Bibliotheken und Museen — hob die vorige Acte wieder auf und nahm die Berechtigung zur Annahme von Schenkungen, dehnte aber, wie ihr Titel besagt, das Princip auf die Anlegung öffentlicher Bibliotheken aus. Diese wurde wiederum aufgehoben und das System weiter ausgedehnt durch die Public Libraries Act 1855, 18 et 19 Vict. c. 70; dieselbe autorisirte zur Annahme der Acte alle municipalen Flecken über 5000 Seelen, alle Districte innerhalb der Schranken irgend einer Improvement Act, Kirchspiele oder Gruppen von Kirchspielen der gleichen Bevölkerung, steigerte das Maximum des Steuersatzes auf einen Penny per Pfund, verlieh für die Zwecke der Acte die Machtvollkommenheiten der Lands Clauses Consolidation Act (d. h. Expropriationsrecht), fügte zu jenen Zwecken die Gründung von Schulen für Wissenschaft und Kunst hinzu und bestimmte, daß der Zutritt zu allen Bibliotheken und Museen, die nach den Vorschriften der Acte gegründet worden, frei sein solle. Endlich wandte die „Public Liberairies Amendment Act (England and Scotland) 1866“ 29 et 30 Vict. c. 114 die letzte Bestimmung auf jeden Flecken, District, jedes Kirchspiel oder Dorf von jeglicher Bevölkerung an, setzte aber die Majorität auf zwei Drittel fest, während vorher für die Annahme der Acte einfache Majorität erforderlich war. Daß diese Gruppe von Gesetzen von entscheidendem Gewinn für die arbeitenden Klassen war, wollen wir später nachweisen.

Indirect ist der Arbeiter betheiligt bei jeder Maßregel, welche die Verbreitung des Unterrichts betrifft, da er nur belehrt werden kann von denen, welche etwas gelernt haben was sie lehren können. Es wird jedoch bei diesem Punkt genügen, wenn wir Erwähnung thun der Act for Jmproving the Condition and extending the Benefits of Grammar Schools (7. August 1846) — Gesetz, betreffend die Verbesserung der Beschaffenheit und die Ausdehnung der Vorrechte lateinischer Schulen. Die Acte leitet nämlich eine Unterrichts-Reform in jenen Schulen ein welche, nach der National or British School, ihrem Bereich am nächsten stehen. Schließlich wollen wir in dieser Verbindung Notiz nehmen von einer frühern Acte (5 et 6 Wm. IV. cc. 2) unseres Zeitraumes, welche die Amendirung einer Acte aus dem 38. Regierungsjahr König Georgs III. betraf, und sich richtete auf die Vorbeugung von Beleidigungen, die aus dem Druck und der Publication von Zeitungen, und Zeitschriften gleicher Natur, Seitens unbekannter Personen entstehen; auf die Regelung des Druckes und der Publication solcher Zeitschriften in anderen Beziehungen, und auf Aussetzung gewisser Klagen, die nach den Verordnungen besagter Acte angestellt sind. Indem sie das Recht des Klägers auf Strafgelder zu klagen aufhob, und ihre Ausübung auf die Gesetzes-Beamten der Krone beschränkte, begann sie die Emanci-pation der Zeitungs-Presse, welche die vorher erwähnten fiscalischen Gesetze durchsetzten.

Gesetze zur Aufmunterung von Erfindungen bilden das Mittelglied zwischen denen für intellectuellen und für commerciellen Fortschritt. Die exorbitanten Unkosten des Patent-Systems legten eine Zeit lang der Kraft des geistreichen und geschmackvollen Arbeiters absolute Beschränkungen an bei Beschaffung eines Eigenthums an seinen eigenen Erfindungen auf dem Felde der Gesetze für Sicherung des Eigenthumrechts an Musterzeichnungen (welche mit der Act 27 Geo. III. c. 38 im Jahre 1787 beginnen); bis zu der gegenwärtigen Periode beschränkte sich dieses auf „Leinen-, Baumwollen-, Calico- und Musselin-Zeuge" und dehnte sich zuerst aus — durch die beiden Act 2 et 3 Vict. cc. 13. 17, 4. und 5. Juni 1839 — auf wollene, seidene, haarene oder gemischte Fabrikate und mit der Zeit auf andere Stoffe und gewebte Fabrikate mit Ausnahme von Spitzen, und auf das Abformen, Abdrücken, die erhabene Arbeit, das Ciseliren, das Graviren oder „jede Art von Abdruck oder Ornamentirung" an andere Fabrik-Artikel oder auf ihre Nachbildung oder Nachgestaltung. Die permanente Act 5 et 6 Vict. c. 100 „to Consolidate and Amend the Laws relating to the Copyright of Designs for Ornamenting articles of Manufacture" (10. August 1842) — Gesetz, betreffend die Zusammenfassung und Amendirung der Gesetze in Bezug auf das Eigenthumsrecht von Musterzeichnungen zur Ornamentirung von Fabrik-Artikeln — war das erste, welches ein allgemeines Eigenthumsrecht an ornamentaler Musterzeichnung verlieh. Die „Act to Amend the Laws relating to the Copyright of Designs" 6 et 7 Vict. c. 65 (22. August 1864) — Gesetz, betreffend die Amendirung der Gesetze in Bezug auf das Eigenthumsrecht an Musterzeichnungen — dehnte schließlich das Princip auf alle Fabrik-Artikel aus, „die Bezug hatten auf einen Nützlichkeits-Zweck," so weit als die zu schützende Musterzeichnung zur „Nachformung oder Nachbildung" dienen sollte. Endlich eröffnete die Act 15 et 16 Vict. c. 83, „the Patent Law Amendment Act 1852" — Gesetz, betreffend die Amendirung des Patent-Gesetzes — hauptsächlich durch Ausdehnung der Bezahlung für Patentbriefe über eine Frist von Jahren, dem erfinderischen Arbeiter zum ersten Male einen noch mühsamen Zutritt zu dem, was ihm oft der Zauberkreis des Patent-Rechts zu sein scheint.

Maßregeln von rein commercieller Förderung kommen nun zunächst. Unter diesen stehen oben an die wichtigen, obgleich unbehülflichen Gesetze von 1844, welche zuerst Actien-Bank-Gesellschaften und Actien-Banken unverhüllt in den Kreis des Gesetzes brachten, die Act 7 et 8 Vict. cc. 110, 113 „for the Registration, Incorporation, and Regulation of Joint Stock Companies" und „to regulate Joint Stock Banks in England (5. September) — Gesetz, betreffend die Registrirung, Einverleibung und Regelung von Actien-Bank-Gesellschaften und Gesetz, betreffend die Regelung von Actien-Banken in England — beide die Eltern einer zahlreichen Nachkommenschaft. Von diesen genügt es zu citiren die Act 18 et 19 Vict. c. 133 „for Limiting the Liability of Members of certain Joint Stock Companies" (14. August 1855) — Gesetz, betreffend die Beschränkung der Verantwortlichkeit der Mitglieder gewisser Actien-Bank-Gesellschaften — welcher folgte die bereits erwähnte Act 21 et 22 Vict c. 91 „to enable Joint Stock Bank Companies to be formed on the principle of Limiled Liability" (22. August 1858) und schließlich die jetzt geltende „Companies Act 1862" (25 et 26 Vict. c. 89), welche Bank-Gesellschaften umfaßt. Dank diesen Acten, und namentlich dem Princip beschränkter Verantwortlichkeit, ist der Arbeiter nicht nur befähigt worden, sein geringes Capital beizusteuern zu großen commerciellen Unternehmungen, sondern auch der Maschinerie, welche sie versahen, zu thun zu geben durch seine eigene cooperativen Unternehmungen, welche entweder die etwas eng gesteckten Grenzen der „Industrial and Provident Act" überschritten, oder von welchen es einfach wünschenswerth erschien, sie in anderer Weise zu begründen, als nach diesen Gesetzen. Schließlich verlieh die „Act to Amend the Law of Partnership 28 et 29 Vict. c. 39 (5. Juli 1865), Gesetz, betreffend die Amendirung des Gesetzes über Theilhaberschaft, den arbeitenden Klassen, zusammen mit allen anderen, weitere Erleichterungen bei Einlassung auf commercielle Unternehmungen. Des Gesetzes haben wir schon bei einer anderen Gelegenheit erwähnt; es bestimmte, daß das Leihen von Geld „an eine Person, die sich einläßt oder im Begriff steht sich einzulassen in ein Gewerbe oder Unternehmen" mit Rücksichtnahme eines Zinsfußes, der mit den Gewinnen schwankt oder eines Antheils an Gewinn, nicht von selbst den Darleiher zu einem Partner machen, oder ihn als solchen verantwortlich machen soll."

Das zuletzt erwähnte Gesetz bringt uns zu der Gruppe der eigentlichen gesetzlichen Reformen. Die bedeutendste von allen diesen für den Arbeiter ist die „Act for the more easy Recovery of small

Debts and Demands in England" — Gesetz, betreffend die leichtere (gerichtliche) Erlangung kleiner Schulden und Forderungen in England — besser bekannt als die County Courts Act 9 et 10 Vict. c. 95 (28. August 1846) — Gesetz, betreffend Grafschafts-Gerichtshöfe. Die Acte ist die erste Maßnahme seit Jahrhunderten, kann man sagen, welche die gesetzlichen Forderungen des Arbeiters in den Kreis civiler Gerichtsbarkeit brachte. Unter ihren Amendirungen wird es genügen, hervorzuheben die „Act to confer on the County Courts a limited Jurisdiction in Equity" 28 et 29 Vict. c. 99 (5. Juli 1865) — Gesetz, betreffend die Uebertragung der Gerichtsbarkeit in gerechten Forderungen an die Grafschafts-Gerichtshöfe. Eine andere Acte, beinahe von demselben Datum mit der ersten County Courts Act, die „Act for Compensating the Families of Persons killed by Accidents" 9 et 10 Vict. c. 93 (26. August 1846) — Gesetz, betreffend die Entschädigung der Familien für Personen, die durch Unglücksfälle um das Leben gekommen sind — amendirt durch die Act 27 et 28 Vict. c. 95 (29. Juli 1864) hat sich auch von wesentlicher Folge für die arbeitenden Klassen erwiesen, deren Leben zu oft in Gefahr ist durch ihre tägliche Beschäftigung. Während wir die Kategorie der im eigentlichen Sinne sogenannten Straf-Gesetze bei Seite zu lassen wünschen, dürfen wir doch nicht übersehen die „Act for enabling indicted of Felony to make their Defence by Counsel or Attorney" 6 et 7 Wm. IV. c. 114 (20. August 1836) — Gesetz, welches die eines Kapital-Verbrechens Angeklagten bevollmächtigt, sich durch Sachverwalter oder Attorney vertheidigen zu lassen — für Keinen von größerer Wichtigkeit, als für den Unwissenden, den Ungebildeten und den vergleichsweise Armen; auch dürfen wir nicht übersehen die Reihe von Acten (welche in einem früheren Zeitraum beginnen) zur Verhütung von Grausamkeit gegen die Thiere (von denen die hauptsächlichste ist die Act 12 et 13 Vict. c. 92 (1. August 1849), die so bedeutend ist durch ihre Einwirkung auf die brutalen Vergnügungen, denen sich früher die arbeitende Klasse in hohem Grade hingab. Die Charitable Trusts Act, von denen die erste ist die Act 16 et 17 Vict. c. 137 (20. August 1853) — Gesetze, betreffend die Curatoren von Wohlthätigkeits-Stiftungen — sind darauf gerichtet, viele für die arbeitende Klasse bestimmten Wohlthaten gegen Betrug und Vernachlässigung zu bewahren. Die Merchandise Marks Act 1862" (25 et 26 Vict. c. 88) — Gesetz, betreffend die Auszeichnung (durch Nummern bezeichneter Preis) von Waaren — läutert in ihrer allgemeinen Tendenz den Handel, verhilft aber im Besonderen den Arbeiter zur Sicherung der Quantität in seiner Consumtion, wie die Act 23 et 24 Vict. c. 84 gegen die Fälschung von Nahrungsmitteln und Getränken, die Qualität sicher stellen half. (Vergleiche auch die Weights and Measures Acts — Gesetze für Maß und Gewicht — 5 et 6 Wm. IV. c. 63, 22 et 23 Vict. c. 59).

§. 4. Politische gesetzliche Erlasse.

Was nun aber läßt sich gegenüber dieser Maßnahmen socialer Gesetze von den politischen sagen? Wir wollen sehen.

Wenn wir die Boundary Act als eine einfache Vervollständigung der Reform-Acte übergehen, so können wir die Act 5 et 6 Wm. IV. c. 36 (25. August 1855), betreffend die Beschränkung der Abstimmung der Wahl in Wahl-Flecken auf einen Tag als einen wirklichen Schritt zu der Lauterkeit der Wahlen in den Wahl-Flecken betrachten. Die Act 6 et 7 Wm. IV. c. 122 „for rendering more easy the taking the Poll at County Elections" (22. August 1836) war ein Anlauf in derselben Richtung für die Grafschaften. Die Act 6 et 7 Vict. c. 18 „to amend the Law for the Registration of Persons entitled to vote and to define certain Rights of Voting, and to regulate certain Proceedings in the Election of Members to serve in Parliament for England and Wales — Gesetz, betreffend die Amendirung des Gesetzes für die Registrirung von Personen, die zur Stimmgebung berechtigt sind und die Definirung gewisser Rechte der Stimm-Abgabe, und die Regelung gewissen Verfahrens bei der Wahl von Mitgliedern für das Parlament von England und Wales — ist vielleicht hauptsächlich bemerkenswerth für ihre Unterdrückung der Einschreibe-Gebühren, welche sich als ein so mächtiger Schlagbaum gegen Gemeingeist gezeigt zu haben scheinen. Eine leise Ausdehnung des Wahl-Flecken-Wahlrechts wurde bewerkstelligt durch die Act 14 et 15 Vict. c. 14 „to amend the Law for the Registration of certain Persons commonly known as Compound Honseholders as to facilitate the Exercise by such Persons of their Right to vote in the Election of Borough Members to serve in Parliament" (3. Juli 1851) — Gesetz, betreffend die Amendirung des Gesetzes für die Registrirung gewisser Personen, gemeiniglich bekannt als „Compound Honseholders" und die Erleichterung der Ausübung des Rechts solcher Personen, ihre Stimme bei der Wahl von Wahl-Flecken Mitgliedern für das Parlament abzugeben. Das Jahr 1853 sah, wie das Beispiel der Wahl-Flecken in Bezug auf die Dauer der Wahl, nach einem Zwischenraum von 18 Jahren, in den Grafschaften Nachfolge fand durch die Act 16 et 17 Vict. c. 15. Die Act 21 et 22 Vict. c. 26 „to abolish the Property Qualification of Members of Parliament“ (28. Juni 1858) — Gesetz, betreffend die Aufhebung der Eigenthums-Qualification der Parlaments-Mitglieder — ließ, wenn sie dem Arbeiter die Thür zum Hause der Gemeinen noch nicht öffnete, dieselbe zum wenigsten nicht unverschlossen. Die Act 24 et 25 Vict. c. 112 „for the Appropriation of Seats vacated by the Disfranchisement of the Boroughs of Sudbury and St. Albans“ (6. August 1861) — Gesetz, betreffend die Zueignung von Sitzen, welche durch die Entziehung des Wahlrechts von Sudbery und St. Albans vacant geworden sind — schuf den Parlaments-Wahl-Flecken Birkenhead, theilte das West-Riding von York und gab noch ein Mitglied an Süd-Lancashire; auf diese Weise gab die Acte in einer unbedeutenden Ausdehnung neue Wahlstimmen an die arbeitende Klasse, und dehnte den Einfluß der Districte aus, wo dieselbe bedeutend vertreten war. Die County Voters Registration Act 1865 (28 et 29 Vict. c. 36) — Gesetz, betreffend die Registrirung der Grafschafts-Wähler — gewährte einige weitere Vortheile für die Stimmer in den Grafschaften. Außerdem giebt es eine Masse von Bribery Acts, Corrupt Practices Prevention Acts, Election Petition Acts — Gesetze, betreffend Bestechung, Vorbeugung verführerischer Kunstgriffe und Wahlpetitionen — welche alle die letzten Wahl-Enthüllungen zum Gegenstand haben; es scheint am besten, sie mit Stillschweigen zu übergehen, da, so gut sie gemeint sein mögen, ihr Einfluß dem Anschein nach doch nur gering gewesen ist.

Das ist nun die ganze Fortentwicklung der politischen Gesetzgebung im Laufe von vier und dreißig Jahren. Wie langsam und schüchtern im Vergleich mit dem herrlichen Gang der Fortentwicklung auf dem Gebiete socialer Gesetzgebung! Sicherlich könnte die Geschichte derselben andere Lehren gegeben haben.

Die Reform-Acte von 1832 fand die Fabrik-Arbeiter, unter ein und zwanzig Jahren, in den Baumwollenfabriken nur geschützt gegen Nachtarbeit zwischen 9½ Uhr Abends und 5½ Uhr Morgens; die unter achtzehn Jahren eingeschränkt auf zwölf Stunden Arbeit oder neun am Sonnabend; Kinder unter neun Jahren unter dem Verbot von Beschäftigung. Das Jahr 1867 sieht die Arbeiter in allen Hauptzweigen unserer Gewebe-Industrie — in Baumwolle, Wolle, Kammgarn, Hanf, Flachs, Werg, Leinen, Seide, sobald dieselbe mit Dampfkraft betrieben wird — sich erfreuen der verringerten Stunden von zehn und einer halben per Tag, mit einem halben Feiertag am Sonnabend nach 2 Uhr Nachmittags. Wenn Kinder arbeiten dürfen in dem Alter von acht Jahren, ist Fürsorge für ihren Unterricht getroffen. Verschiedene andere Zweige der Industrie, wie Druckereien, Bleichereien und Färbereien, und Spitzen-Fabriken und Processe, die im Zusammenhange stehen mit den unter Schutz gestellten Fabriken, sind mit geringen Veränderungen im Detail, in das Gesetz-System eingefügt, und dann noch, wenn auch gleich durch eine Maßnahme, welche noch nicht Zeit gehabt hat Wirkungen im großen Maßstabe zu liefern, eine Anzahl anderer Fabriken und Beschäftigungen, während ein wirksames Beaufsichtigungs-System angeordnet ist um darauf zu sehen, daß das System ausgeführt wird.

Die Reform-Acte von 1832 fand unsere Bergwerke und Kohlengruben in einem großen Maße von Frauen und Kindern bearbeitet — jene herabgewürdigt, diese bedrückt durch die Arbeit. Das Jahr 1867 sieht weibliche Arbeit unter der Erde absolut verboten, ebenso Arbeit von Knaben, wenn sie nicht unterrichtet werden, in Kohlen und damit in Verbindung stehenden Eisenstein-Bergwerken, unter zehn Jahren; sonst in diesen und in allen anderen Bergwerken unter zwölf; zugleich ist auch hier ein Beaufsichtigungs-System in Thätigkeit, das in kräftiger Weise unterstützt wird durch die unabhängige Thätigkeit der Arbeiter selbst.

Um Nichts zu sagen von Schornsteinfegern und Bäckern, so fand die Reform-Acte von 1832 unsere Matrosen beinahe ohne Schutz für Geldbeutel, Gesundheit oder Sicherheit. Das Jahr 1867 findet ein umfangreiches Gesetzbuch vorhanden, das bemüht ist für alle drei zu sorgen und obgleich in fühlbarer Weise ungenügend in manchen Beziehungen (namentlich durch die Ausschließung des Küstenhandels von verschiedenen Verordnungen), zeigt es wenigstens einen ungeheuren Fortschritt in Rücksichtnahme des Staats für die Matrosen der Kauffahrteischiffe.

Die Gesetzgebung, welche 1832 in Kraft war, verlieh den arbeitenden Klassen keine Vortheile durch das Bankwesen, außer durch den Pfandverleiher oder die private Sparbank, kein legalisirtes Feld von associativer Selbsthülfe, außer dem Unterstützungs-Verein (Friendly Society), welchem alle föderative Ausbreitung versagt war. Das Jahr 1867 findet das Sparbank-System wirksamer durch sich selbst, doch in bedeutendem Maße ergänzt durch die Postamt-Sparbank, welche den Credit des Staates zum Pfand einsetzt für die Sicherheit der Depositе des armen Mannes; findet die Anleihe-Gesellschaft, die gemeinnützige Baugesellschaft, den Gewerbe- oder Versorgungs-Verein anerkannt und geregelt durch Gesetz, die großen Unterstützungs-Vereine mit Zweigvereinen, harmlosen Eiden oder Testeiden innerhalb des Kreises des Gesetzes gebracht, den Arbeiter-Verein nach Anerkennung ringend und endlich die Theilnahme des Arbeiters an Gewinn gestattet, ohne das Risiko der Theilhaberschaft.

Von der Gesundheits-Wissenschaft, im Unterschiede von der Heilkunde, kann man sagen, daß sie im Jahre 1832 ungekannt gewesen ist, und von dem alleinigen Schutz des Lebens gegen eine andere als persönlich verunglimpfende Handlung, daß er in dem gemeinen Gesetz in Bezug auf öffentliche Nachtheile, in den Bau-Gesetzen der Hauptstadt und einiger anderen großen Städte bestanden habe. Das Jahr 1867 sieht eine wahre Fluth von sanitätlichen Gesetzen. In jedem Platz, der groß genug ist, um eine Local-Behörde zu haben, ist in der That das Recht auf reine Luft, reines Wasser, sichere und gesunde Wohnungen, reinliche und gut angelegte Straßen und öffentliche Plätze durch Gesetz anerkannt. Viele specielle Erleichterungen und Verordnungen sind durch Gesetz verfügt für die Construction der Wohnungen der ärmeren Klassen und für freie Plätze zu ihrer Erholung.

Im Jahre 1832 war das Recht des englischen Bürgers, als solches, auf Unterricht vollkommen ignorirt. Im Jahre 1867 werden beinahe 700,000 Pfd. St. vom Staate hergegeben zur Förderung des Unterrichts der Klassen, die im Stande sind, selbst Etwas für diesen Zweck beizusteuern, welche unsere National, British oder andere assistirten Schulen besuchen, während District-Schulen für das arme Kind, mit Certificaten versehene Arbeits-Schulen für das umherstreifende oder bestrafte Kind, Besserungs-Schulen für das verbrecherische Kind das gleiche Ziel verfolgen, um das unbrauchbare oder lästige Mitglied der Gesellschaft in brauchbare Mitglieder umzuwandeln. Die Gewerbe-Schule (Mechanics Institute) der früheren Zeit war im Stande sich selbst zu entwickeln und einigen legalen Schutz zu erhalten. Legale Erleichterungsmittel sind verliehen worden für Stiftung öffentlicher Bibliotheken, Museen und Kunstschulen. Die erfinderischen Kräfte der arbeitenden Klasse wurden angestachelt durch Gesetze für das Eigenthumsrecht der Musterzeichnungen, durch ein amendirtes Patentgesetz, durch den Schutz, der den Artikeln verliehen ist, welche auf Industrie-Ausstellungen ausgestellt werden.

Das Jahr 1832 kannte nur eine Zeitungspresse, in hundertfacher Weise in Ketten gehalten — arbeitend unter dem beständigen Schrecken des gemeinen (common) Anklägers — niedergehalten durch Stempel-Steuern, Insertions-Steuern und Papier-Steuern. Das Jahr 1867 sieht diese Presse absolut frei von aller Auflage; der Stempel blieb nur übrig als der Preis eines der Wahl überlassenen Privilegiums.

Trotz der Einführung der commerciellen Reform durch Huskisson ließ die Reform-Acte von 1832 den Handel und die Industrie des Arbeiters doppelt in Ketten geschlagen von einem verderblichen Steuer-System, welches gleichzeitig die Kosten der Consumtion und Production vertheuerte, Sicherheit, Reinlichkeit, Sorge für Bedürfnisse, Licht beschatzte, während es das Einkommen des Reichen unberührt ließ. Das Jahr 1867 sieht jedes Lebensbedürfniß, jeden Stoff für die Production entweder frei oder mäßigen Abgaben unterworfen: die Fenstertaxe aufgehoben neben den Abgaben für Seife, Stein und Bauholz; die Abgabe auf Feuer-Versicherung bedeutend vermindert; Eigenthum und Einkommen direct dem Staat debitirt. Im Jahre 1832 war das Post-Amt eine Last für die Communication; jetzt ist es die wohlthätigste civile Institution in dem Lande.

Im Jahre 1832 existirte, so zu sagen, die Association des Capitals nicht, außer durch specielles Privilegium. Im Jahre 1867 ist beinahe jede Form commercieller Association zulässig nach den Gesetzen für Actien-Bank-Gesellschaften. Beschränkte Verantwortlichkeit hat die arbeitende Klasse in den Stand gesetzt, ihr geringes Kapital beizutragen zu der Hebung der productiven Kraft des Landes, und ist, durch eine neuerliche Acte, in Wirklichkeit von der Gesellschaft auf private Etablissements übertragen.

Im Jahre 1832 stellten die Stempel-Steuern die gewöhnlichen gesetzlichen Verhandlungen des Arbeiters, die Justiz-Kosten, die Erzwingung seiner gesetzlichen Forderungen in Wirklichkeit außer den Kreis des Gesetzes. Die Verringerung der ersteren einerseits, die Errichtung (oder vielmehr die Wiederbelebung) des Grafschafts-Gerichtshofes andrerseits, haben Beides seit 1867 in den Kreis desselben gebracht. Das Gesetz, betreffend die Entschädigung bei Unglücksfällen, hat ein neues civiles Recht geschaffen, das von besonderer Wichtigkeit für diese Klasse ist.

Im Jahre 1832 ließen die Armen-Gesetze das ganze Land der Almosenpflege verfallen und würdigten es herab. Obgleich das Recht zu leben vollständiger als jemals anerkannt ist, so ist im Jahre 1867 wenigstens dem Wachsthum des Pauperismus Einhalt gethan, wenngleich die schlimme Pflanze noch weit entfernt davon ist, mit der Wurzel ausgerissen zu sein.

Im Jahre 1832 war municipales Leben in den corporativen Flecken ein Chaos. Im Jahre 1867 ist es ein System, an welchem jeder Steuerzahler, oder selbst der Bewohner eines Steuer-zahlenden Hauses sich betheiligen kann, während die geringe, aber zu oft abgenutzte Maschinerie unserer Parochial-Verfassung von allen Seiten zusammenbricht vor der geschäftigen Einmischung der Orts-Behörden.

Sollte das Alles garnichts sein? Wäre diese ganze Anhäufung einer heilsamen, wohlthätigen, oder wenigstens doch anregenden Gesetzgebung Verschwendung gewesen? Trotz aller dieser mannigfachen Anstrengungen, die große Masse des Volkes zu einer besser genährten, besser gekleideten, in bessere Wohnungen untergebrachten, mehr gesunden, mehr sittsamen, mehr sparenden, mehr gewerbfleißigen, mehr auf sich selbst vertrauenden, mehr unterrichteten Bevölkerung zu machen oder sie in den Stand zu setzen, es zu werden, steht diese Masse noch da, wo sie sich vor fünf und dreißig Jahren befand? Sind nur die obersten Spitzen dieser Masse bis jetzt berührt worden? Wäre es möglich das zu sagen, so wagen wir zu erklären, daß in allen gesetzgeberischen Annalen durch die ganze Welt solch ein Zeugniß von Unmacht nicht ausfindig gemacht werden kann.

Aber widerlegt nicht die Geschichte selbst solch eine Möglichkeit? Mit gewissen geringfügigen Ausnahmen, welche Fabrik-Arbeit, Unterstützungs-Vereine (Friendly Societies) u. s. w. und einen bedauernswerthen Fall in Bezug auf Unterricht betreffen, geht die Geschichte ununterbrochen fort — macht sie Fortschritte. Wären die Fabrik-Gesetze nachtheilig für die Fabrik-Arbeiter, wir würden nicht sehen, wie so viele Gewerbe mit der Zeit ihrer Wirksamkeit oder ähnlichen Verordnungen untergeordnet sind. Hätten sich nicht mehr kleine Capitalien angesammelt, suchten nicht mehr kleine Capitalisten nach Geldanlagen, hätten sich nicht mehr sparsame Gewohnheiten gebildet, hätten sich nicht mehr Kräfte für associative Selbsthülfe gebildet, wir würden keine Postamt-Sparbanken, keine Anleihe-Gesellschaften, keine Maschinerie für Gewährung von Regierungs-Sicherheiten und Annuitäten in kleinem Maßstabe, keine gemeinnützige Bau-Gesellschaften, keine Gewerbe- und Versorgungs-Vereine mit Augen gesehen haben. Wenn Kinder von Arbeitern nicht Sorge trügen, unterrichtet zu werden, so wäre keine Regierungs-Bewilligung nöthig. Wenn die Arbeiter nicht lesen gelernt hätten, wären keine öffentliche Bibliotheken nöthig und Pennyblätter würden eine Unmöglichkeit sein. Wenn Arbeiter nicht schreiben gelernt hätten, so würde der Penny-Posttarif ein Fehlgriff gewesen sein. Wenn Arbeiter nicht betriebsam gearbeitet hätten, so wäre die Aufhebung von Zöllen und Accise-Abgaben ein Ruin für den Schatz gewesen.

In der allgemeinen Fortentwicklung der Gesetzgebung selbst also, namentlich aber, sofern sie die arbeitenden Klassen berührt, ist stillschweigend der unumstößlichste Beweis enthalten von der Fortentwicklung dieser Klassen, welche, wie sie es thun, die große Masse des Volkes umfassen. Aber wenn auf einem Felde allein die Fortentwicklung der Gesetzgebung beinahe unwahrnehmbar gewesen ist, während enorm auf den meisten anderen, so scheint die Folgerung unwiderleglich, daß auf jenem Felde die Gesetzgebung bis jetzt hinter den Thatsachen zurückgeblieben war. Denn wir können nicht Vernunft gemäß annehmen, daß politischer Fortschritt untrennbar ist von allem anderen. Wir können nicht annehmen, daß Männer, deren physische, intellectuelle und sociale Lage sich gehoben hat, auf derselben Fläche geblieben sind — daß Männer, welche sich besser nähren, sich besser kleiden, besser wohnen, besser unterrichtet, wirthschaftlicher, befähigter für Organisation sind, nicht tüchtiger sein sollen, als sie es vor fünf und dreißig Jahren waren, um mit politischer Macht betraut zu werden. Die Anomalie muß in dem Gesetze und nicht in ihnen selbst gelegen haben.

Keiner darf aus dem langen Katalog einer wohlthätigen socialen Gesetzgebung, welche bis dahin die Herrschaft der Mittelklasse des Parlaments ehrt, die durch die Acte von 1832 inaugurirt wurde, die Folgerung ziehen, daß wir das Werk für vollendet oder seiner Vollendung nahe halten. Die Ausdehnung legislativen Schutzes über Frauen und Kinder durch alle Verrichtungen und Beschäftigungen hindurch — allgemeiner Unterricht, ein reformirtes Lehrzeit-System, ein reformirtes Gesetz für Herr und Diener, die directe Gesetzgebung für Arbeiter-Vereine, die legislative Gründung von Schiedsgerichten mit Zwang-Macht-vollkommenheiten (für einige Fälle), eine Reform unserer Polizei — das sind einige der hervorragendsten nur unter den socialen Reformen, welche sich in der Fortentwicklung eines werdenden Gesetzes befinden oder sich aufthun am Horizont der Gesetzgebung: jede von ihnen repräsentirt entweder die logische Entwicklung oder die legale Einverleibung eines bereits thätigen Princips. Noblesse oblige, ein Land, das schon so viel mit solch einem Erfolg für seine Arbeiter gethan hat, ist verbunden noch mehr zu thun. Was wir nun zu zeigen haben, ist, daß durch ihre wirksame Cooperation in dem Guten, was sie schon erlangt haben und durch dessen weise Benutzung diese Arbeiter ihr Recht auf eine weit mächtigere Cooperation in Dem, was zu thun übrig bleibt, begründet haben.

Dritter Abschnitt.

Einfluß der arbeitenden Klassen auf die Gesetzgebung und Politik in den Jahren 1832—1866.

Diejenigen, deren Bekanntschaft mit der Fabrik-Bevölkerung von England hinter 1832 zurückreicht, und welche persönliche Erfahrung sowohl, wie die Kenntniß von Zahlen zu ihrer Unterstützung haben, werden wissen, daß ungefähr um jene Zeit viele Fragen, welche seitdem durch die Gesetzgebung abgewickelt sind oder doch theilweise abgewickelt wurden, Gegenstände heftiger Discussion waren unter den nachdenkenden und intelligenten Theilen unserer Arbeiter-Bevölkerung in den Fabrik-Districten von Großbritannien. Wenn man die dazwischenliegende Zeit überblickt, und an die verschiedenen wohlthätigen Maßregeln denkt, welche dem Gesetz incorporirt worden sind, so sieht man jetzt mit Genugthuung, daß die Arbeiter in allen großen Mittelpunkten der Industrie, was sie an Kraft und Einfluß besaßen nach der Seite hingaben, von welcher Erfahrung seitdem gelehrt hat, daß sie im Recht gewesen ist. Was während der verschiedenen Agitationen, welche stattgefunden haben, mit ihrer Hülfe geschah, beansprucht heute nicht ungeschehen zu sein, und nicht haben sie oder ihre Freunde, zum Glück für die Nation, eine Opposition ihrerseits gegen die ausübende Gesetzgebung des Landes zu bedauern, welche, wenn sie von einem glücklichen Erfolg begleitet gewesen wäre, in ernster Weise ihre besten Interessen benachtheiligt hätte.

Trotz der trüben Lage der großen Masse der arbeitenden Klasse im Jahre 1832, waren überall, in Lancashire, Yorkshire, und den anderen dicht bevölkerten Districten, große Mengen von Fabrik-Arbeitern zu finden, welche von ihren Eltern in einem mäßigen Grade den Segen von Erziehung empfangen hatten. Für den nach Belehrung strebenden herangereiften Jüngling hatten die Gewerbe-Schulen, in den letzten zehn Jahren von Dr. Birkbeck gegründet, von der Mittel-klasse noch nicht überlaufen und noch in der ersten Hitze ihrer Nützlichkeits-Förderung, die Mittel zu einem etwas trockenen Selbst-Unterricht geliefert. In Ermangelung der Zeitung war die einzige billige Lectüre (außer der des eben begonnenen „Penny Magazine“ und seiner Rivalen) Buch- oder Brochüren-Literatur, die entweder von der „Useful Knowledge Society“ oder von Blättern ähnlichen Charakters veröffentlicht wurde; so war, was an wissenschaftlicher Erziehung (training) zu haben war, mühsam und spannend. So gab es Mengen gewandter, mit gutem Kopf begabter, sich selbst unterrichteter Männer, welche durch ruhiges Nachdenken, beharrliches Forschen oder eindringliche Erörterung ihren Weg zu einem wenigstens beschränkten Verständniß der Pflichten gefunden hatten, die die Menschen einander in dieser Welt schuldig sind. Es gab auch eine nicht unbeträchtliche Menge von Solchen, die in lebhafter Weise mit ihnen sympathisirten, welche anderen Klassen der Staats-Gesellschaft angehörten und gemeinschaftliche Sache mit den Arbeitern in Fragen machten, welche in speciellem Zusammenhange mit ihren Interessen als Klasse standen, während die Arbeiter dagegen ihr Gewicht auf die reformirende Seite in allgemeinen Fragen warfen, und so durch eine weise Cooperation alle Bewegungen förderten, welche für die Beförderung des öffentlichen Wohls in das Werk gesetzt wurden.

Es fand daher zu jener Zeit, was man nennen kann, ein großes Erwachen statt. Nationale Politik, industrieller Fortschritt, sociale Verbesserungen und sociale Vernachlässigungen verschiedener Art hatte man ihren eigenen Lauf nehmen lassen. Es gab keine Vorsorge für Unterricht, keine nennenswerthe Einschränkung gegen Leben vernichtende Arbeit, keine richtige Erkenntniß von dem im Manne, was ihn in die Höhe reißt, ihn aus der viehischen Lage heraushebt, ihm verleihend, was er nach Gottes Willen haben soll, ein Leben über das des bloßen Erwerbens und Verzehrens. Männer hatten ihre Augen geöffnet und hatten nicht allein ihre Nacktheit gesehen, sondern auch ihre Verderbniß, ihre Entartung, ihren rasch herannahenden moralischen Tod.

Die Emancipation der römischen Katholiken war einige Jahre vorher erlangt worden und die liberalen Arbeiter hatten bei dieser Bewegung kräftige Hülfe geleistet. Die Reform-Bill war gerade durchgegangen, und bei der Frage um sie hatte der Arbeiter beinahe einstimmig auf der liberalen Seite gestanden, in dem Glauben, daß der Zusammenbruch eines alten politischen Monopols sicherlich auf die allgemeine Förderung aller ehrlichen Interessen abzielen werde. Direct hatten sie selbst wenig Antheil an der Frage, aber sie waren zu scharfsinnig, um nicht einiges Verständniß zu haben für den Druck und die Verderbniß, welche, so geschickt sie auch verheimlicht werden mögen, allenthalben herrschen, wo Macht in einer Klasse concentrirt ist, und sie wußten zu wohl aus einer Erfahrung, die sie vornehmlich selbst gemacht*), zu welchen grausamen und gewissenlosen Mitteln Männer greifen, wenn es die Erhaltung von Klassen-Privilegieen gilt. Ferner drängte sich die Unterrichts-Frage fort und fort auf und wo immer sie die öffentliche Aufmerksamkeit beschäftigte, hatte sie keine bessere oder standhaftere Freunde, als die Thätigen und Intelligenten unter den arbeitenden Klassen. Zu dieser Zeit auch machte die Cholera England ihren ersten Besuch und lehrte, als ihre große Lection, daß unreine Luft, Schmutz und Ueberarbeitung tödtliche Feinde des menschlichen Lebens sind; sanitätliche Reform wurde auf einmal eine wichtige öffentliche Frage, welche in allen ihren successiven Stadien von dem intelligenten Theil der Arbeiter Unterstützung erhielt. Es mag bemerkt werden, daß, obgleich manche dieser Bewegungen sich nicht sehr die Sympathieen der Unwissenden und Apathischen unter der arbeitenden Bevölkerung erwarb, doch keine derselben eine Befehdung von ihrer Seite hervorrief, oder sie in irgend einer Art von lebhafter Opposition gegen die Männer brachte, welche im Interesse der Staats-Gesellschaft politische und sociale Veränderungen zu fördern suchten**).

Die Fragen jedoch, welche in bestimmtester Weise eine Bestätigung ablegen von der einsichtsvollen Ueberlegtheit der Arbeiter-Bevölkerung von Großbritannien und dem Lande in klarster Weise den Werth ihrer Macht in Beeinflussung der Richtung der Gesetzgebung beweisen, sind solche, welche unter ihnen selbst ihre Entstehung gefunden haben und welche einer practischen Lösung hauptsächlich durch ihre Bestrebungen zugeführt sind. Die Fabrik-Arbeit-Frage ist hierfür ein wichtiges Beispiel. Nach dem alten System wurden Kinder und Frauen in den Fabriken bisweilen 12, hin und wieder 14 und auch sogar mehr als 16 Stunden in Arbeit täglich gehalten; trotz der fürchterlichen Wirkungen dieser fortgesetzten Plackerei die in vielfacher Weise sichtbar wurden,

---

*) Die unvergeßliche Peterloo Massacre in Manchester wurde im Jahre 1819 begangen gegen ein unbewaffnetes Meeting, das zusammenberufen war wegen einer Petition um Reform an das Parlament.

**) Die Opposition eines Theils der Chartisten-Parthei einige Jahre später gegen das Verfahren der Anti-Coan-Law-Leagne liefert keinen Gegenbeweis gegen diese Behauptung. Solch eine Opposition war eine Politik Seitens unweiser populärer Führer, gebilligt und gefördert von ihren äußerst unwissenden und leidenschaftlichen Befolgern — eine Politik, welche schließlich eine der Hauptursachen war, welche ihre Zersetzung als politische Vereinigung herbeiführte.

glaubten die Arbeitgeber, als eine Klasse, daß jede Dazwischenkunft, sie mochte kommen, woher sie wolle, welche die Hemmung oder die Modificirung solch einer Gewohnheit beabsichtige, unvermeidlich enden müsse mit der Vernichtung der Baumwollen-Fabrikation. Diejenigen, welche sich der Agitation für kurze Arbeitszeit erinnern, und welche so weit mit derselben verwachsen waren, um den Geist zu verstehen, in welchem sie ausgeführt ward, können nicht die entschiedene Feindseligkeit der Fabrik-Besitzer gegen die Maßregel vergessen haben. Die wenigen Männer, die außerhalb der arbeitenden Klasse standen und sich an der Seite der Letzteren in diesen Kampf einließen, wurden von den Arbeitgebern mit dem heftigsten Widerwillen angesehen. Der gegenwärtige Earl of Shaftesbury (damals Lord Ashley), John Fielden, Michael Thomas Sadler, Richard Oastler und einige Andere kämpften ritterlich in dieser Frage und verdienen für ihre uninteressirten und unermüdlichen Anstrengungen ein dankbares Andenken. Wie aber Inkerman die Soldaten-Schlacht genannt worden ist, so gehört der gute Name dieses schweren Conflicts — der mit einem Sieg endete — in den Opfern sowohl, die er forderte, wie in den Segnungen, die er der Staats-Gesellschaft gebracht hat, den Arbeitern von England an.

Die Frage wurde mit Wärme von Männern aufgenommen, die in jeder Art von Arbeit beschäftigt waren. Wie vorher gesagt worden ist, waren die Fabrik-Arbeiter selbst eine lange Zeit hindurch weit apathischer — und nicht kann dieses Wunder nehmen, wenn man sich die Umstände ihrer herabgewürdigten Lage in das Gedächtniß ruft — als diejenigen, welche anderen Zweigen der Industrie angehörten und welche mehr durch ihre Sympathien als durch ihre Interessen in die Agitation hineingezogen wurden. Diese Männer widmeten ihr Geld, ihre Zeit und ihre Energie der Förderung dieser Frage, nicht weil sie selbst unmittelbar unter den Uebeln der Fabrik-Arbeit zu leiden hatten, sondern weil sie rund um sich herum die fürchterliche Verwüstung sahen, welche sie anrichtete. Wie aber die Agitation vorrückte, erfaßte sie allmälig große Mengen der Fabrik-Bevölkerung.

Am 1. Februar 1832 brachte Mr. Sadler zuerst eine Petition ein von 10,000 Fabrik-Arbeitern von Leeds, welche hauptsächlich in den Fabriken beschäftigt waren, die das Haus der Gemeinen bat, einige Mittel zu adoptiren für Beschränkung der Dauer der Arbeit von so beschäftigten Kindern, und zahlreich unterzeichnete Petitionen wurden in dem Verlauf derselben Session von beinahe allen den Haupt-Fabrik-Mittelpunkten eingebracht — von Bradford eine Petition mit 9000 oder 10,000, von Huddersfield eine mit 10,000, von den Arbeitern in den Fabriken mit Maschinen-Webestühlen in Glasgow eine mit 6—7000 in zwei Tagen unterzeichnet; außerdem die Monster-Petition von 130,000 und 138,000, eingebracht von Mr. Sadler und Lord Morpeth: die letztere jedoch vornehmlich war meistentheils von Personen unterzeichnet, die der landwirthschaftlichen Bevölkerung von Yorkshire angehörten. In der nächsten Session nahmen diese Zahlen zu: Bradford sandte 12,000 Unterschriften an Stelle der 9000 oder 10,000: Leeds 16,000 statt 10,000. Nachdem Lord Ashley die Führerschaft in der Frage übernommen hatte, erklärte er am 3. Juni 1833, daß er gerade so viel Recht habe zu sagen, daß er bevollmächtigt wäre, die Gesinnung der Arbeiter auszusprechen, wie alle ehrenwerthe Mitglieder ein Recht hätten zu sagen, daß sie von ihren Wählern bevollmächtigt seien zu sprechen. Delegirte wären an ihn von Fabrik-Districten in Betreff des Gegenstandes gesendet worden und sie wären eben so gut gewählt worden, wie jedes Mitglied von irgend einer Wählerschaft gewählt worden wäre. Vier Delegirte wären in London, welche gewählt worden wären (die Abstimmung hatte stattgefunden durch allgemeine Abstimmung) von den Arbeitern des West-Riding von Yorkshire und Lancashire."

Vergeblich wurde den Arbeitern von denen, welche ihre Widersacher waren, versichert, daß verkürzte Arbeitsstunden verkürzte Löhne bringen würden, daß ihre Kinder gezwungen sein würden, sich in Faulheit auf den Straßen umherzutreiben, und daß ihre Frauen, welche bisher gute Löhne verdienten, sich ohne die Mittel eines decenten und comfortablen Unterhalts sehen würden und vor Allem, daß ausländische Concurrenz — dieses bête noire, das immer zur Hand ist um die zu schrecken, welche gegen die canonischen Gesetze gewisser National-Oekonomen sündigen — mit Gewißheit die Baumwollen-Manufactur des Landes in die Hände continentaler Rivalen treiben werde, auf deren Unternehmungen nicht störend eingewirkt werde durch das unvernünftige Geschrei eines mißleiteten Pöbels. Auf solche Versicherungen nahmen die Arbeiter wenig Rücksicht. Wenn es Noth thäte, erklärten sie, würden sie die geringeren Löhne nehmen, sie wären aber entschlossen, was auch immer aus der Baumwollen-Manufactur werden möge, ihre Frauen und Kinder von der übertriebenen Arbeit zu befreien, welche diese tödte. Bei einer Veranlassung stellten sie die Fabrik-Kinder in einer großen Straßen-Procession gerade so wie sie von der Arbeit kamen, zur Schau — verkümmert, die Glieder verzogen, blaß wie Gespenster, eines der traurigsten Schauspiele, das jemals auf dieser Erde gesehen worden ist, seitdem Arbeit eine Pflicht des Lebens wurde.

Die Schutz gewährende Gesetzgebung in Bezug auf Bergwerke und

Steingruben hat ziemlich denselben Weg eingeschlagen, wie die in Bezug auf die Fabriken. Man kann nicht sagen, daß sie ihre Entstehung fand in den Anstrengungen der Bergwerk-Arbeiter selbst, als einer Klasse; es konnte jedoch der widrige Zustand der Dinge, welcher im Jahre 1842 von Lord Ashley enthüllt wurde, nicht unerwogen bleiben. Von dem Augenblick aber an, daß ein Weg zur Verbesserung durch das erste, die Beaufsichtigung der Bergwerke betreffende Gesetz angebahnt war, bemächtigten sich die Leute ihrer eigenen Frage — so daß der Einfluß, so groß wie er Seitens der Arbeiter-Klasse auf die Fabrik-Gesetzgebung war, vielleicht sogar größer war in Bezug auf die Bergwerk-Gesetzgebung; denn in Folge des weiten Auseinandergehens von Gewohnheiten, welches im Allgemeinen den Arbeiter unter der Erde von dem auf der Erde trennt, mußte jener Einfluß beinahe ausschließlich von der betroffenen Klasse allein ausgeübt werden. Das die Beaufsichtigung der Bergwerke betreffende Gesetz von 1860 zum Beispiel, kann als das Werk der Bergwerk-Arbeiter selbst angesehen werden. Uns liegt vor der „Report of the Delegates of the Amalgameted Association of Miners of Lancashire, Cheshire and Yorkshire upon the means of obtaining the Improved Mines Inspections Bill 1860 — Bericht der Delegirten der verbündeten Association von Bergwerk-Arbeitern von Lancashire, Cheshire und Yorkshire über die Mittel zur Erlangung des verbesserten Bergwerks-Beaufsichtigungs-Gesetzes von 1860; der Bericht liefert den Nachweis, daß, als das frühere Gesetz im Jahre 1860 ablief, die Leute die Gelegenheit benutzten, zu Leeds vom 9.—12. November 1858, zu Ashton-under-Lyne vom 2.—7. Mai Zusammenkünfte hielten, einen Entwurf zu einer Petition für ein verbessertes Gesetz abfaßten, einen Ausschuß für Erlangung von Unterschriften und für Leitung der allgemeinen Geschäfte ernannten, einen Schatzmeister bestellten und eine Bundes-Kasse zur Bestreitung der Ausgaben begründeten; daß Adressen erlassen, Belehrung ertheilt und verbreitet, Meetings gehalten wurden, endlich daß Delegirte nach London im Juli 1859 und wiederum am 19. Februar 1860 gesendet wurden, welche zuerst von dem Staats-Secretair des Innern die Einbringung einer neuen Bill erlangten, dann jene Bill während ihres ganzen Durchganges durch beide Häuser überwachten, bis sie schließlich die Königliche Genehmigung am 28. August erhielt, worauf sie London verließen. „Am Nachmittag und Abend", sagen sie, „oft am Morgen waren die Delegirten in dem Hause der Gemeinen, setzten ihre Sache auseinander und debattirten mit der Opposition, so daß bei heißem Wetter und schlechter Atmosphäre, nach Meilen weitem Gehen und nach Stunden langem Stehen sie so müde waren, daß sie sich nach dem Schacht, nach dem Hammer und wieder nach Hause sehnten." Und obgleich sie nicht Alles erreichen konnten, was sie forderten, so erlangten sie doch ein Gesetz, welches, wie sie sagen, „ein entschiedener Fortschritt ist gegen das alte, und wenn gut gehandhabt, sich von unberechenbarem physischem und socialem Gewinn für die Bergwerk-Arbeiter in Zukunft erweisen werde." — Die Kosten des Gesetzes für die Arbeiter beliefen sich, wie uns die Delegirten sagen, auf beinahe 900 Pfd. St. Ueber den Verein, dem der obige Bericht erstattet wurde, werden wir nachher noch einige Worte zu sagen haben.

Einige weitere Beispiele des Einflusses der arbeitenden Klasse auf die Gesetzgebung wollen wir geben, wenn wir auf jene Organisationen zu reden kommen, welche noch außerhalb des Kreises der Gesetzgebung liegen. Wir wollen aber hier erwähnen, daß das Bäckerei-Gesetz auch das Resultat vieljähriger Agitation Seitens der betreffenden Arbeiter-Klasse ist. Uns liegt ein Vortrag vor, gehalten von Dr. Guy über „die Bäcker-Gesellen-Frage, in Southampton Buildings am 6. Juli 1848, der Bezug nimmt auf den Aufruf der Bäcker-Gesellen über „die Frage, welche Ihr erhoben habt, das Recht, für welches Ihr streitet" u. s. w.

Wenn wir versuchen zu zeigen, wie weit die arbeitenden Klassen die wohlthätige Gesetzgebung der letzten fünf und dreißig Jahr gefördert oder ihr vorgegriffen haben, so müssen wir bemerken, daß unter den Befugnisse ertheilenden Gesetzen, welche wir eben erwähnt haben, eine ganze Gruppe vorhanden ist, welche ausdrücklich besagt, daß sie erlassen sind zur Regelung und Aufmunterung vorhandener in Gültigkeit befindlicher Gesetzesformen.

So ist das Gesetz, gemeinnützige Bau-Gesellschaften betreffend, auf die Thatsache begründet (siehe dessen oben citirten Eingang), „daß Vereine existiren vornehmlich unter den industriellen Klassen zu dem Zweck, durch kleine zeitweise Subscriptionen einen Fond zu begründen, um aus demselben den Mitgliedern Hülfe zu leisten für Erlangung eines kleinen Freiguts oder Pachtguts als Eigenthum." Ferner gründet sich die erste Industrial and Provident Societies Act (Gesetz betreffend Gewerbe- und Versorgungs-Vereine) auf die Thatsache, „daß verschiedene Associationen von Arbeitern sich gebildet haben zur gegenseitigen Unterstützung, Erhaltung, Unterricht und Ausstattung der Mitglieder, ihrer Männer, Frauen, Kinder oder Verwandten, und für deren Versorgung mit Lebensmitteln, Wohnung, Kleidung und anderen Bedürfnissen durch gemeinsame Ausübung oder Förderung ihrer respectiven Gewerbe oder Handwerke." Offenbar ist der Gesetzgebung, welche in beiden Gesetzen enthalten ist, und in den Gesetzen, welche aus den letzteren hervorgegangen sind, vorgegriffen worden durch die selbstthätigen Anstrengungen der Arbeiter-Klasse. Die Bau-Gesellschaft, der cooperative Verein sind nicht das Geschöpf des Parlaments, sondern sind des Arbeiters eigene Schöpfung. Jede hat' — wie der Unterstützungs-Verein, die Anleihe-Gesellschaft, die Spar-Bank früher hatten und der Arbeiter-Verein, das Schieds-Gericht jetzt haben — ihre vorparlamentarische Geschichte, die in einem Blaubuche oder mehreren Blaubüchern eines gewählten Comité's (Select Committee) culminirt und mit Anerkennung der Thatsache endet, daß die Institution vorhanden ist und sich mit glücklichem Erfolg außerhalb des Gesetzes erhalten hat, und verdient oder erfordert in dasselbe aufgenommen zu werden. Und in jedem Falle, glauben wir, in welchem diese Gesetze amendirt worden sind, wurden Delegirte bevollmächtigt oder abgesendet von der Gruppe von Körperschaften, die durch solche Amendirung berührt wurden; dieselben conferirten mit der Regierung oder mit privaten Mitgliedern über den Gegenstand, und niemals haben sie unterlassen, wenn sie, wie gewöhnlich, der arbeitenden Klasse angehörten, denjenigen, mit welchen sie in Contact kamen, eine hohe Meinung von ihrer Scharfsichtigkeit und geschäftlichen Befähigung einzuprägen.

Schwieriger ist es, den Einfluß zu bemessen, welchen die arbeitenden Klassen ausgeübt haben auf die Gesetzgebung von einem mehr allgemeinen Charakter oder auf die allgemeine Politik. Der Einfluß wurde oft geübt in Weisen, um welche Wenige wissen. Man nehme die folgende Thatsache, deren niemals im Druck Erwähnung geschehen ist und welche wahrscheinlich sehr Wenigen außer denen bekannt ist, welche, gleich dem Verfasser, in derselben thätig waren. Als die erste Bewilligung von 30,000 Pfd. St. für Unterrichts-Zwecke von der Regierung vorgeschlagen war, wurde sie von vielen als die schmale Spitze eines gefährlichen Keiles angesehen, namentlich von denen, welche die Kräftigung eines Einflusses fürchteten, der nicht von ihnen selbst ausgeübt wurde. Ein gewisser Theil der kirchlichen Parthei in Manchester berief ein Meeting in der Korn-Börse, um der Regierungs-Vorlage Opposiion zu machen. Canonicus Wray präsidirte und Rev. Hugh Stowell war einer der Hauptsprecher. Ein Theil der Arbeiter, welcher dem nationalen Unterricht günstig gestimmt war und die Sache in Erwägung genommen hatte, faßte den Beschluß, daß ihre Ansichten vertreten sein sollten. Zu dem Ende kamen sie überein, daß sie nach einem der Läden gehen wollten, wo die Billets für das Meeting zu haben waren und so viele nehmen, als sie bekommen konnten. Auf diese Weise verschafften sie sich weit über die Hälfte der Billets, sie vertheilten solche in der Stille unter sichere Männer in einigen großen Arbeits-Werkstätten mit der Instruction, in ihren Kleidern, in denen sie zu den Meetings gingen, zu erscheinen. Zum Erstaunen des Vorsitzenden und der Sprecher lehnten sie mit Anstand und mit Ruhe, ohne Reden zu halten oder Amendements zu stellen, alle die Resolutionen ab bis auf das Dank-Votum an den Vorsitzenden; dann zerstreuten sie sich und gingen nach Hause so ruhig, als wenn nichts Besonderes vorgefallen wäre. So viel der Verfasser weiß, erfuhren die Berufer der Versammlung niemals, auf welche Weise ihre beabsichtigte Aussprache gegen Staatshülfe für den Unterricht eine Niederlage erfuhr. Dem guten Sinn einer Anzahl von Arbeitern hatte es Manchester zu danken, daß es bewahrt blieb von dem Vorwurf, sich gegen jene Maßregel erklärt zu haben.

Ferner war der Krieg gegen den zwangsweisen Zeitungs-Stempel, einer, welcher, obgleich er von den Journalisten geführt werden konnte, niemals zu seinem endlichen Sieg gebracht worden wäre ohne die Reihe und das Glied der Arbeiter, welche immer bereit waren, den ungestempelten Zeitungen ihre Unterstützung zu leihen. Mancher interessanter Stoff könnte über den Eifer geliefert werden, mit welchem viele Arbeiter sich in diesen Kreuzzug stürzten, indem sie die billigen Blätter auf Gefahr der Verhaftnahme, welche oft keine kleine war, verkauften.

Um zu anderen Fragen überzugehen, so ist es gewiß, daß die Arbeiter von England zu einer Zeit, in der sie, weiß Gott, eigene Beschwerden genug hatten, über welche sie zu klagen hatten, sie niemals ein taubes Ohr hatten gegen die Plaidoyers für die Rechte des Afrikanischen Sclaven; daß Anti-Sclaverei Meetings immer bedeutend von der Arbeiter-Klasse besucht wurden. Als im Jahre 1839/40 von der Englisch-Indischen Compagnie ein Versuch gemacht wurde, eine indische Reform populär zu machen, manifestirte sich ein lebhaftes und einsichtsvolles Interesse an dem Gegenstand bei den Arbeitern in allen großen Städten, in welchen sie erörtert wurde und jenes Interesse ist niemals ganz geschwunden; stillschweigend wirkten sie ohne Zweifel mit zu dem Fall der Herrschaft der Compagnie und zu der Inauguration eines Regime, welches, wenn es auch gegenwärtig ungenügend gehandhabt wird, doch eines Tages Indien zu dem Stolz und dem Ruhm Englands machen wird. Alsdann nahmen die arbeitenden Klassen einen bedeutenden Antheil an der Agitation für die Aufhebung der Korn-Gesetze, trotz der Opposition der Chartisten und der einiger Führer, auf welche die Arbeiter das meiste Vertrauen setzten (wie z. B. Richard

Oastler), welche dem Schutz-Zoll aufrichtig zugethan waren. Außer ihren „Arbeiter-Anti-Korn-Gesetz-Vereinen", waren Mengen von ihnen eingeschriebene Mitglieder der Liga und füllten ihre Meetings in Halle und Theater, während die Feder ihres eigenen Ebenezer Elliot, des „Anti-Corn-Law-Rhymer" (Anti-Korn-Gesetz-Reinschmid) der Sache den poetischen Stempel aufdrückte.

Ein Fall aber ist noch vorhanden, der allen die Krone aufsetzt, der noch frisch in unser Aller Gedächtniß ist, in welchem von den arbeitenden Klassen gesagt werden kann, daß sie die Politik Englands entschieden haben, in welchem es sich bewahrheitete, daß die Stimme des Volkes die Stimme Gottes ist.

Zu der Zeit, in der jeder üble Einfluß unter dem Himmel sich zu vereinigen schien, England in eine Vorschub-Leistung der Secession der Sclavenhalter hineinzutreiben, in welcher die Baumwollen-Noth und die Gewinne der Blokade-Brecher, der französische Despot und die Times, die Land-Parthei und die Schiffs-Eigenthümer, Mr. Carlyle und dir halbe Pietisten-Parthei in England uns in einen Weg hineintrieben, von dem jetzt Alle fühlen, daß er einer von unbesonnener und halsbrecherischer Thorheit gewesen sein würde, standen die Arbeiter von Lancashire fest und unbeweglich zu dem heiligen Princip der menschlichen Freiheit. In begeisterter Weise geduldig, weiter sehend als Speculanten und Staatsmänner, konnten sie in Mitte ihrer eigenen tiefen Trauer, die verursacht war durch die Fortdauer des Krieges, ein Meeting halten, um Abraham Lincoln zu seiner Proclamation der Emancipation zu beglückwünschen; und als jeder Ausdruck von Sympathie, mit der die Sache der Union sicher war, heftigem Spott oder selbstgefälligem Lächeln in dem Hause der Gemeinen zu begegnen, schwankten sie niemals in ihrem festen Glauben an ihren endlichen Triumph.

Vierter Abschnitt.

Benutzung der vervollkommneten Gesetzgebung Seitens der arbeitenden Klassen.

Wir haben jetzt aus Thatsachen den Beweis zu führen, daß die vervollkommnete Gesetzgebung der letzten fünf und dreißig Jahre kein todter Buchstabe gewesen ist — daß die arbeitenden Klassen gewußt haben, wie sie sich dieselbe zu Nutze machen sollen, zu ihrem eigenen Vortheil und zu dem aller Klassen der Staatsgesellschaft.

Für jeden denkenden Mann genügt für den Beweis der Wahrheit das Wachsthum allgemeinen Wohlstandes. Wenn Mr. Baines in seiner Rede über die das Wahlrecht der Flecken betreffende Bill am 10. April 1861 sagen konnte, daß der Totalbetrag unserer Ausfuhren und Einfuhren zwischen 1831 und 1860 sich von 97,623,339 Pf. St. auf 373,491,000 Pfd. St. oder um 233 Procent gehoben hätte, während die Kosten der Armen-Unterstützung sich von 9 Sh. 9 P. per Kopf auf 5 Sh. 6 P. verringert hatten, so citirte er sicherlich zwei Facta, welche ganz unvereinbar sind mit der Annahme, daß die Arbeiter-Klasse Rückschritte mache oder stehen bleibe; aus ihnen ergiebt sich die unumstößliche Folgerung, daß die Producenten dieses Landes fortgefahren haben emsig zu arbeiten und gut zu arbeiten, und daß sie beständig vorgerückt sind in allen den Bedürfnissen der Civilisation. In den fünf folgenden Jahren stieg der Totalbetrag der Ausfuhr und der Einfuhr auf 489,995,285 Pfd. St. und lieferte auf diese Weise während des genannten Zeitraums eine Zunahme von 116,502,285 Pfd. St. oder bedeutend mehr, als der ganze Betrag im Jahre 1831; obgleich die Pauperismuszahl seit 1863 fortdauernd fiel, so ist sie noch nicht auf das normale Niveau von der Höhe zurückgegangen, auf welcher sie sich durch die Baumwollen-Noth gehoben hatte.

Wir wollen aber die Frage mehr im Einzelnen untersuchen.

§ 1. Erfolge der Schutz gewährenden Gesetzgebung.

1. Die Fabrik-Gesetze.

Es würde am unrechten Orte sein, wollten wir hier den Versuch machen, zu zeigen, wie viel von der Unterstützung dieser Maßnahmen Seitens des Arbeiters oder wie viel von der Opposition des Fabrikherrn gegen dieselben aus rein selbstischen Motiven hervorgegangen ist. Unter den Arbeitern waren mit ziemlicher Wahrscheinlichkeit Viele, welche sich nur um die Hülfe durch die Arbeit kümmerten, die die Gesetze ihnen bringen sollten, während unter den Fabrikherren eine bedeutende Anzahl gewesen sein muß, welche auf die Frage als eine bloße Frage des Geld-Gewinnes oder des Geld-Verlustes sahen. Aber abgesondert von diesen Motiven thut man wohl, den Blick auf ein oder zwei Umstände zu werfen, welche einigermaßen die klareren Ansichten der Arbeiter über diesen Gegenstand und deren bessere Berechnungen verrathen.

Es war die gewöhnliche Voraussage der Gegner jener Gesetze, daß dieselbe die Löhne verringern, die Production vermindern würden, und daß die Arbeiter die ihnen gewährten Muße-Stunden verschwenden würden. Gerade das Gegentheil ist eingetroffen — Löhne und Production haben sich gesteigert und eine sehr große Anzahl der Arbeiter, zum wenigsten, hat gewußt, wie sie von ihrer Muße einen ausgezeichneten Gebrauch machen sollen.

Die Löhne der Fabrik-Arbeiter stiegen nach Mr. David Chadwick — citirt von Dr. John Watts in seinem Werk über die Baumwollen-Noth — in den Jahren zwischen 1844 und 1860 von zehn auf zwanzig Procent. Die Anzahl der in Thätigkeit befindlichen Spindeln erhöhete sich in den funfzehn Jahren zwischen 1850 und 1865 von 17,099,231 in dem ersteren Jahre, auf 30,387,267 in den letzteren. Die Anzahl Yards der im Jahr 1830 producirten baumwollnen Zeuge, wo Fabrikbesitzer alle die Stunden arbeiteten, die sie für geeignet hielten, ohne auf Gegenvorstellungen zu hören oder Beschränkungen eintreten zu lassen, betrug 914,773,563; während im Jahr 1860, dreizehn Jahre darauf, nachdem die unwissenden Arbeiter und Sentimentalisten ihre Hände gebunden hatten, sie 4,431,281,728 producirten — eine Zunahme von 384 Procent. Einige weitere Facta mögen hier erwähnt werden, um das zunehmende Gedeihen dieses Fabrikzweiges trotz der schlimmen Prophezeihungen, die während der Agitation für kurze Arbeitszeit laut wurden, in interessanter Weise zu illustriren. Im Jahre 1850 war die bewegende Kraft in unserer Baumwollen-Manufactur der von 50,286 Pferden gleich. Im Jahre 1860 glich sie der Kraft von 205,827 Pferden; das ist eine Zunahme von 300 Procent. Es ergiebt sich, daß von 1851 zu 1861 die Zunahme in der Bevölkerung von Lancashire, dem Hauptsitz der Baumwollen-Manufactur, 20 Procent betrug; die Zunahme jedoch in den Gewerben, deren Thätigkeit einen besonderen Beweis für Wohlstand giebt, war viel bedeutender als diese. Ziegelsteinstreicher und Tischler vermehrten sich um 29 Procent, Maschinen-Arbeiter und Arbeiter für Handwerkzeug um 50 Procent, Papiermacher um 50 Procent, Buchdrucker um 37 Procent, Kutscher in Privat-Familien um 180 Procent und Gärtner in Privat-Familien um 532 Procent.

Mr. Alexander Redgrave, einer der Königlichen Fabrik-Inspectoren, giebt in einen Bericht an den internationalen Wohlthätigkeits-Congreß, der im Jahre 1862 unter dem Präsidium des Earl of Shaftesbury in London gehalten wurde, weitere Zahlen für denselben Erfolg. Im Jahre 1838 betrug die Einfuhr roher Baumwolle 5,000,000 Cwts.; die Ausfuhr von baumwollenen Garnen und Fabrik-Artikeln wurde auf 24,550,000 Pfd. St. geschätzt. Im Jahre 1860 betrug die Einfuhr roher Baumwolle 12,419,000 Cwts. und der Werth der exportirten baumwollenen Garne und Fabrikate 53,000,000 Pfd. St. Im Jahre 1838 gab es 4,217 Manufacturen, die 356,684 Personen Beschäftigung gewährten. Im Jahre 1860 gab es 6,378 Manufacturen, die 775,534 Personen beschäftigten. Nicht einen Augenblick wollen wir auf das Conto der Fabrik-Gesetze den ganzen Werth dieser Ergebnisse schreiben, welche ohne Zweifel, meistentheils vielen der anderen oben aufgezählten Reformen unseres Zeitraums, namentlich der Aufhebung der Korn-Gesetze und der durchgehenden Vervollkommnung unseres Steuer-Systems zukommen. Unleugbar ist aber, daß die Steigerung in den Löhnen, die Zunahme in der Production und die Entfaltung der Schutz gewährenden Gesetzgebung gleichzeitig gewirkt haben — daß das Eine das Andere nicht gehindert hat.

Ein Resultat jedoch, welches sich in mehr directer Weise aus der Schutz gewährenden Gesetzgebung herleiten läßt, war die Hebung des Gesundheitzustandes der Arbeiter. Der erfreulichste Beweis für diesen Erfolg ist enthalten in einem vorher citirten Vortrage von Mr. Robert Baker, einem der Königlichen Fabrik-Inspectoren, gehalten über „die physischen Folgen verringerter Arbeit," auf der Versammlung der Social Science Association zu Bradford im Jahre 1859. „Es waren," sagt er, „im Jahre 1856, und es sind gegenwärtig in den Fabriken des Vereinigten Königreichs 682,517 Personen beschäftigt, gegen 354,684 Personen im Jahre 1835. Von diesen gehören 387,517 dem weiblichen Geschlecht an, gegen 167,696 im Jahr 1835; 46,071 sind Kinder zwischen acht und dreizehn Jahren im Vergleich zu 56,455. Es ist eine Brutto-Zunahme an Arbeitern von 92 Procent vorhanden — die Zunahme der weiblichen Arbeiterinnen beträgt 131 Procent; Kinder sind beinahe eben so viele, wie früher waren, und doch sind alle die Krankheiten, welche specifisch der Fabrik-Arbeit eigen waren, beinahe ganz verschwunden. Selten oder nie sieht man einwärtsstehende Kniee oder Plattfuß, hin und wieder nur eine leichte Krümmung des Rückens, die mehr aus Arbeit bei armseliger Nahrung, als aus Arbeit vornehmlich herrührt. Das „Fabrik-Bein" ist nicht mehr unter uns, es sei denn, daß ein alter Mann oder eine alte Frau hinkt, um uns an eine fürchterliche Vergangenheit zu erinnern. Die Gesichter der Leute sind von rother frischer Gesichtsfarbe, ihre Formen sind abgerundet — ihr ganzes Aussehen ist ein erfreuliches." So sagt Mr. Smith, erster Chirurg an dem Krankenhause zu Leeds, der von Mr. Baker citirt wird: „Was mich am meisten überrascht hat, ist die prächtige Veränderung, die in der Beschaffenheit des weiblichen Theils der Bevölkerung vorgegangen ist seit dem Durchgehen der Acte. .... Sie sind jetzt hübsch und blühend, stark und musculös — nicht nur heiter, sondern auch aufgelegt zu Scherz. Statt der scharfen Winkel, die man früher an ihren Figuren sah, sind alle die Linien schön abgerundet, namentlich an den Schultern und Hüften. Ich würde an einen so schlagenden Unterschied in fünf und zwanzig Jahren nicht glauben können, hätte ich nicht mit eigenen Augen auf ihn geachtet und gesehen." Kurz, Mr. Baker citirt das Zeugniß von Aerzten, „welche wöchentlich Spinnereien besuchen, die im Durchschnitt über 70,000 Personen beschäftigen, von denen über 40,000 Personen weiblichen Geschlechts und 4000 Kinder sind, und welche alle Zeugniß ablegen für dieselbe Thatsache, nämlich, für das beinahe gänzliche Verschwinden von Ungestaltung und für das Nicht-Erscheinen irgend einer Krankheit, die der Fabrik-Arbeit eigenthümlich ist*).

Wir wollen uns nun zu den Ergebnissen der Unterrichts-Maschinerie in den Fabrik-Gesetzen wenden. Hier müssen wir zugleich einen Tadel abfertigen, welcher von jener Maschinerie gemacht worden ist,

---

*) Es läßt sich jedoch nicht leugnen, daß Fabrik-Arbeit doch zur Erzeugung und Förderung verschiedener Krankheiten dient. Sie scheint auch die Figur zu verbutten. Siehe in demselben Bande der Transactions, Seite 725 den Haupt-Inhalt einer Abhandlung Mr. John James: On the condition of the Factories Operatives of Bradford.

daß sie nämlich Kinder in solche Beschäftigungen hineingetrieben hat, welche nicht einer Inspection unterworfen sind. Daß dieses bis zu einer gewissen Ausdehnung der Fall gewesen ist, läßt sich aus der Thatsache herleiten, daß die Anzahl der in den Fabriken beschäftigten Kinder sich verringert hat, statt zuzunehmen. Im Jahre 1835 waren 56,455 Kinder in den Fabriken thätig, im Jahre 1838 nur 29,283, im Jahre 1858 46,071, da die Bevölkerung inzwischen bedeutend zugenommen hatte. Ueberdies ist es auffallend, daß von der zuletzt erwähnten Zahl nicht weniger als 44,769 in England beschäftigt waren, 1188 in Schottland und 174 in Irland. Der Contrast zwischen diesen Zahlen dient zur Erklärung der verschiedenen Ansichten, welche man über die Erfolge des Gesetzes nördlich und südlich vom Tweed gewonnen hat. So gab Mr. J. D. Campbell, Fabrik-Unter-Inspector, in einer Abhandlung „über Beurtheilungen des Unterrichts bei Beschäftigung" (Social Science Transactions, 1860, Seite 419) als das Resultat seiner Beobachtung an, daß die Unterrichts-Klauseln der Fabrik-Gesetze „einen beinahe gänzlichen Fehlschlag geliefert hätten" in dem Glasgow-District; „und daß er glaubte sagen zu können, daß dieses auch die Ansicht der anderen Inspectoren sei. Eltern zogen vor, ihre Kinder nach solchen Fabriken zu senden, wo sie volle Löhne bekommen konnten. Selbst wenn Kinder nach Fabriken nach dem Halbe-Zeit-System geschickt wurden, gingen sie, sobald sie eine Gelegenheit fanden, nach anderen Stellen, wo sie volle Löhne erhielten, und die Folge war, daß die Besitzer von Fabriken nichts zu thun haben wollten mit den Kindern, die auf halbe Zeit arbeiteten."

Das Zeugniß ist unwiderlegbar, so weit es reicht, aber wenig ehrenwerth sowohl für die schottischen Arbeitgeber, als auch für die schottischen Arbeiter. Von England her lautet aber das Urtheil ganz anders. Mr. Redgrave sagt in seiner vorher erwähnten Abhandlung, welche er auf dem Internationalen-Wohlthätigkeits-Congreß im Jahre 1862 vortrug: „Bevor das Fabrik-Gesetz durchging, hatten nur wenige Kinder Gelegenheit, die Schule zu besuchen . . . . . Die letzten dreißig Jahre hindurch arbeitet jedes Kind unter dreizehn Jahren in einer Fabrik nur einen halben Tag und besucht an demselben Tage drei Stunden lang die Schule. Jetzt besuchen über 24,000 Kinder in dieser Weise die Schule, machen gute Fortschritte und tragen zu dem Verdienst der Familie bei . . . . Sie besuchen jetzt die beste Klasse von Schulen, während in den ersten Tagen der Fabrik-Inspection die Schulen bloß dem Namen nach vorhanden waren. Ein Vergleich in der Veränderung binnen zwanzig Jahren in meinem eigenen District weiset folgende Resultate auf: — Im Jahre 1843 besuchten nur neunzehn Procent der Fabrik-Kinder die National-, British- und Denominational-Schulen, d. h. öffentliche Schulen unter der Verwaltung von Comités oder anderen öffentlichen Körperschaften, während fünfundvierzig Procent von Frauen gehaltene Schulen oder andere Privat-Schulen besuchten. Jetzt besuchen beinahe 70 Procent öffentliche Schulen und nur 14 Procent frequentiren Privat-Schulen, von welchen nicht eine einzige eine von Frauen gehaltene Schule ist; und endlich, die öffentliche Schule von Heute, die Weise des Lehrens, der Apparat zum Lehren und die Qualification der Lehrer sichern den Fabrik-Kindern größere Vortheile als im Jahre 1843 hätte erreicht werden können."

So sagt Mr. E. D. J. Wilks, Secretär der British and Foreign School Society, in einer Abhandlung, welche er der Social Science Association zu Bradford im Jahre 1859 vortrug, von den auf den Unterricht bezüglichen Klauseln der Fabrik-Gesetze: „Ich trage kein Bedenken, meine Ueberzeugung, die auf wirkliche, lange fortgesetzte und weit ausgedehnte Beobachtung gegründet ist, zu bekennen, daß, im Allgemeinen gesprochen, ihre Wirksamkeit eine äußerst heilsame gewesen ist, nicht nur vom Gesichtspunkte des Unterrichts aus, sondern auch vom socialen Gesichtspunkt aus betrachtet. Die Resultate haben bewiesen, daß das Prinzip ein gesundes in der Theorie, ein weises in der Gesetzgebung, ein practisches in der Ausführung ist. Uebel, welche man befürchtete, haben sich nicht verwirklicht, und Vortheile einer Art, die man kaum voraussetzen konnte, sind erwachsen." Zu den letzteren kann der Umstand gerechnet werden, der vielleicht folgereicher ist in socialer Beziehung als irgend ein anderer, der sich in dieser Zeit herausgestellt hat, daß das Halbe-Zeit-System als ein Mittel für den Unterricht, dem Ganze-Zeit-System überlegen ist, oder mit anderen Worten, das Lernen in Verbindung mit der Arbeit dem Lernen ohne solche. Wo auch immer gute Fabrik-Schulen gegründet worden sind, hat es sich, um die Worte Mr. E. Chaderick's zu Glasgow im Jahre 1860 zu gebrauchen, erwiesen, daß „in drei Stunden die Halbe-Zeiter am Ende ebensoviel Belehrung aus Büchern empfingen, wie die Kinder, welche in denselben Schulen fünf oder sechs Stunden täglich festgehalten wurden; die gut unterrichteten Halbe-Zeiter waren wissenschaftlich tüchtiger als die Schüler auf lange Zeit, die von denselben Lehrern und nach demselben System unterrichtet wurden."

Um ein weiteres Zeugniß zu citiren, — so sagte Mr. Akroyd auf dem Congreß der Social Science Association im Jahre 1864, daß „er und sein Vater opponirt hatten," dem Halbe-Zeit-System, daß er aber jetzt „die Ausdehnung des in dem Gesetz ausgesprochenen Prinzips auf alle Klassen von Arbeitern befürwortete, und aus Erfahrung den Schluß zöge, daß die Maßregel, welche für die Kinder in den Fabrik-Städten so wohlthätig gewesen wäre, ebenso vortheilhaft für die in den landwirthschaftlichen Districten sein würde."

Auf solche Weise hat Erfahrung den Nachweis geliefert, daß die Unterrichts-Erfolge der Fabrik-Gesetzgebung, wo ihre Verordnungen in wirksamer Weise in Kraft gesetzt wurden, zum wenigsten eben so erfreulich gewesen sind wie die physischen; und wenn sie in dieser Beziehung ihren Zweck in einigen Districten verfehlt hat, so liegt es einfach in dem Grunde, daß das Prinzip sich bei seiner Ausführung in zu enge Grenzen hält. Mit dem Unterricht hat sich die Moralität unter den Fabrik-Arbeitern, namentlich unter den weiblichen, bedeutend gehoben. In einer Spinnerei zu Bradford, „wo 500 Mädchen beschäftigt waren, betrug die durchschnittliche jährliche Zahl unehelicher Kinder nicht mehr als drei, und solche gehörten meistentheils Freiern an, welche nachher die Mütter heiratheten," sagt Mr. John James in seinem vorher erwähnten Vortrage, den er im Jahre 1859 vor der Social Science Association hielt.

Und nun wollen wir auf die mehr allgemeinen Resultate einen Blick werfen. „Viele von uns," sagt Mr. Edmund Potter, „haben den Fabrik-Gesetzen, weil in national-ökonomischer Beziehung ungesund, und als einen ungerechten Eingriff in die Rechte von Capital und Arbeit Widerstand geleistet. Sie sind in socialer Beziehung wohlthätig gewesen." Die Baumwollen-District-Bevölkerung hat sich in rascher und gesunder Weise während der letzten dreißig Jahre vervollkommnet. Keine Arbeiter-Bevölkerung von einem so hohen und gesunden moralischen und physischen Gehalt hat in dem Königreich existirt. Sie war dem Baumwollen-Gewerbe eine wesentliche Kräftigung; wenn sie soll erhalten werden, kann es nur durch den Proceß geschehen, der sie so weit gefördert hat. Vollendetes Maschinen-Wesen will regelmäßig beschäftigte und wohl eingeübte Hände und eine gute physische Beschaffenheit."

„Die Massen," sagt weiter Mr. Redgrave, „haben sich des Geschenkes würdig erwiesen, das ihnen gemacht ist; sie haben mit der Gabe keinen Mißbrauch getrieben; ihre Intelligenz hat sich gehoben; ihre Lebensgewohnheiten haben sich vervollkommnet; ihre socialen Verhältnisse sind vorgerückt; sie haben Alles und mehr als Alles gewonnen, was sie von der Fabrik-Gesetzgebung erwarteten; und sie haben sich von dem glücklichen Erfolg nicht verblenden lassen. Vieles ließe sich darüber sagen, was die Fabrik-Arbeiter mit ihren Mußestunden begonnen haben; wie Abend-Schulen besucht worden sind, wie verschiedene auf gegenseitige Förderung beruhende Vereine im Werth gestiegen sind; wie die Oster- und Pfingst-Feiertage in vernünftigeren Vergnügungen hingebracht werden als früher; wie die Intelligenz, die Unterordnung unter das Gesetz, und der allgemeine Ton und die allgemeine Haltung des Arbeiters Schritt gehalten haben mit dem Fortschritt des Zeitalters."

So sagt ferner Mr. Baker: „Die thätigen und blühenden Institute für wissenschaftliche Ausbildung, die Vorträge, die musikalischen Versammlungen, die Abtheilungs-Gärten und alle die anderen Quellen von Vergnügen und Gewinn, welche sich nicht nur in den Städten, sondern auch in beinahe jedem Weiler ihrer Fabrik-Districte finden . . datiren nur her von dem Besitz der Privilegien, welche beschränkte Arbeit den Arbeitern verliehen hat, ich meine den Sonnabend Nachmittag — von selbst eine der größesten Segnungen, welche jemals demselben verliehen ist — und von der Gewißheit, zu wissen, wann die Zeit des Fabrikherrn zu Ende geht und ihre eigene Zeit beginnt."

Wir haben gesehen, daß im Jahre 1832 die Fabrik-Bevölkerung, welche täglich unter der Last von Ueber-Arbeitung, sowohl der Zeit wie dem Uebermaße nach, hinsank, sich unter, nicht über dem allgemeinen Niveau der Arbeiter-Klasse befand. Diese Lage der Dinge hat sich nun nach der Behauptung competenter Beobachter umgekehrt. „Es ist, denke ich, keine Satyre auf die arbeitenden Klassen im Ganzen, wenn man sagt, daß in Bezug auf natürlichen Scharfsinn die Baumwollen-Arbeiter ihnen überlegen sind," sagt Mr. R. A. Arnold in einer Abhandlung „über die Baumwollen-Noth", welche er in der Versammlung der Social Science Association zu York vortrug.

Zwei Jahre vorher, als die Baumwollen-Noth auf ihrer Höhe stand, hatte Mr. J. P. Norris in einer Abhandlung über das Halbe-Zeit-System, welche er vor der Londoner Versammlung derselben Association vorgetragen hatte, gesagt: — Erst in der vorigen Woche sprach zu mir einer der bedeutendsten Fabrikherrn in Manchester von der Geduld und dem Muth, mit welchen eine Bevölkerung von vielen Tausenden von Arbeitern jetzt eine Entbehrung ohne Gleichen ertragen, und sagte: „Aus dem Kreis meiner Erfahrung weiß ich Nichts, was auffallender wäre, als die Entwickelung, die der Lancashire-Charakter in den letzten fünfzehn Jahren genommen hat;" er schrieb dieselbe hauptsächlich der wohlthätigen Wirksamkeit der Fabrik-Gesetze zu, die von den Fabrikherren als wichtigster Vortheil für sie adoptirt worden sind.

Vielleicht aber ist das auffallendste Resultat der Fabrik-Gesetze ihre Einwirkung auf die Arbeitgeber gewesen. Wie einige unserer Citate bereits gezeigt haben, acceptiren jetzt die Fabrikherren meistentheils von ganzem Herzen die gesetzgeberische Dazwischenkunft, nachdem sie scharfe Opponenten derselben waren, und, wie Mr. Redgrave richtig sagt, „sind jetzt im Allgemeinen die vornehmlichsten Fürsprecher des Fortschrittes — indem sie die Errichtung von Fabriken und Schulen und die Anlegung von Unterrichts-Anstalten fördern und Geschenke von Parks, Bädern, Wasch-Anstalten für die ausdrückliche Benutzung der arbeitenden Klassen machen. Daher jene prächtigen Gründungen, wie Saltaire und Ukroydon, welche dazu gelangt sind, unter unseren nationalen Herrlichkeiten zu rangiren, daher die fürstlichen öffentlichen Schenkungen der Cresleys und so vieler Anderer. Es ist kaum zu viel gesagt, daß der niedrige Fabrik-Arbeiter durch seine Beharrlichkeit in Erzwingung einer gerechten Gesetzgebung der große Civilisator und Moralisirer seines Arbeitgebers gewesen ist".

Es kann den Anschein gewinnen, daß wir zu viele Zeit der Fabrik-Gesetzgebung, namentlich in den Baumwollen-Districten, gewidmet haben. Es ist dieses aber in der That ein Beispiel, das in vielen Beziehungen als Vorbild dienen kann. Zunächst muß man sich erinnern, daß unsere Baumwollen-Exporte allein im Jahre 1860 (in runden Zahlen) 52,000,000 Pfd. St. von 135,000,000 Pfd. St. oder beinahe 39 Procent des Ganzen betrugen. Ferner hat in den Baumwollen-Districten das System der Schutz gewährenden Gesetzgebung für den Arbeiter seine längste Prüfung zu bestehen gehabt (indem es sich jetzt über eine Generation hinweg ausdehnt) und die Resultate sind durch die einzig in ihrer Art dastehende Calamität der Baumwollen-Noth auf eine harte Probe gestellt worden. Jetzt wissen wir, daß gerade die Resultate der Noth selbst an einer Bevölkerung, die durch unsere Fabrik-Gesetzgebung erzogen war, positiv gut waren; daß Verbrechen, namentlich Trunksucht abnahmen, daß Unterricht an Ausdehnung gewann. „Ein großer Fortschritt," sagt Mr. R. A. Arnold in der vorher citirten Abhandlung, „ist während der Zeit der Baumwollen-Noth im Unterricht gemacht worden. Im Allgemeinen nahm die Anzahl der Kinder, welche die Schule besuchten, zu; das einstimmige Zeugniß von allen Seiten lautet, daß sie regelmäßig in ihrem Besuch waren und bessere Fortschritte machten, als in vorhergehenden Jahren." Ein System, welches die doppelte Ordalie der Zeit und eines zeitweiligen Drucks ohne Gleichen bestanden hatte, kann kein schlechtes sein.

Wir haben daher vollen Grund, aus dem vollständigen glücklichen Erfolg, den die Schutz gewährende Gesetzgebung in den Baumwollen-Districten gehabt hat, die Schlußfolgerung zu ziehen, daß sie langsam, aber sicher, im Verhältniß zu der Zeit, während welcher, und zu der Ausdehnung, bis zu welcher sie Anwendung gefunden hat, ähnliche Wirkungen in allen anderen Gewerben erzeugt, auf welche sie bis jetzt ausgedehnt worden ist. Selbst in Bezug auf diejenigen, welche nur in das Gesetzgebungs-System durch die Factory Arts Extension Act 1864 hineingebracht sind, ist der Beweis vorhanden, daß wohlthätige Resultate erzielt worden, während die Arbeitgeber, belehrt durch die Erfahrung ihrer Genossen, bereitwillig cooperiren in Ausführung der Acte. „Man darf nicht länger zweifeln," sagt Mr. Baker am 5. Juni 1865, „daß die Weisheit des Parlaments in Gleichstellung der Arbeitsstunden eine nach der anderen in verschiedenen Gewerben die glücklichsten Resultate erzeugen wird."

2. Resultate der Bergwerks-Gesetze und der Matrosen-Gesetze.

Es würde ebenso weitschweifig, wie überflüssig sein, wollten wir den Versuch machen, im Detail die Resultate der Schutz gewährenden Gesetzgebung in anderen Gewerben zu verfolgen. Die Geschichte unserer Bergwerks-Industrie zeigt z. B. eine ganz ähnliche Productions-Entwicklung, Seite auf Seite mit der Gesetzgebung und eine äußerst lebhafte in gerade dem Zweige, welcher sich des größesten Antheils an jener Gesetzgebung erfreut, d. h. der Kohlengruben. Als das erste von den Bergwerks-Gesetzen im Jahre 1842 durchgegangen war, war die Lage der Bergwerks-Bevölkerung in vielen Beziehungen sogar schlechter als die der Fabrik-Bevölkerung zehn Jahre vorher. Nach dem Census von 1841 belief sich die Total-Anzahl der in den Bergwerken von Großbritannien und den Britischen Inseln beschäftigten Personen auf 193,825, von denen 118,233 in den Kohlengruben waren. Im Jahre 1861 war die Zahl der letzteren allein auf 235,590 gestiegen. Die Anzahl der bearbeiteten Kohlengruben stieg von 2397 im Jahre 1853 auf 3088 im Jahre 1862, welche in dem letzteren Jahr 83,635,214 Tons Kohlen förderten zu einem Werth von beinahe 21,000,000 Pfd. St. Gegenwärtig hat die Anzahl der Bergwerks-Arbeiter die Zahl von 400,000 erreicht, von welchen nicht weniger als 307,000 in den Kohlen-Bergwerken beschäftigt sind. Die Quantität Kohlen, welche im Jahre 1865 gefördert und verkauft wurde, betrug 98,150,583 Tons; das ist gegen das vorhergehende Jahr eine Zunahme von 5,362,714 Tons und beinahe von 10,000,000 im Jahre 1863; der Total-Werth der gewonnenen Mineralien betrug 41,745,404 Pfd. St. Es ist kürzlich angegeben worden, daß die Zunahme in dem jährlichen Werth der Bergwerke in Großbritannien von 1853 bis 1864 beinahe 69 Procent ausmachte; das würde über 6 Procent per annum betragen.

Die Entwicklung unseres Schiffswesens liefert genau in derselben Weise den Nachweis, daß die Schutz gewährenden Gesetzes-Erlasse unserer Acte, die Matrosen auf den Kauffahrteischiffen betreffend, in keiner Weise die commercielle Lebhaftigkeit gehindert haben; daß jene die größeste ist gerade in der Klasse von Schiffen, welche in der sorgsamsten Weise von den Anordnungen des Gesetzes betroffen sind. Von 1852 bis 1865 hatte sich die Anzahl von Segel-Schiffen, welche in dem Handel mit dem Auslande beschäftigt sind, von 7431 auf 7384 verringert, doch hatte der Tonnen-Gehalt sich von 2,365,995 auf 3,629,023 gesteigert und die Anzahl der Matrosen von 103,618 auf 110,501; die Anzahl der so beschäftigten Dampfer hatte sich aber von 149 auf 756 vermehrt und der Tonnen-Gehalt derselben von 85,367 auf 523,698; die Anzahl der Matrosen am Bord von 7151 auf 28,860. Die zuletzt veröffentlichten Handels- und Schifffahrts-Berichte zeigen, daß die Anzahl der Schiffe des Vereinigten Königreichs Ende 1866 gegen 1865 sich vermehrt hatte um 131 Schiffe mit einem Gehalt von 123,995 Tonnen und einer Bemannung von 4375 Mann; diese Vermehrung bestand ganz und gar in Dampf-Schiffen; die Anzahl der Segel-Schiffe hatte abgenommen.

Wir wollen nun in einer und der anderen Weise den Fortschritt dieser beiden großen Gruppen vom Gesetz geschützter Arbeiter — der Bergleute und der Matrosen — einer Prüfung unterwerfen.

Unsere Kohlengruben-Arbeiter bilden noch, wir fürchten, ohne Frage, eine der unwissendsten Klassen unserer Bevölkerung. Sie sehnen sich aber nach Unterricht. In einer Petition an das Haus der Gemeinen, Seitens der Arbeiter in den Kohlengruben und den Eisenstein-Bergwerken von Großbritannien, unterzeichnet von vielen Tausenden von Bergwerks-Arbeitern, und im Jahre 1860 dem Parlament übergeben, stellen sie sich dar als „tief empfänglich für die Wohlthaten, welche sich als Folgen aus den Gesetzen ergeben haben,“ petitioniren um die Inspection der Kohlengruben, um den Ausschluß weiblicher Personen und jugendlicher Personen unter dem Alter von zehn Jahren von der Arbeit in den Kohlengruben" und „wünschen, daß dasselbe auch ausgedehnt werden möge auf die Eisenstein-Bergwerke; sie bitten unter anderen, daß Disciplinar-Schulen (training schools) gegründet werden für den Unterricht der Bergleute, so daß sie erfahren und geschickt gemacht werden für die Verwaltung von Bergwerken. Sie legen dar, daß die Praxis, Knaben in dem Alter von 10 — 14 Jahren mehr als acht Stunden täglich in Bergwerken zu beschäftigen, nicht genügende Gelegenheit für Erlangung eines angemessenen Unterrichts bietet und auch die Haupt-Ursache ist für die niedrige sociale Stellung der Bergwerk-Arbeiter im Allgemeinen;" und sie bitten deshalb, „daß einige Verordnungen in die nächste Bill in Bezug auf den Unterricht der Kinder eingefügt werden möchten, welche in dem Alter von 10—14 Jahren in Bergwerken beschäftigt sind." Mit der obigen Petition circulirte eine Sachvorlage oder eine Darstellung, unterzeichnet auf Befehl der Bergwerks-Arbeiter-Deputation, von ihrem Vorsitzenden und Secretär, von welcher ein Theil sich folgendermaßen ausspricht: — „Da alle Erfahrung den Beweis geliefert hat, daß keine dauernde Ausbildung zu Stande gebracht werden kann, ohne eine entsprechende Förderung in Wissenschaft, Kenntnissen und Lebens-Gewohnheiten, so begehren die Bergwerks-Arbeiter vor Allem, daß Fürsorge getroffen werde für ein gutes, gesundes System wissenschaftlichen, socialen und moralischen Unterrichts für ihre Kinder und Erwachsene beiderlei Geschlechts, das nach Prinzipien der Unterrichts-Klauseln in den Fabrik-Gesetzen in Ausführung kommen soll oder in solcher Weise, daß es der heranwachsenden Generation die Kenntnisse verschafft, von denen sie fühlt, daß sie wesentlich sind für jeden künftigen socialen Fortschritt." Es mag bemerkt werden, daß diese Petition nicht die erste war, welche dergleichen Forderungen in sich schloß. In dem „Bericht des Commissar (Mr. H. S. Tremenheere), ernannt nach den Verordnungen der Act 5 et 6 Vict. c. 99 für Untersuchung der Wirksamkeit jener Acte und des Zustandes der Bevölkerung in den Bergwerk-Districten, 1859, findet sich eine Erwähnung einer anderen Petition, welche ausdrücklich fordert, „daß das Halbe-Zeit-System eingeführt werde, und daß Kinder zwischen zehn und vierzehn Jahren verpflichtet sein sollen, vier Stunden täglich nach der Schule zu gehen," während eine Richtschnur für den Unterricht in Vorschlag gebracht wird, welche ausreichen würde, jeden Kohlengruben-Arbeiter zu einem Bergwerks-Ingenieur zu machen. Aber wie bei den Fabrik-Gesetzen, so wurde von den Besitzern der Kohlengruben den auf den Unterricht bezüglichen Verordnungen, auf welche die Arbeiter drangen, Widerstand geleistet. Obgleich sie in

Mr. Clive's Bill von 1860 aufgenommen waren, so suchte man sie gänzlich auszustreichen; wirklich wurden sie von den Lords ausgestrichen, um nur in ihrer gegenwärtigen negativen Gestalt wieder hergestellt zu werden, welche, wie dargethan worden ist, „den Unwissenden ausgeschlossen hat, aber Unterricht nicht gewährt oder dessen Ausdehnung gefördert hat." Die Bergwerk-Arbeiter verlieren jedoch den Gegenstand nicht aus den Augen, in den „Verhandlungen und Resultaten der National Association der Bergwerk-Arbeiter in den Kohlengruben, Kalkstein- und Eisenstein-Bergwerken von Großbritannien, zu Leeds am 9., 10., 11., 12., 13. und 14. November 1863, aus welchen das obige Citat genommen ist, findet sich der Entwurf einer Unterrichts-Bill, welche fordert, daß kein Knabe unter zwölf Jahren in einem Bergwerk beschäftigt werden soll, auch nicht „ohne Certificat eines competenten Schulmeisters, daß er lesen und schreiben kann und in den vier Species des Rechnens bewandert ist." „Das Comité," heißt es kurz zuvor, „setzt großes Vertrauen in die Macht des Unterrichts und dringt deshalb mit Ernst bei der Regierung auf die Nothwendigkeit, dieser bedeutungsvollen Frage ihre unmittelbare Aufmerksamkeit zuzuwenden mit einem Hinblick auf weitere Gesetze über diesen Gegenstand; dasselbe glaubt, daß in dem Verhältniß, wie die Bergwerk-Arbeiter unterrichtet werden und Belehrung empfangen, ihr gleichgültiges Wesen und ihre Demoralisation abnehmen wird, während wirkliches Glück und der häusliche Comfort dadurch sich heben und gesichert werden."

Wir haben auf diese Weise den Nachweis geliefert, daß unter dem Einfluß der Schutz gewährenden Gesetzgebung der unwissende Bergwerk-Arbeiter sich selbst um Unterricht für seine Kinder besorgt gezeigt hat. Wenn wir nun noch den Nachweis liefern, daß unter ähnlichem Einfluß der aufopferungsfähige Matrose anfängt vorsorglich zu werden, so werden wir den vollkräftigen Beweis geliefert haben von der moralischen Stärke der Arbeiter-Klasse, sich die Wohlthaten der Gesetzgebung zu Nutze zu machen.

Die gewöhnliche Spar-Bank sehen wir nicht als ein Institut an, dessen Entwicklung ein ganz genügendes Zeugniß von der Lage der Arbeiter-Klasse abgiebt. Wir glauben, der sogenannte Arbeiter macht in derselben viel seltener eine Geld-Anlage, als der arme Commis, der kleine Handelsmann und namentlich die dienende Klasse. Es giebt aber eine Art von Spar-Banken, welche sehr zufriedenstellende Zugeständnisse macht an die sparsamen Gewohnheiten der Klasse, für welche sie bestimmt ist — wir meinen die Seaman's Saving Banks — Spar-Banken für Seeleute. Zerstreut über alle Meere, wie sie sind, hatten unsere Matrosen am 20. November 1864 einen Fond von 40,625 Pfd. St. 5 Sh. 11 P. bei dem Handels-Amt deponirt; im November 1865 hatte sich diese Summe auf 44,714 Pfd. St. 5 Sh. 10 P. gehoben. Wir können jedoch nicht vergessen zu bemerken, daß die die Matrosen betreffenden Gesetze, welche ursprünglich nicht das Resultat des direkten Druckes der von ihnen berührten Klasse von Arbeitern gewesen sind, sich noch nicht als hinlänglich geeignet für die Bedürfnisse jener Klasse erwiesen haben, um Popularität zu gewinnen. Obgleich in vielen Beziehungen amendirt — hauptsächlich, wie es scheint, durch die Bestrebungen der Matrosen-Vereine — enthalten sie doch manche Bestimmungen, die bei den Matrosen unbeliebt sind; daher die „schwarze Flagge" derselben in der Reform-Demonstration am 11. Februar 1867. Wir dürfen jedoch vertrauen, daß Capitain Fishbourne nicht über die Wahrheit hinausging, wenn er in einem Vortrage, den er „über die in Anwendung gebrachten Mittel für die Hebung der Lage der britischen Matrosen" vor dem internationalen Wohlthätigkeits-Congreß im Jahre 1862 hielt, sagte, daß die verschiedene Maschinerie der Gesetze über Matrosen-Häuser u. s. w. „den Matrosen allmählich den Gedanken beigebracht, daß für sie gesorgt werde, daß sie nicht, wie sie anzunehmen glaubten, als eine geächtete Klasse angesehen werden, die absichtlich ausgeschlossen ist von den allgemeinen Wohlthaten der Gesellschaft, sondern daß sie geachtete Mitglieder der Staats-Gesellschaft wären.

§. 2. Resultate der Befugnisse ertheilenden Gesetze.

1. Spar-Banken und Unterstützungs-Gesellschaften.

Von den Ergebnissen der Schutz gewährenden Gesetzgebung wollen wir jetzt übergehen zu denen der Befugnisse ertheilenden.

Agitationen, wie die für die Kurze-Zeit-Bill, die ihren Ursprung haben in dem Bewußtsein geschehenen Unrechts und in der Sympathie für Jene, welche leiden, reißen Alles mit sich fort, wenn sie in ihren Ursprung gerechtfertigt sind, mit Umsicht geleitet werden und dann einen gewissen Punkt erreicht haben. Eine gewisse Höhe der Ueberzeugung, die durch die Presse und von der Rednerbühne herab geweckt worden ist, facht zuletzt einen Enthusiasmus an, welchen eine Opposition außer Frage stellt. Nachdem der Beweis seine Schuldigkeit gethan hat, nimmt ein entschiedener Selbst-Wille seine Stelle ein, welcher fordert und drängt, bis Herrscher, Parlamente und Klassen sich den

Anforderungen der öffentlichen Stimme fügen. Von den Arbeitern Englands kann man jedoch sagen, daß Vieles von dem, was sie seit 1832 erreicht haben, geschehen ist ohne die Anreizung öffentlicher Agitation oder den Stachel jener regen Hoffnung, welche immer mehr oder weniger thätig ist, wenn legislative Veränderungen von Bedeutung angestrebt werden.

Aus den oben angegebenen Gründen wollen wir uns nicht aufhalten bei den Spar-Bank-Depositen, als einem Zeugniß für den Fortschritt der arbeitenden Klasse, da wir glauben, daß ein derartiges Zeugniß in einem großen Umfange ein trügerisches ist. Wie dem auch sei, so verändern die Verhältnisse verschiedener Oertlichkeiten in dieser Beziehung Manches. So waren in Bradford, wie Mr. John James vor der Social Science Association im Jahre 1859 angab, 430 Fabrik-Mädchen vorhanden, welche 8139 Pfd. St. deponirt hatten und 135 verheirathete Frauen, welche 3897 Pfd. St. deponirt hatten, während es nicht mehr als 506 der dienenden Klasse Angehörige mit Depositen von 12,756 Pfd. St. gab, Zahlen, welche genügen, um zu zeigen, daß die Geld-Anlagen der dienenden Klasse bedeutender sind als die des Arbeiters für Lohn. Eine authentischere Angabe über die Verbreitung der Gewohnheit zu sparen selbst unter den ärmsten Klassen wird geliefert von der Penny-Spar-Bank — einer Institution, die jetzt weit verbreitet ist beinahe über jedes ländliche Kirchspiel, welche jedoch ihre höchste Entwicklung in Yorkshire erhalten zu haben scheint. Aus einem Vortrage, gehalten von Mr. E. Akroyd vor der Social Science Association im Jahre 1860, ergiebt sich, daß die Yorkshire Penny-Spar-Bank, welche am 13. Mai 1859 ihr Geschäft begann, am 30. September 1860 105 Zweig-Banken in activer Thätigkeit hatte, 18,000 Pf. St. angelegte Fonds hatte und von 25,000 Deponenten über 24,000 Pfd. St. empfangen hatte, während die Kapital-Entziehungen nur ungefähr 6000 Pfd. St. betrugen. Der Zusammenhang dieser Institute mit anderen von einer höheren Klasse zeigt sich in genügender Weise durch den Umstand, daß 39 Penny-Spar-Banken eröffnet worden waren in Verbindung mit den Yorkshire Union of Mechanics Institutes, von denen jetzt die Rede sein soll.

Unterstützungs- und Wohlthätigkeits-Vereine waren unserer Arbeiter-Bevölkerung lange bekannt, aber die richtigen Prinzipieen, auf welche sie basirt werden müssen und die beste Weise ihrer Handhabung waren, bis zu einer vergleichsweise neueren Zeit, von einem richtigen Verständniß weit entfernt. Die alten Vereine für Kranke und Begräbniß ließen es in vielerlei Weise fehlen. Vereine, wie die Old

Fellows, Foresters, Druids und andere befanden sich lange Zeit hindurch außerhalb des Kreises der Gesetzlichkeit. Seit 1832 oder so ungefähr, hatte ein sehr rapides Anwachsen in allen diesen Körperschaften stattgefunden. Im Jahre 1835 setzte sie Mr. Ansell's Werk, gefolgt im Jahre 1845 von dem Mr. Neisons, in den Stand, sich selbst zurecht zu helfen in Berechnung der Zahlungs-Beträge Seitens der Mitglieder und der Unterstützungen, die zu gewähren waren. Die Ausnahme der Unterstützungs-Vereine von den Verordnungen der Corresponding Societies Acts im Jahre 1846 setzte mehrere der größeren Vereine in den Stand, sich unter legalen Schutz zu stellen. Die gegenwärtige Größe der Gelder, welche diese Vereine repräsentiren, mag vielleicht aus den Zahlen sich erkennen lassen, welche in diesem Jahre von der Manchester Unity of Old Fellows vorgelegt sind. Nach Abzug der Todesfälle umfaßt dieser Verein jetzt 387,000 Mitglieder in 3671 Logen, mit einem Reserve-Fond von 2,000,000 Pfd. St. Im Laufe des Jahres waren 4841 Mitglieder und 2967 Frauen von Mitgliedern gestorben. Das Geld, was an ihre Verwandten gezahlt wurde, belief sich auf die glänzende Summe von 64,433 Pfd. St. 8 Sh. Die „Ancient Order of Foresters“ zählte im Jahre 1863 224,000 Mitglieder, und ihre jährlichen Kranken-Beisteuern betrugen ungefähr 220,000 Pfd. St. Der Raum gestattet nicht, einen in Einzelheiten gehenden Bericht über die Thätigkeit vieler Tausende von Wohlthätigkeits-Gesellschaften zu geben, welche in England existiren. Mr. J. T. Pratt, Registrar von Unterstützungs-Vereinen, giebt in seiner letzten Berichterstattung einige sehr interessante Auskunft; doch geben seine Berichte, so weitläufig sie sind, nur einen Theil des Gegenstandes. Natürlich ist es schwierig mit einem Grad von Richtigkeit eine Muthmaßung über die Anzahl der Mitglieder zu geben oder über die Größe der Fonds, die sich in den Besitz der 15,118 Vereine befinden, welche nach der Angabe des Registrar, keine Berichte gemacht haben, oder der vielen Associationen, welche sich nicht mit dem General-Registrar-Amt in Verbindung gesetzt haben. Mr. Nash Stephenson berechnet in einem Vortrag, den er „über Wohlthätigkeits-Gesellschaften“ vor der Social Science Association im Jahre 1859 hielt, die totale Anzahl der Mitglieder aller dieser Gesellschaften auf nicht weniger als auf 3,052,000, den Betrag ihrer jährlichen Beisteuer auf 4,980,000 Pfd. St. und ihr angehäuftes Kapital auf 11,360,000 Pfd. St. Dieses ist wahrscheinlich eine zu geringe Angabe. Mr. Charles Hardwick blieb vielleicht in seinem Vortrage „On the Old Fellows Friendly Society“ vor dem internationalen Wohlthätigkeits-Congreß im Jahre 1862 eher unter der richtigen Schätzung, als daß er über sie hinweg ging, wenn er sagte, daß „die ganzen Unterstützungs-Vereine (Friendly Societies) von Großbritannien einen Reserve-Fond von 20,000,000 Pfd. St. besäßen."

Viele von diesen Vereinen schmückten sich, wenn sie zuerst anfingen, offen in öffentlicher Procession oder in anderer Weise das Volk um Beistand anzusprechen, mit wunderlichen Costümen, Schärpen, Schurzfellen und Ordenszeichen — ziemlich possirlich für Alle, ausgenommen für die, welche sich durch das Groteske dieser Art gehoben fühlten, ohne Zweifel aber ziemlich thöricht und ziemlich harmlos. In den letzten Jahren sind diese Dinge jedoch meistentheils (bei den Foresters ausgenommen) in den Hintergrund getreten, während die wirklichen Zwecke dieser Associationen in hervorstechender Weise gefördert worden sind. Und nicht dürfen wir unterlassen, den Wechsel zu vermerken, der bei vielen dieser großen Vereine stattgefunden hat in Beziehung auf ihre Versammlungs-Orte. Einstmals gab es kein Entrinnen aus den Miethshäusern; jetzt schießen in jeder Stadt und selbst in vielen Dörfern Hallen und unabhängige Logen, gesondert von dem Gasthause, rasch in die Höhe, und zeigen zum wenigsten ein wachsendes Verlangen, der schlimmsten Versuchung des Arbeiters zu entgehen. Kurz, es scheint unmöglich, wenn wir die schlechte Verwaltung und Unredlichkeit vieler der kleinen Gesellschaften übersehen, leugnen zu wollen, daß die Anhäufung der von Mr. Hardwick erwähnten bedeutenden Summe durch Vereine, welche in bedeutender Anzahl und in vielen Fällen ausschließlich aus Arbeitern zusammengesetzt sind, und die Verwaltung dieser Summen durch sie selbst, zur Förderung ihres eigenen gegenseitigen Wohles, den Beweis für eine auffallende Zunahme von Wirthschaftlichkeit und Vorbedacht unter unseren arbeitenden Klassen liefert.

Man darf jedoch nicht annehmen, daß die Ausübung der Vorsorge auf dem Wege der Assekuranz Seitens des Arbeiters sich beschränkt auf den Unterstützungs-Verein, oder sich nur auf die Benutzung der späteren Erleichterungen für Regierungs-Assekuranz richtet. Verschiedene der gewöhnlichen Assekuranzen werden von dem Arbeiter benutzt. Wir sind hier ganz von den statistischen Berichten verlassen, wir können aber als ein Beispiel die „British Prudential Insurance Society" citiren, welche, wie uns von einem Correspondenten mitgetheilt wird, in Durham und Northumberland 32,500 Policen ausgegeben hat, von denen die meisten Arbeitern gehören.

2. Bau- und Land-Gesellschaften.

Um zu einer Form von Vorsorge, die noch mehr ihrem Wesen nach dem Arbeiter angehört, überzugehen, so haben sich Bau-Gesellschaften jetzt fast in allen Mittelpunkten der Industrie fest begründet, in Liverpool, Manchester, Leeds, Birkmingham, London u. s. w.; in allen diesen Städten kann man die Arbeiter nach Zehntausenden zählen, welche sich neben einem Unterstützungs-Fond für Kranke und für Begräbnisse auch Häuser beschafft haben, in welchen sie ihre eigenen Herren sind oder doch auf dem Wege, es zu werden. Mit großer Ausführlichkeit beschreiben die Messrs. Chambers in ihrer Abhandlung über „Bau-Gesellschaften" die erfreulichsten Resultate, welche deren Wirksamkeit in Birmingham begleiten. Das Gesetz, nach dessen Verordnungen sie zu Werke gehen, war im Jahre 1836 durchgegangen; ihre Existenz aber datirt erst vom Jahre 1847, als die Freehold Land Societies — Vereine zur Beschaffung von Grundeigenthum — mit der Intention auftraten, Vierzig-Shilling Freisassen (Freeholders) zu schaffen durch den Ankauf von Landgütern in Masse und durch deren Vertheilung in Unter-Abtheilungen an ihre Actien-Inhaber. Dieser Zweck ist jetzt ein Gegenstand von secundärer Wichtigkeit. Die Actien-Inhaber tragen weniger Sorge für Grundeigenthum oder für die politische Macht, welche es überträgt; ihr vornehmliches Verlangen besteht in der Hinzufügung eines Hauses zu dem Lande und auf diese Weise in der Beschaffung freier Häuser. Zu der Zeit, als der Verfasser Birmingham besuchte, waren 8 bis 9000 solcher Arbeiter-Wohnungen errichtet. Im Ganzen belief sich die Anzahl der eingetragenen Mitglieder auf 10,000; die jährlichen Einnahmen auf 150,000 Pfd. St.; volle 90 Procent der eingetragenen Personen waren Arbeiter, deren Löhne von 12 bis 40 Sh. per Woche schwankten. Eine Gruppe dieser Gesellschaften, deren Geschäftsführung von demselben Büreau geleitet wird, hatte im Laufe von sechszehn Jahren 520,000 Pfd. St. in Millionen von kleinen Summen erhalten und nicht ein Pfennig war durch Irrung oder Unterschleif verloren gegangen. In Bezug auf die Comité's, welche für diese Gruppe von Gesellschaften die Geschäfte führen, mag hinzugefügt werden, „es sind nicht mehr als zwei oder drei Männer der Mittel-Klasse in ihnen vorhanden; und nicht einer gehört der höheren Klassen an", und „man kann sagen, daß dasselbe Verhältniß in allen anderen Gesellschaften von Birmingham existirt."

Mr. Hole giebt in seinem herrlichen Werk über „The Homes of

the Working Classes" (London 1866) weitere Details. „Ungefähr 9000 Arbeiter in und um die Stadt haben sich mit vorzüglichen eigenen Wohnungen versehen. ... In sechs Gesellschaften, die 14,973 Mitglieder umfassen, belief sich der Betrag des wirklich empfangenen Geldes bis zum 1. Juni 1865 auf 865,000 Pfd. St. und der Betrag der Hypotheken auf 561,000 Pfd. St.; von dieser Summe waren vollständig amortisirt 302,500 Pfd. St., so daß jetzt 259,000 Pfd. St. Hypotheken da sind. Diese Gesellschaften sind nur die, welche im Zusammenhang mit der Freehold Land Society; es giebt aber verschiedene andere Gesellschaften in Birmingham, deren Operationen sicherlich auf ungefähr ein halbes Mal mehr geschätzt werden können."

Die Fortentwickelung dieser Gesellschaften in dem West-Riding von Yorkshire ist noch auffallender. Mr. Dibb, der Deputirte des Documenten-Registrar für das Riding, gab im Jahre 1858 an, daß die Anzahl der jährlich um solcher Gesellschaften willen registrirten Documente seit 1843 von 31 auf 637 im Jahre 1857 gestiegen war.

Mr. J. Arthur Binns schrieb im Jahre 1859 von den damals vier vornehmsten Gesellschaften des West-Riding, daß sie im Laufe des vorhergehenden Jahres 222,232 Pfd. St. erhalten und 632,457 Pfd. St. auf Hypothek genommen hätten. Die Leed Permanent Building Society allein hatte zwischen 1848 und 1858 erhalten in Subscriptionen 519,568 Pfd. St., in Anleihen 103,226 Pfd. St., und hatte auf Hypothek genommen 340,692 Pfd. St.; die Verwaltungs-Kosten betrugen 8102 Pfd. St. oder 1 Pfd. St. 5 Sh. 6 P. per Hundert der empfangenen Gelder — eine höhere Zahl als bei zwei der andern. Bis zu dem Jahre 1864 waren, wie Mr. Hole in seinem oben genannten Werk angiebt, die durch Subscriptionen eingegangenen Gelder auf eine Total-Summe von 1,200,598 Pfd. St. gestiegen, die in Anleihen eingegangenen Gelder auf 251,461 Pfd. St., und auf Hypothek genommenen auf 749,864 Pfd. St. Die Subscriptionen im Jahre 1864 betrugen allein 150,567 Pfd. St.

In Sunderland war der Fortschritt dieser Gesellschaften nicht weniger merkwürdig. Aus einem Brief von Mr. John Robinson, datirt vom 11. Juli 1866 und veröffentlicht in der „Sunderland Times", geht hervor, daß die Anzahl der in Wirksamkeit begriffenen Gesellschaften in der Stadt im Jahre 1859 sich auf 40 belief, im Jahre 1866 auf 60; das ist eine Zunahme von 30 Procent in sieben Jahren; die Anzahl der Mitglieder war 13,401 gegen 3823 im Jahre 1859; das Capital betrug 1,768,025 Pfd. St. gegen 582,001 Pfd. St.

Es ist schwierig, einen genauen Bericht über die Anzahl der Bau-

Gesellschaften in England zu geben, so wie über die Anzahl von Personen, welche im Ganzen ihnen angehören; da es aber wenige Formen für eine so allgemeine Association giebt und da beinahe alle die großen volksthümlichen Vereine des Königsreichs sich Bau-Gesellschaften beigefügt haben, so müssen sie sehr zahlreich sein. Im Jahre 1861 schätzte Mr. Baines die Anzahl der Mitglieder auf 100,000, ihre jährlichen Subscriptionen auf 1,750,000 Pfd. St. und den von ihnen ihren Mitgliedern vorgeschossenen Betrag auf 6,000,000 Pfd. St. Schließlich sagt Mr. Chambers: „Diese Anstalten sind in Wales eingeführt worden; zwischen Wales und der Grenze von Schottland giebt es wenig Städte ohne dieselben. Durch England und Wales hindurch soll es 2000 Land- und Bau-Vereine geben, welche über 200,000 Mitglieder umfassen. Das an diese Vereine gezahlte Geld beläuft sich jetzt auf 11,000,000 Pfd. St., von welchem über 8,000,000 in Eigenthum angelegt worden sind. Nicht der wenigst wichtige Moment dieser Bau-Gesellschaft zur Förderung des gegenseitigen Asyls besteht in der Erleichterung, welche sie wohlwollenden Arbeitgebern und Anderen für die Beschaffung von Häusern für die arbeitenden Klassen gewährt.

Obgleich alle Klassen in Menge in solche Gesellschaften eintreten, so werden sie doch vornehmlich von der Arbeiter-Klasse wohl gewollt. Mr. John Holmes in Leeds rechnet, daß „zum Wenigsten eine Hälfte" des von ihnen in Leeds eingenommenen Geldes „das kleine Ersparniß der Löhne empfangenden Klasse ist." In Sunderland werden sechs Gesellschaften ausdrücklich „Erste", „Zweite" u. s. w. „Working Man's Society" (Arbeiter-Gesellschaft) genannt. Wie weit in der Klasse ihr Einfluß reichen mag, zeigt der ungewöhnliche Umstand, der in Mr. J. Robinson's Brief erwähnt wird, daß eine der Sunderland-Gesellschaften, die „Durham County", welche in den letzten drei Jahren eine Penny-Bank gegründet hat, durch dieselbe über 7000 Pfd. St. erhalten hat. Ueber den Charakter der Wohnungen, welche von diesen Gesellschaften gebaut worden, ist es unnöthig viel zu sagen. In seiner vorher citirten Abhandlung: „On the Position of the Cotton Districts" sagt Mr. E. Potter: „Wo mit Hülfe von Vereinen oder von den Arbeitern selbst Häuser (cottages) für die Benutzung der Arbeiter-Klassen gebaut sind, sind sie von vorzüglichem Bau, bequem, reinlich und gut, doch fehlt ihnen beinahe beständig Wasser-Abzug." Anderer Seits wird es den Bau-Gesellschaften zum Vorwurf gemacht, daß sie zu wenig Rücksicht nehmen auf die gesundheitlichen Verhältnisse der Häuser, auf welche sie Vorschüsse machen," und „daß sie Geld leihen auf Wirthshäuser und Bierkneipen." Mit anderen Worten, sie stehen in Begriff schädlich zu werden in dem Verhältniß, als sie von ihrem Titel abweichen und werden blos Canäle für Geld-Anlagen.

3. Cooperative Vereine und Theilhaberschaften an Gewerbthätigkeit.

Keine Form von Association zeigt sich so günstig für den moralischen und intellectuellen Fortschritt der Arbeiter, wie die Cooperation. Kein anderes System ist so verwickelt in seiner Organisation, so complicirt in seinen Wirkungen, so sorgfältig in seinen Forderungen, die es an den Vorbedacht und die Ueberlegung derer stellt, welche in dieselbe eintreten und gleichzeitig so vollständig das Resultat der eigenen Ueberlegung des Arbeiters. Arbeiter brachten die Pläne zur Reife, stellten Versuche mit ihnen an und förderten sie zu einem glücklichen Ende ohne Rath oder Hülfe von Außen her.

Spar-Banken erheischen einfach Vorsichtigkeit in der Deponirung. Unterstützungs-Vereine (Friendly Societies) verlangen wenig mehr außer der Geschäftsführung, welche die Mitglieder besorgen; weil die Gegenstände beschränkte und bestimmte sind, so macht die einfache sich nicht ändernde Geschäfts-Ordnung die Arbeit leicht. Bau-Gesellschaften erfordern eine erfahrene Handhabung, aber die Arbeiten sind nicht von bedeutender Mannichfaligkeit oder besonders zahlreich, und da das Princip, nach welchem das Geschäft geführt werden soll, einmal feststeht, so macht einige Erfahrung die Arbeit leicht. Der Arbeiter-Verein ist complicirter als die Bau-Gesellschaft. Die Erhebung von Beiträgen, die Vertheilung von Schenkungen, die Besorgung und Anordnung von Strikes und Fabrik-Schließungen, neben anderen gleich wichtigen Functionen, erfordern viel gesunden Verstand, Discretion und Rechtschaffenheit. Aber die Cooperation überragt alle diese Vereine, selbst in ihrer einfachsten Gestalt. Sie ist eine Einrichtung für die Förderung von Sparsamkeit in den Auslagen unter ihren Mitgliedern. Sie hat zu sorgen für den Einkauf aller Arten von Waaren von der besten Qualität zu dem niedrigsten Preise, für den Verkauf mit einem genügenden Gewinn, für Registrirung der Verkäufe, so daß die realisirten Gewinne wiederum unter die Einkäufer vertheilt werden können; alles dieses kann nur in erfolgreicher Weise ausgeführt werden durch eine umsichtige Aufsicht, einen regen Geschäfts-Betrieb und eine Ausübung sehr bedeutender Intelligenz und Rechtschaffenheit.

Merkwürdiger Weise genug, wurde irgendwo der erste Versuch zur Cooperation zu der Zeit gemacht, in der die verschiedenen anderen

Formen von Association, deren wir Erwähnung gethan haben, entweder im Entstehen waren, oder jene Wurzeln schlugen, welche seitdem ihren kräftigen Wachsthum unterhalten haben. Cooperative Magazine sollten hauptsächlich eine Vertheidigung sein gegen die Uebergriffe der vertheilenden Klassen an die Tasche des Arbeiters, ebenso auch ein Mittel zur Förderung der Baar-Geld-Geschäfte und der Vorsicht in den Ausgaben, welche gewöhnlich solche Geschäfte begleitet. Es würde schwierig sein, sich jetzt einen Begriff machen zu wollen von dem Zustand der Dinge, welcher damals existirte. Die entlegenen Straßen der Fabrik-Städte wimmelten von kleinen Läden, in welchen das Schlechteste von jedem Artikel verkauft wurde mit nicht widersprochenen Maßen und ungeprüften Gewichten. Die Kunden dieser Läden waren die Personen, welche tranken und tanzten so lange, als sie Geld hatten und welche, wenn sie keines hatten, keine andere Hülfsquelle, als den „Stoff-Laden" (stuff shop) hatten. Das Geschäft des Ladenhalters war gewinnreich, wenn er regelmäßig am Sonnabend Abend bezahlt bekam; aber Regelmäßigkeit in Bezahlung war nicht die Regel, und große Verluste kamen bisweilen vor. Das Geschäft im Ganzen war ein schlechtes. Als daher die cooperativen Magazine zuerst ihre sehr zum Bedürfniß gewordenen Geschäfts-Unternehmen begannen, machte die allgemeine Verschuldung unter den arbeitenden Klassen einen glücklichen Erfolg beinahe unmöglich. In dieser ersten Zeit wußte man Nichts von dem wunderbaren Plan, nach welchem sie jetzt behandelt werden. Eine gewisse Anzahl von Personen schoß das Kapital in kleinen Antheilen zusammen und theilte in Verhältniß zu dem angelegten Kapital den Gewinn, der gemacht worden war. Solche Geschäfte hatten keine besondere Anziehungskraft für den Fabrik-Arbeiter oder für das Publikum; sie konnten auch keine Garantie liefern gegen betrügerische Vertheilung. Die enthusiastischen jungen Leute, welche des Abends hinter dem Ladentisch standen, wenn die Magazine sich öffneten, pflegten ihren wenigen vereinzelten Kunden Selbst-Verleugnung und Vorsicht zu predigen. Man fand jedoch, daß solche Predigten im reinen pecuniären Sinne gewinnlos waren; und als Miethe und Steuern bezahlt und Waaren mit ziemlicher Eile verkauft werden mußten, um sie vor dem Verderben zu schützen, mußten die cooperativen Magazine geschlossen werden, mit Ausnahme weniger, welche, weil sie auf gemeinschaftliche Rechnung gegründete Geschäfte waren, sehr guten Erfolg mit der Zeit hatten. Es giebt jetzt noch ein solches Geschäft zu Ripponden in Yorkshire, welches viele Jahre hindurch ein sehr bedeutendes und blühendes, für die Antheilhaber gewinnreiches Geschäft betrieben hat, das aber keine andere

Verwandtschaft zu dem Gemeinwesen hat, als wenn es einer Privat-Person gehörte.

Ohne alle Frage jedoch war der erste richtige Anfang der cooperativen Bewegung das Equitable Pioneers Store zu Rochdale; der Hauptgrund seines glücklichen Erfolges war der vortreffliche Plan, auf welchem dasselbe entstand — ein Plan, der nicht oft genug angegeben, nicht oft genug mit Tiefe studirt werden kann. Die große Schwierigkeit bei den ersten Magazinen war die Gewinnung von Kundschaft; schlug diese fehl, so brachen sie zusammen. In Rochdale jedoch sagten sie zu dem Publikum: „Macht hier eine Geld-Anlage in dem Handels-Capital, Ihr sollt fünf Procent von Eurem Gelde haben, wir verpflichten uns, dasselbe nicht auf das Spiel zu setzen durch speculativen Handel, da kein Credit gegeben wird. Nächstdem soll das was als Gewinn übrig bleibt nach Zahlung der Zinsen von dem Capital, als Dividende getheilt werden nach dem Geld-Betrage, der von jedem Mitgliede in das Geschäft eingeschossen ist." Die Vortheile dieses Vorschlages begannen bald sich augenfällig zu machen. Angenommen, hundert Leute machten jeder eine Geld-Anlage von zwanzig Shilling, so würde nach Ablauf des Jahres jedem ein Shilling zukommen als fünf Procent Zinsen für ihre Geld-Anlage. Sie hatten jeder genau dasselbe gethan als Anleger von Geld und jeder hatte mit Recht Anspruch auf dieselben Zinsen. Aber Kundschaft ist so nothwendig, wie Capital es ist für die Erzeugung von Gewinn: in der Beisteuerung dieses überaus wichtigen Elements unterschieden sie sich beinahe unumgänglich von einander. Das Familien-Einkommen macht einen Unterschied; die Familien-Anzahl macht einen bedeutenden Unterschied. Wirklich war ein armer Arbeiter mit einer großen Familie ein weit gewinnbringenderer Kunde, als ein gut bezahlter Fabrik-Arbeiter mit einer kleinen Familie. Es waren daher die ärmeren Leute — die schwierigsten in Bewegung zu setzen, weil sie gewöhnlich am Meisten in Schulden steckten — diejenigen, welche am directesten von dem neuen Plan angezogen wurden. Es war kein Interesse vorhanden bei dem Einkauf geringer Artikel und deren Verkauf zu hohen Preisen, keine Versuchung zur Fälschung irgend eines Verkaufartikels, keine Veranlassung, zu geringes Maß oder Gewicht zu geben, da Alles, was von dem Kunden betrüglich genommen wurde, an ihn wieder zurückging als höhere Dividende. Und da jeder Einkauf in baarem Gelde bezahlt werden mußte, so mußte das ganze Volk fürchterliche Verschuldungs-System, welches bis zu jener Zeit das bedrückte, verschwinden.

Mit Pflichttreue ausgeführt von dem scharfsichtigen und breitrückigen

Arbeiter in Lancashire, führten diese Geschäftsweisen zu erstaunlichen Resultaten. Im Jahre 1844 betrug die Anzahl der Mitglieder des Vereins 28 mit einem Einlage-Fond von 28 Pfd. St.; im Jahre 1854 betrug die Anzahl der Mitglieder 900, mit einem Einlage-Fond von 7172 Pfd. St.; es wurden 33,364 Geschäfte gemacht, die einen Gewinn von 1763 Pfd. St. abwarfen. Im Jahre 1864 betrug die Anzahl der Mitglieder 4747 mit einem Einlage-Fond von 62,105 Pfd. St. es wurden 174,937 Geschäfte gemacht, die einen Gewinn von 22,717 Pfd. St. abwarfen. Im Jahre 1866 betrug die Anzahl der Mitglieder 6246 mit einem Einlage-Fond von 99,989 Pfd. St.; es wurden 249,122 Geschäfte gemacht mit einem Gewinn von 33,931 Pfd. St. Die Sparsamkeit der Geschäftsführung ist so groß, daß einschließlich der Zinsen von dem Capital die Verwaltungs-Kosten nur zwei Procent von dem Gewinn betragen. Das ist aber nicht Alles. Es giebt auch in Rochdale ein Korn-Mühlen-Verein, welcher an die Lager in der Nachbarschaft verkauft, und welcher während des Frühjahr-Vierteljahres ein Geschäft von 50,212 Pfd. St. machte oder von 200,000 Pfd. St. jährlich. Es ist auch eine große Baumwollen-Spinnerei vorhanden, ferner ein Kranken- und Begräbniß-Verein, eine Bau-Gesellschaft und ein Römisches Bad; alles dieses ist aus dem ersten cooperativen Verein hervorgegangen. Wenn man nun erwägt, daß Rochdale nach dem letzten Census eine Bevölkerung von 38,000 Einwohnern und 7700 Häuser hat, so sieht man auf einen Blick, welcher verhältnißmäßige Theil seiner Bevölkerung in diesen cooperativen Geschäften engagirt ist, namentlich wenn man festhält, daß die Mitglieder dieser Vereine beinahe alle Familien-Häupter sind — und in diesem Verein allein sind ungefähr 5326 Mitglieder (nach der Zählung im Jahre 1865). In Halifax ist der cooperative Verein, der Zahl seiner Mitglieder nach, dem von Rochdale überlegen; gegen Ende des Jahres 1865 gehörten demselben nach den Berichten des Registrar der Unterstützungs-Vereine 5775 Personen an. Das für Waaren eingenommene baare Geld betrug jedoch nur 147,963 Pfd. St. und der Gewinn belief sich auf 12,541 Pfd. St. Es giebt dort auch eine große Mehl-Mühle, und da die Bewohner und die Anzahl der bewohnten Häuser ziemlich dieselben sind, wie in Rochdale, so kann das Verhältniß der Personen, welche sich in cooperative Unternehmungen eingelassen haben, im Vergleich mit der Anzahl der Einwohner als ungefähr dasselbe in beiden Städten angesehen werden.

Mr. Tidd Pratt's Bericht für 1865 giebt den Nachweis, daß die Anzahl der bis zum December 1864 mit Certificat versehenen Vereine

651 betrug, von welchen jedoch nur 417 Berichte eingeschickt hatten, während 52 sich aufgelöst hatten. Die 417 berichtenden Vereine hatten zusammen 761,313 Pfd. St. Actien-Capital und schuldeten 112,735 Pfd. St. in Anleihe; sie hatten das Jahr hindurch Geschäfte gemacht im Betrage von 3,063,088 Pfd. St. für eingekaufte Waaren, von 3,373,837 Pfd. St. für verkaufte; hatten eine Balance von 136,923 Pfd. St., besaßen Activa im Betrage von 1,105,685 Pfd. St. und waren zur Rechenschaft verbunden für 273,480 Pfd. St. für Handels-Verbindlichkeiten. So übertraf ihre Balance in der Hand ihr Anleihe-Capital, und ihre Handels-Verbindlichkeiten betrugen weniger als ein Viertel ihrer Activa. Gesundere Handels-Verhältnisse lassen sich kaum denken. Die 148,586 Mitglieder, welche diese Vereine bildeten, waren beinahe Alle über das ganze Land zerstreut, mit Ausnahme von Rutland und einigen Walliser Grafschaften, weit dicker aber über die Fabrik- und Bergwerks-Districte — 71,332 werden aufgezählt für Lancashire, 34,909 für Yorkshire, 6855 für Durham, 4000 für Northumberland, über 3000 für Northamtonshire und Cheshire u. s. w.

Diese Zahlen können jedoch nicht als streng richtig angesehen werden. Wo verschiedene cooperative Körperschaften für getrennte Zwecke in einer Stadt existiren, sind dieselben Leute gemeiniglich Mitglieder für diese. So stecken die 829 Mitglieder der Getreide-Mühle in Rochdale wahrscheinlich alle in den 5326 der „Equitable Pioneers", während wiederum die 24,005 Mitglieder der „North of England Cooperative Whole sale Industrial and Provident Society" (cooperativer Gewerbe- und Versorgungs-Verein en gros für den Norden von England) beinahe alle Mitglieder von Detail-Magazinen in dem Bereich sind, welcher von dem Verein versorgt wird. Wenn wir aber andrerseits den Umstand in Erwägung nehmen, daß 182 Vereine keinen Bericht eingesandt hatten, daß 216 seit December 1864 mit Certificat versehene nicht in dem Bericht, der bis 31. December 1865 zusammengestellt ist, eingeschlossen waren; daß seitdem noch einmal 12 Monate vergangen sind, und daß eine sehr große Anzahl von Vereinen niemals registrirt sind, so werden wir sehen, daß die Anzahl von 148,586 Mitgliedern eher unter der Wirklichkeit sein muß als darüber. Wir wollen sie auf ungefähr 200,000 Mitglieder berechnen und wollen annehmen, daß drei Viertel von ihnen in Haltung von Läden im Detail betheiligt sind und das letzte Drittel im Engros-Verkehr oder in irgend einem Fabrikzweig, sei es in dem von Mehl, wie in den Getreide-Mühlen, die namentlich in Yorkshire sich einer solchen Blüthe erfreuen, sei es in irgend einem anderen. Es haben sich daher beinahe 150,000 Mitglieder der arbeitenden Klasse als Collectivum, wenn nicht als Einzelne, durch dieses Mittel allein in die Stellung hineingehoben, welche bisher von der Läden haltenden Klasse behauptet wurde, die die große Masse der 10 Pfd. St. Gewerbtreibenden in den Flecken bildete, während 50,000 — deren Geschäft Grundstücke erfordert, wenn nicht Erbbesitz von Freigütern (freehold tenure), doch wenigstens solche, welche für einen bestimmten Pachtzins oder für eine Reihe von Jahren in Besitz gehalten werden — sich als Collectivum in gleicher Weise zu einer Stellung erhoben haben, die gleichbedeutend ist mit der der unabhängigen Klassen von Grafschafts-Stimmern, Freisassen, Zinspächtern oder Zeitpächtern. Ueberdies muß bemerkt werden, daß diese cooperative Bewegung vor Kurzem mit glücklichem Erfolg die Feuer-Probe einer Baumwollen-Noth bestanden hat, daß sie nach amtlichen Berichten im Wachsen ist, wie Mr. Tidd Pratt's Bericht uns zeigt, um 200 Vereine jährlich, oder, jeder Verein zu 150 Mitgliedern gerechnet, um 30,000 Personen, zu welchen hinzugerechnet werden müssen über 8000 jährlich für die Zunahme von Mitgliedern in vorhandenen Vereinen; im Ganzen also beinahe 40,000, von denen zum Wenigsten drei Viertel als der gemeiniglich sogenannten Arbeiter-Klassen angehörend gerechnet werden können.

Aber die cooperative Bewegung läßt sich nicht genügend würdigen, wenn man sie nicht in die höheren Branchen — Engros-Handel oder Production, verfolgt. Welch ein Beispiel von entwickelter Einsicht in der Arbeiter-Klasse zeigt sich in der „North of England Whole sale Cooperative Society, Limited“, in Manchester, welche, wie uns ihre Anzeigen in dem „Cooperator“ sagen, nach zweijährigem Bestehen, jetzt ein Geschäft von einer Viertel-Million Pf. St. macht. Man nehme ferner die „Wolverhamption and Brewood Industrial and Provident Plate Lock Manufacturing Society“, welche während eines Strike von den Schwarzblech-Schlossern jener Stadt gegründet wurde mit 7 Mann und 13 Pfd. St. Capital; nachdem die Gesellschaft die ungestümste Concurrenz Seitens der Fabrikherrn ausgehalten — welche die Preise drückten um sie zu vernichten, so daß sie in der That 15 Pfd. St. wöchentlich an ihre Verkäufer verlor — hat sie sich dennoch mit einem glücklichen Erfolg eine Stellung erobert, wie keine zweite in dem Gewerbe, sie hatte im vergangenen August 60 Mann in Arbeit, welche wöchentlich Waaren im Werthe von 100 Pfd. St. verfertigten, sandte im vorigen Jahre zu der Ausstellung in Dudley eine Kiste mit Schwarzblech-Schlössern, welche in gleichem Werth mit der der Messrs. Chubb und Cotterall gestellt wurde, und hat jetzt nach der Mittheilung eines

Freundes, welcher sie am 24. April 1867 besuchte, „so viel Arbeit, als sie nur leisten kann.“ Es ist zu bedauern, daß diese Gesellschaft ihre Berichte nicht an Mr. Tidd Pratt eingesendet hat.

In London ferner erhielt die „Working Gilders Cooperative Association“ (cooperative Vergolder-Association), welche mit 8 Pfd. St. Capital anfing, niemals mehr als 18 Pfd. St., registrirte sich durchaus garnicht als eine Industrial Society (industrielle Genossenschaft), machte jedoch im vergangenen Jahr über 2500 Pfd. St. Geschäfte; kürzlich hat sie sich selbst umgewandelt in eine „Frame-makers and Gilders Association Limited“ (Stuhlmacher- und Vergolder-Association) durch Verbindung mit dem Geschäft eines früheren Arbeitgebers und Grundeigenthümers, indem die ganze Geschäftsführung beider Geschäfts-Branchen auf das ausdrückliche Verlangen des Arbeitgebers, welcher sich mit den cooperativen Arbeitern verbindet, dem Werkmeister des cooperativen Geschäfts, als einem der geschäftsführenden Directoren, übertragen worden ist. Das vereinigte Geschäft steht sehr hoch in dem Gewerbe, beschäftigt ungefähr 40 Arbeiter und macht ein Geschäft von 6000 Pfd. St. jährlich.

Es ist jedoch richtig, daß, mit wenigen Ausnahmen, Associationen für cooperative Production, welche gebildet sind auf das Prinzip der Gewinn-Theilung unter den Arbeitern, nur von beschränktem Umfang sind; die großen Mehl-Mühlen des Nordens, die verschiedenen Bäckereien u. s. w. sind nur zum Zweck des Consums gegründet und theilen die Gewinne aus den Einkäufen. Von der Bewegung für cooperative Production in den Jahren 1850 — 52 sind nur wenige Ueberreste übrig geblieben; am besten bekannt ist vielleicht die „Working Tailors“ und „Working Hatters“-Association (Schneider- und Hutmacher-Association) in Manchester. Seit den letzten Paar Jahren hat jedoch eine ähnliche Bewegung in der Hauptstadt wieder begonnen, von welcher die von glücklichem Erfolg begleitete „Working Gilders Association“ (Vergolder-Association) als Bahnbrecher angesehen werden kann. Zu den Resultaten derselben muß gerechnet werden die „London Cooperative Cabinet Manufacturing Industrial Society“ (Londoner cooperative Kunsttischlerei-Gesellschaft), gegründet, obgleich von Arbeitern, gleich der zuletzt genannten Gesellschaft, nach dem Theilhaberschaft-Prinzip, das einen bedeutenden Antheil an Capital-Gewinn gestattet; ihr folgten in ganz neuer Zeit die „Metropolitan Cooperative Deal Cabinet Manufacturing Industrial Society, Limited“ (Hauptstädtische cooperative industrielle Gesellschaft für Kunsttischlerei in Tannenholz), die „Cooperative Societies of Working Dyers,

Packing Case Makers und Working Tailors" (cooperative Gesellschaften der Färber, Packkasten-Macher und Schneider).

Inzwischen hat cooperative Production einen moralischen Werth, der weder bestimmt wird durch die Anzahl der Arbeiter, welche sie in Arbeit setzt, noch durch die Größe ihres Geschäfts. Wenn eine cooperative Werkstatt genügende Elemente für ihre Lebensfähigkeit in sich birgt, um die unvermeidlichen Widerwärtigkeiten und Stürme ihrer ersten Paar Jahre zu überstehen, so beginnt sie eine ganz auffallende Reihe von Resultaten zu entfalten. Cooperation vertreibt zunächst aus der Werkstatt Trunkenheit und jede offene Unordnung, welche sich vollständig unverträglich mit ihrem glücklichen Erfolge zeigen, sie führt an deren Stelle eine Mengen kleiner Anordnungen und Einrichtungen ein, von einer Natur, die die Arbeit erleichtern oder den Comfort des Arbeiters fördern. Nach und nach rottet sie die kleinen Unredlichkeiten und Listen in der Arbeit aus, welche der Widerstreit der Interessen zwischen Arbeitgeber und Arbeit-Empfänger zu oft in den Augen des Arbeiters entschuldigt; es wird das Gefühl wach, daß es das Interesse Jedes und Aller ist, daß alle Arbeit gut sein muß und daß keine Zeit verloren gehen darf. Festigkeit der Beschäftigung, verbunden mit einem gemeinsamen Interesse, schafft inzwischen neue Bande zwischen Mann und Mann, giebt neue Formen von gemeinschaftlicher Verbindung an die Hand, bis eine Art von Familien-Gefühl aufsprießt, dessen einzige Gefahr darin besteht, daß es ein eifersüchtiges und exclusives gegen Außenstehende wird. Dauert dieser Zustand der Dinge eine Zeit lang, so entwickelt sich buchstäblich ein neuer Arbeiter-Typus, der ausgestattet ist nicht nur mit jener Offenheit und Freimüthigkeit, jener Freundlichkeit und wahren Höflichkeit, welche die Besten ihrer Art auszeichnen, wo auch immer sie hingestellt werden mögen, sondern auch mit einer Würde, mit einer Selbst-Achtung und mit einem Gefühl bewußter Freiheit, welche dem cooperativen Arbeiter eigenthümlich sind. Der Verfasser dieser Zeilen fand diesen Typus zuerst in den „Associations Ouvrières" von Paris; seitdem hat er das Glück gehabt, denselben reproducirt zu sehen, mit leisen Veränderungen, wie sie der Unterschied der Nationalität unvermeidlich machen dürfte, in englischen cooperativen Werkstätten; er glaubt daher, daß dessen Entwicklung als ein normales Resultat cooperativer Production mit Vertrauen entgegen gesehen werden darf. Das große Problem solcher Production liegt in der Wahl eines Geschäftsführers. Trauriger Weise ist es wahr, daß in den meisten bisherigen Fällen diese Männer sich ihrer Aufgabe nicht gewachsen gezeigt haben, daß die Ausübung von Macht zu oft sie verlockt zur Unredlichkeit, zu sorgloser Speculation, zu eigenwilligem Betragen. Wo jedoch der richtige Mann gefunden werden kann, gehen die merkwürdigsten Resultate hervor aus der Gewöhnung an eine Autorität, welche beruht nicht auf den Besitz von Capital, sondern auf jene Verbindung intellectueller und moralischer Eigenschaften, welche unumgänglich nothwendig ist für die Sicherung eines glücklichen Erfolges nach Außen und einer bereitwilligen, einträchtigen Disciplin in der Werkstatt. Mit einem Wort, der Geschäftsführer eines cooperativen Unternehmens, das glücklichen Erfolg haben soll, muß immer ein Mann von wirklich gutem Schlage sein.

Wenn die Seltenheit von Arbeitern, welche sich in allen Punkten für die Geschäftsführungs-Pflichten eignen, bis jetzt das Haupt-Hinderniß gewesen ist für die Verbreitung cooperativer Production, so giebt es eine andere werthvolle Form von Association, in welcher die Geschäftsführung gerade von der Klasse versehen wird, welche bisher dieselbe auszuüben pflegte. Wir müssen hier eine früher gemachte Bemerkung in das Gedächtniß zurückrufen, daß für productive Zwecke die Cooperation jetzt in eine Form der beschränkten Societät (Limited Company), nach den Gesetzen für Actien-Gesellschaften übergeht, in welcher wir sie für ihren größten Theil, mit Ausnahme individueller Fälle, zu verfolgen unterlassen. Verschiedene cooperative Spinnereien und andere Gesellschaften sind auf diese Weise als Actien-Gesellschaften registrirt. Eine Gruppe jedoch, welche man cooperative Societäten (cooperative companies) nennen kann, ist in eine besonders hervorragende Stellung, und, bis zu einer gewissen Ausdehnung, in wechselseitige Beziehungen gebracht worden durch den Eifer von Mr. E. O. Greening in Manchester. Die rasche Verbreitung des „Industrial Partnership“ oder „Partnership of Industry“ Systems (System der Theilhaberschaft), welches wir meinen, würde unmöglich gewesen sein, wenn nicht in dieser Zeit dem Arbeiter von seinem Arbeitgeber eingeräumt worden wäre, daß er fähig sei, sich als Antheilhaber mehr oder weniger enge an der Führung großer Geschäfte zu associiren, oder wenn er nicht, als bloßer Dividenden-Empfänger, zu größeren Bestrebungen angeregt worden wäre von der Hoffnung, für eine bedeutende Zulage zu seinem Lohn-Betrag. Dieses System hat jetzt, unter verschiedenen Modificationen, Anwendung gefunden von den Messrs. Brigg u. Co. und der South Buckley Company auf Bergwerke; von den Messrs. Crossly auf Teppich Fabrikation; von den Messrs. Fox, Heerd und Co. auf Eisenwerke; von den Messrs. Greening auf einen anderen Zweig der Eisen-Fabrikation, von den Cobden Memorial Mills auf Baumwollen-

Fabrikation, von den Messrs. Blythe und von den Messrs. Lloyd und Sumnerfield auf Töpferwaaren und Glas-Fabrikation, von Mr. Gocdall in Leeds auf Druckerei u. s. w. Das Princip ist, wie wir gesehen haben, von der arbeitenden Klasse bei ihren eigenen Unternehmungen adoptirt worden; wie von den Kunsttischlern, den Stuhlmachern und Vergoldern. Das „Industrial Partnerships Record" veranschlagt auf 8—10,000 die Anzahl der Personen, welche nach diesem System beschäftigt sind. So sind Tausende von Arbeitern im Begriff, in diesen verschiedenen Fabrikzweigen das Eintreten in eine Stellung zu lernen, welche ihnen einen Antheil giebt an den Gewinn der Arbeitgeber-Klasse. Der commercielle Erfolg dieser Unternehmungen offenbart sich bereits der Welt in den hübschen Dividenden, die schon von den zuerst begründeten an ihre Antheilhaber gezahlt worden sind. Nur ein Beispiel von der Wirksamkeit des Princips, das von einer ganz anderen Seite, als der bisher erwähnten, hergenommen ist, soll hier gegeben werden. Der verehrte Chef der „Tonic Sol-Fa" Schule schreibt uns: „Wir haben ein Jahr hindurch das Theilhaberschaft-System in unserer Druckerei zu Plaistow versucht. Vorher gab mir dieselbe entweder 2½ Procent oder gar nichts. Seit der Annahme dieses Princips hat sie mir 5 Procent geliefert und verspricht noch mehr zu geben. *Aber besser noch, es bewahrt mich vor Unruhe und Sorge.*"

Nicht der wenigst auffallende Zug bei der cooperativen Bewegung sowohl wie bei der Theilhaberschaft, welcher aus derselben hervorgewachsen ist, ist deren Zusammenhang mit dem Unterricht. Das Beispiel eines Lesezimmers und eines Unterrichts-Fonds, das von den „Equitable Pioneers" in Rochdale gegeben ist, hat Nachfolge gefunden bei vielen cooperativen Körperschaften, namentlich in Lancashire. Tausende von Pfund sind auf diese Weise zu Zwecken der Selbst-Ausbildung von den Arbeitern erhoben worden als freiwillige Steuer auf ihre cooperativen Erfolge. Und aus dem Beispiel, das ihnen auf diese Weise von den arbeitenden Klassen gegeben worden ist, haben die Begründer der neuen „Parthnerships of Industry" die Verordnung entnommen, welche in die Associations-Artikel verschiedener von ihnen aufgenommen ist; dieselbe autorisirt ihre Directoren, bevor sie eine Dividende empfehlen, einen Reserve-Fond abzusetzen zu dem Zweck, unter anderen, „einen Fond zu schaffen und zu erhalten für Gründung und Unterhaltung einer Bibliothek, eines Zeitungs-Zimmers, eines Arbeiter-Clubs oder anderer Einrichtungen für den Unterricht der dienenden Klasse der Gesellschaft."

Die cooperative Bewegung beschränkt sich jedoch ohne Zweifel noch in der Hauptsache auf unsere Fabrik=, Bergwerk= und Kohlen=Districte, obgleich sie sich allmälig in die kleinen Städte der landwirthschaftlichen Districte einschleicht, wie z. B. in Essex in Gestalt cooperativer Läger; oder sogar Hand anlegt an die Landwirthschaft durch die cooperativen Farmen in Suffolk. Nach unserem Dafürhalten bricht derselben die Verbreitung allgemeinen Unterrichts langsam den Weg nach allen Seiten.

§ 3. Verbreitung allgemeinen Unterrichts.

Der Fortschritt zwischen Unterricht und Bevölkerung ist ohne Zweifel weit entfernt, einander zu entsprechen. „Statt der 800,000 oder 900,000, welche jetzt in England und Wales die Schule besuchen," sagte kürzlich in dem Hause der Gemeinen ein früherer Unterrichts=Minister dieses Landes Right Hon. H. A. Bruce, „sollten es zwei Millionen sein" (5. April 1867). Die Manchester- und Salford-Society haben erklärt, daß im Jahre 1862 der verhältnißmäßige Theil der Bevölkerung, welcher Tagesschulen in Manchester und Salford besuchte, sich seit 1834 in Wirklichkeit von 967 per 10,000 auf 908 vermindert hatte; daß im Jahre 1865 von 164,000 Kindern zwischen drei und zwölf Jahren nur 55,000 Tagesschulen aller Klassen besuchten. Der Director des Saltley College gab an, daß im Jahre 1866 in Birmingham von 40,164 Kindern zwischen fünf und zehn Jahren nur 18,518 oder 46,17 Proc. die Schule besuchten und von 34,495 zwischen zehn und fünfzehn Jahren nur 9226 oder 28,78 Proc. Und doch wagen wir, trotz dieser und anderer niederschlagenden Angaben, den Glauben auszusprechen, daß außer den fanatischsten Unterrichts=Schwärmern Niemand den Fortschritt leugnen kann, den der Unterricht unter unseren arbeitenden Klassen gemacht hat. Es mag wahr sein, wie in dem Commissioners Report von 1861 angegeben war, „daß die unteren Schulklassen, welche den größeren Theil der Kinder in sich begreifen, den nothwendigsten Theil dessen, was sie lernen sollen, Lesen, Schreiben und Rechnen, nicht lernen oder nur unvollkommen lernen." Es ist aber nicht weniger wahr, daß dieselben Kommissäre erklären, daß mit Ausnahme der Kinder von Hausarmen (d. h. Armen, die nicht im Armenhause sind) oder von Lastern ergebenen Eltern „beinahe alle die Kinder in dem Lande, die im Stande sind zur Schule zu gehen, einige Unterweisung empfangen." (Report vol. I p. 184.) „Der Fortschritt," sagen sie weiter, „der von dem Volksunterricht in den letzten zehn Jahren gemacht worden ist, läßt sich nach dem Umstande bemessen, daß durch den Census von 1851 das Verhältniß der Tagesschüler zu der Bevölkerung wie 1 zu 8,36 bestimmt wurde. Unsere Berichte, die durch Gesellschaften, welche mit dem Unterricht in Verbindung stehen, und in anderer Weise gesammelt sind, liefern den Nachweis, daß in der Mitte des Jahres 1858 die Proportion wie 1 zu 7,7 war. Die Berichte, welche gesammelt sind von den Assistant Commissioners (Hülfs-Commissären), weisen nach, daß in ihren Districten, welche ein Achtel der totalen Bevölkerung von England und Wales umfaßten, das Verhältniß wie 1 zu 7,8 war. Dieses Resultat stimmt so genau überein mit dem der Untersuchung, die durch die Gesellschaften geleitet wurde, daß es einen großen Beweis für seine Richtigkeit liefert" (p. 88). Zwischen 1857 und 1865 war der durchschnittliche Schulbesuch öffentlicher Schulen für England und Wales gestiegen von 531,210 auf 901,750; für Großbritanien von 626,696 auf 1,057,745; die Schul-Einrichtung reichte aus für ein halbes Mal mehr oder für 1,677,808. Ferner hat sich die Beschaffenheit der Schulen sogar weit mehr gebessert als ihre Anzahl zugenommen hat. So erklären selbst Jene, welche, wie Rev. J. P. Norris, glauben, daß sie „wenig oder gar keinen Fortschritt" in dem Verhältniß der Bevölkerung gesehen haben, welche Willens ist, sich vollständig den gebotenen Unterricht zu Nutze zu machen" — daß sie „eine rapide Zunahme in der Anzahl guter Schulen" gesehen haben. Daher, als ein Factum, das abnehmende Verhältniß der †††-Macher (an Stelle der Namen zu schreiben) in der Bevölkerung. Zwischen 1841 und 1862 fiel das Verhältniß männlicher Minorennen, welche sich in den Heimats-Registern mit ††† einzeichneten, von 32,7 auf 23,7 Proc., das der weiblichen von 48,8 auf 28,5 Proc.; jedoch war das Verhältniß in dem Fortschritt, den der Unterricht machte, geringer in Schottland und Irland, als in England.

Wenn wir die Zeugen-Aussagen zu Rath ziehen, welche dem Commissioners' Report von 1861 im Anhange beigegeben sind, so sind die Zeugnisse für die Hebung in dem Character der Arbeiter-Bevölkerung im Allgemeinen vermittelst des Unterrichts so reichlich, daß man in Bezug auf sie in Verlegenheit geräth, wo anfangen und wo aufhören. Mr. Eduard Akroyd, einer der bedeutendsten Arbeitgeber in dem West-Riding, sagt in Erwiderung auf die Education Commission (Unterrichts-Commission): „Seit der Einführung des Fabrik-Systems von Unterricht habe ich in den meisten Districten, auf welche ich hingedeutet habe, eine große Vervollkommnung in der Lage der arbeitenden Klassen sowohl in intellectueller wie in moralischer Beziehung wahrgenommen. Ich habe auch bemerkt, daß die Sitten und

Gewohnheiten der arbeitenden Klassen sich verhältnißmäßig gehoben haben.“ Rev. Samuel Earnshaw, Caplan an der Peterskirche zu Sheffield, sagt, indem er von zwei Schulen spricht, mit welchen er in Verbindung stand: „Die Kinder sind gemeiniglich Waisen, die der niedrigsten Klasse entnommen sind. Durchschnittlich nach vierjähriger oder vier und ein halbes Jahr dauernder Unterweisung werden sie entlassen, die Knaben als Lehrlinge, die Mädchen als Dienstmädchen. In diesen Schulen hat nach meiner Ansicht der Unterricht ein gutes Gedeihen und die Resultate derselben liefern den Beweis, welches die Tendenz des Unterrichts in allen Klassen ist. Nun ist es Thatsache, daß die Knaben von den Fabrikherren lebhaft gesucht werden als Lehrlinge wegen ihrer intellectuellen und moralischen Eigenschaften; in ihrem späteren Leben werden manche hervorragend, alle aber werden ehrenwerthe Mitglieder ihrer Klasse.“ Rev. John Freeman, Dechant und Rector von Ashwicken in Norfolk, sagt: „Der Vorsitzende der vierteljährigen Gerichtssitzungen zu Norwich hat zu wiederholten Malen von der raschen und fortschreitenden Verringerung der Verbrechen gesprochen und dieselben Bemerkungen werden fortwährend zu Swaffham gemacht, wobei die angegebene Ursache der vervollkommnete Zustand des Unterrichts ist.“ Rev. Prebendary Peerose antwortet folgendermaßen den Commissären: „Sicherlich herrscht jetzt weniger Gemeinheit und Mangel an Bildung, weniger Rohheit und Wildheit auf unseren kirchlichen Festen, unseren Jahrmärkten und Märkten. Es ist mehr guter Geschmack in Kleidung und ein allgemeines sittliches Betragen vorhanden. Ein Interesse wird fühlbar an einer höheren Gattung von Litteratur. Die ärmeren Klassen sind civilisirter und wie ich geneigt bin zu glauben, auch moralischer. Ich kenne keine andere Ursache, welche diese Wirkung gehabt haben kann, welche ohne alle Frage gut ist, so weit sie reicht, als der Einfluß von Unterricht. Das Interesse, welches das Gouvernement an der Sache genommen hat, wird von allen Seiten gewürdigt und hat unser Volk veranlaßt, einen höheren Werth auf die Institutionen unseres Landes zu legen.“

Colonel Bobart of Etherly-Darlington, ein Kohlengruben-Besitzer, der unter seinen Arbeitern wohnt, sagt: „Der Unterricht des Armen hat großen Einfluß gehabt auf die allgemeine Intelligenz jener Klasse — erstens auf diejenigen, welche der directe Gegenstand des Unterrichts gewesen sind und von welchen aus sich dessen Einfluß, in gewissem Maße über Alle verbreitet hat.“ Henry Sheats'Esqu., erwidert folgendermaßen auf die Fragen des commissarischen Circulars in Bezug auf das Resultat des Unterrichts an die Armen: — „Derselbe hat ohne alle Frage zu dem Werth ihrer Arbeit hinzugefügt — einen intelligenten Arbeiter, der bei sonstigen gleichen Eigenschaften sich selbst und seinem Arbeitgeber mehr werth ist als ein unwissender. Derselbe ist ihnen auch behülflich gewesen, sich rascher in die bedeutenden und häufigen Wechsel in den Arbeitsweisen zu schicken, welche durch die beständigen Entdeckungen der Wissenschaft nothwendig geworden sind." Rev. C. C. Wollaston, Vicar zu Felpham in Sussex und Schul-Inspector giebt das folgende Zeugniß ab: — „Meine Erfahrung hat mich überzeugt, daß Kinder, die in unseren nationalen Schulen (National Schools) gebildet sind, bessere Arbeiter und eine bessere dienende Klasse liefern als die nicht unterrichteten; ich zweifele nicht, daß sie regelmäßiger die Kirche besuchen und achtsamer in ihren religiösen Pflichten sind." — William Walker, Esqu., von Belling Hall, Bradford, Fabrikant, sagt: „Alle meine Erfahrung, welche ich gesammelt habe, setzt mich in den Stand, Zeugniß abzugeben für eine immense Vervollkommnung in dem Character der Bevölkerung, seitdem die Zehn-Stunden-Fabrik-Bill im Jahre 1847 durchgegangen ist, welche solchen Arbeitern Muße gab und indirect einige andere Gewerbe in günstiger Weise beeinflußt hat." Rev. F. B. Zincke, Vicar von Wherstead und einer der Haus-Caplane der Königin, spricht sich in folgender Weise aus: „In meiner unmittelbaren Nachbarschaft, einer rein landwirthschaftlichen, werden die intellectuellen Wirkungen des Unterrichts jetzt in der Art wahrnehmbar, daß derselbe den geistigen Horizont der ländlichen Arbeiter-Klassen bedeutend erweitert hat. Der ländliche Arbeiter sieht jetzt gewöhnlich über das Kirchspiel und die Marktstadt hinweg. Der Unterricht hat auch die Intelligentesten der Klasse qualificirt gemacht für die zahlreichen Stellungen, welche es jetzt als Portiers u. s. w. auf Eisenbahnen und in Städten giebt. Die moralischen Wirkungen sind von bedeutendem Werth gewesen. Er hat ihre Begriffe von Achtbarkeit sehr erhöht und ihre Begriffe vom heimischen Heerd erweitert und geläutert." Mr. Cumin, Assistent-Commissär, sagt in seinem Bericht: „Wofern nicht die Zeugen-Aussage aller Zeugen ungegründet ist, so hat sich die Arbeiter-Bevölkerung dieses Landes sehr gehoben: um mich der Worte des Dechanten von Bristol zu bedienen und Keiner kennt das gemeine Volk besser: „An Stelle eines scheuen, mürrischen, verdrießlichen Wesens ist jetzt ein offenes, gewandtes, loyales, freies Benehmen getreten, an Stelle des Argwohns Vertrauen, an Stelle aufrührerischen Wesens Lenksamkeit." Ich behaupte nicht, daß ich im Stande bin, die arbeitenden Klassen, was sie jetzt sind, und das was sie vor dreißig oder selbst vor zwanzig Jahren waren, gegen einander abzuwägen, wohin ich aber kam, fand ich sie sehr offen, sehr intelligent, sehr gesittet, mit tiefem Dank erfüllt gegen diejenigen, welche ein Interesse an ihr Wohlergehen nahmen und bitter empfindlich gegen jeden Versuch, sie moralisch zu verderben oder ihre Unabhängigkeit zu überwachen." Mr. Hare, ein andrer Assistent-Commissär, legt folgendes wichtiges Zeugniß ab: „Verschiedene bedeutende Arbeitgeber in Hull sowohl, wie in den anderen Theilen meines Districts stimmen im Allgemeinen überein, daß Unterricht der Arbeit einen höheren Werth giebt." Derartige Zeugnisse, wie diese, ließen sich beinahe bis in das Unendliche geben; aber zu welchem Zweck? Dr. Adler faßt die Sache sehr gut zusammen, wenn er auf die Frage des Commissärs nach den Resultaten zur Antwort giebt: „Wollte man die wohlthätigen Erfolge des Unterrichts beweisen, so müßte man die Vortheile des Lichts gegen die Dunkelheit beweisen."

Wir müssen bemerken, daß die soeben gegebenen Zeugen-Aussagen sich über die ganze Bevölkerung erstrecken und einen erfreulichen Lichtblick auf den Fortschritt der landwirthschaftlichen Arbeiter werfen. Ein andrer hoffnungsvoller Umstand darf nicht übersehen werden. Es scheint nämlich, daß wir endlich der Unwissenheit Herr werden, selbst in ihrer Feste des Pauperismus. Mit einigen achtbaren Ausnahmen erzogen die Armenhaus-Schulen einfach Arme; die heutige District-Schule hebt ihre Schüler aus der Armuth empor. Nach fünfjähriger Erfahrung als Kaplan der North Surrey District School erklärt Rev. E. Rudge als seine Ueberzeugung (citirt von Mr. E. Carleton Tutnell in einem Vortrage über „den Unterricht an arme Kinder," gehalten im Jahre 1862 vor der Social Science Association), „daß es nicht einen Knaben in der ganzen Schule giebt, welcher nicht vor einer Rückkehr nach dem Armenhause, als einer Degradirung, zurückschaudert, so lange als es möglich ist, einen Lebensunterhalt durch ehrbares Gewerbe zu gewinnen." Dieselben glücklichen Resultate sind bei dem Unterricht der Mädchen erreicht worden. „Zu Anerley," sagt Mrs. Barbara Corlett in einem Vortrage, im Jahr 1861 vor derselben Association gehalten, „bildet man die besten kleinen Mädchen aus, die man sich denken kann, ... und es ist nothwendig, daß man drei Jahre hindurch seinen Namen in die Bücher einträgt, um sich eines dieser viel gepriesenen Anerly-Mädchen zu versichern." Um Nichts zu sagen von der herrlichen „Ragged School" Bewegung (Bewegung für Schulen für die niedrigste Klasse), so geben unsere Arbeits- und Besserungs-Schulen der Gesellschaft manche von denen, welche sie als Vagabonden und Verbrecher erhalten haben, als brauchbare Arbeiter zurück.

Ohne Zweifel läßt uns dieses Alles sehr weit hinter den herrlichen Beispielen zurück, die England von seinen früheren Colonieen aufgestellt sind — von Pennsylvanien, das im Jahr 1866 über 1,200,000 Pfd. St. für Schulen verausgabte, welche außer Philadelphia 725,312 Schüler zählten, mit einem durchschnittlichen Schulbesuch von 478,066, außer nahe an 100,000 von Philadelphia selbst; selbst von New-York, wo von einer Bevölkerung von 1,354,967 in dem Alter zwischen fünf und einundzwanzig 919,031 die Schule besuchen oder besucht haben. Wenn aber noch ein schlimmer Theil unserer Arbeiterklasse ununterrichtet bleibt, so darf man nicht vergessen, daß jeder einzelne Führer in jener Klasse den Mangel an Unterricht als einen ihrer größten Calamitäten proclamirt; daß die Rathsamkeit eines obligatorischen Unterrichts-Systems beinahe ein Dogma der meisten Denker in dieser Klasse ist. Sicher ist wenigstens, daß Nichts in der geistigen Beschaffenheit unserer Arbeiter-Bevölkerung vorhanden ist, das unsere Trägheit auf dem Gebiet des Unterrichts-Systems rechtfertigen könnte. Einer der Verfasser dieser Schrift fragte einen Freund, der früher Schulmeister in einer Nationalschule war, mannichfache Erfahrung gesammelt hatte und der jetzt Schulmeister in einer alt begründeten Privatschule ist, welchen Unterschied er zwischen seinen alten und seinen neuen Schülern fände. Die Antwort war: „Sehr wenig. Meine jetzigen Knaben haben eine Dressur (training), namentlich in den Manieren, welche der Knabe in der Nationalschule nicht hat. Wenn man aber den letzteren einige Monate hindurch in dieselben Verhältnisse bringt, so wird durchaus kein Unterschied vorhanden sein. Von einer Sache bin ich ganz überzeugt, daß nämlich die Schulknaben der Nationalschule emsiger arbeiten als die Knaben aus den gebildeten Ständen.“

§ 4. Verbreitung von Unterricht unter Erwachsene.

Wir können jedoch gegenwärtig nicht der Zeit entgegensehen, in welcher die Erziehung der arbeitenden Klasse durch Unterricht hauptsächlich in der Kindheit gefördert wird. Manch ein kommendes Jahr hindurch muß der Selbst-Unterricht des Erwachsenen die Mängel des dem Kinde gegebenen ersetzen. Und während der so gewonnene Unterricht selten das Mittel ist, Leute aus den tiefsten Tiefen der Unwissenheit zu erheben, (in welchen man selbst das Verlangen nach Kenntnissen oft erloschen findet,) vermag er oft denen einen kräftigen Beistand zu leisten, welche die Anfangsgründe des Schulwissens gelernt haben.

Die Frage des Unterrichts für Erwachsene ist durch sich selbst eine ungeheure und hat einige sehr interessante Werke geliefert, von welchen wir nur Dr. James W. Hudsons „History of Adult Education" (1857—58) erwähnen wollen. Was die Arbeiter-Klasse betrifft, so besteht Alles, was wir thun können, in der Angabe einiger seiner Haupt-Branchen. Wir wollen zuerst einen Blick werfen auf die Hülfsmittel für den Unterricht Erwachsener, welche mehr oder weniger die Natur eines öffentlichen Charakters an sich haben.

Wir können mit der Bemerkung beginnen, daß kein großer Beistand Seitens des Staates dem Unterricht der Erwachsenen in der Arbeiter-Klasse im Allgemeinen geleistet wird. Es giebt jedoch eine begrenzte Klasse von Leuten, die beinahe ausschließlich aus ihrer Reihe für seinen Dienst herausgenommen ist, auf deren allgemeine Erziehung beträchtliche Sorgfalt in den letzten Jahren verwendet worden ist — unsere Soldaten. Der vierte Bericht des militärischen Unterrichts-Amts vom März 1866 lieferte den Nachweis, daß von 177,430 brittischen Soldaten 21,700 weder lesen noch schreiben konnten, 28,000 lesen, aber nicht schreiben konnten, 116,000 beides konnten und gegen 11,000 eine höhere Erziehung erhalten hatten; daß in den damals letzten zehn Jahren das Verhältniß der Nicht-Unterrichteten eine große Verbesserung erfahren hatte — am wenigsten jedoch in der Cavallerie, am bedeutendsten in dem militärischen Train. Regelmäßige Examen werden gehalten, Unterrichts-Certificate werden den Leuten bewilligt und in einigen Corps ist der Besitz eines Schul-Certificats zu einer unerläßlichen Bedingung von Beförderung gemacht. Es giebt specielle Klassen, die zum Theil diejenigen fördern sollen, welche nach mehr streben als was die gewöhnliche Schule lehrt; obgleich diese manche commandirende Officiere nicht lieben, so nehmen sie doch an Zahl zu und bethätigen in mancherlei Weise ihre Nützlichkeit. Die Garnison-Bibliotheken enthielten im Jahr 1866 203,700 Bände und gaben 488,504 aus; das ist eine Zunahme von mehr als 7000 Bänden und von 26,000 ausgegebenen Büchern gegen das vorhergehende Jahr. Es giebt auch Erholungs-Zimmer und Vorlesungen in Zusammenhang mit den Regiments-Schulen, welche als Förderungs-Mittel sehr dienlich sind und in dem monotonen Lagerleben eine willkommene Veränderung sein müssen.

Aber für den Unterricht des Arbeiters in besonderen Zweigen des Wissens hat der Staat reichliche und directe Hülfe geleistet.

1. Unterricht in Wissenschaft und Kunst.

Die Fortentwicklung der arbeitenden Klasse in Wissenschaft und Kunst gehört nach unserer Ansicht eher dem Unterricht des Mannes als dem des Kindes an. Die ersten Anfangsgründe von Beiden können und sollten in der Kindheit erworben werden, aber es erfordert die gereiften Kräfte, den entwickelten Geschmack des Erwachsenen um das Studium beider zu einer Wirklichkeit zu machen. Die öffentliche Anerkennung der Ansprüche der arbeitenden Klasse an die Verfolgung der Studien in beiden gehört ganz und gar der Zeitperiode an, welche wir betrachten.

Es war das Feld der Musterzeichnung, auf welchem diese Anerkennung zuerst stattfand, nicht um der Würdigung willen, die man dem Recht des Arbeiters wiederfahren ließ als eines Mannes, alle Mittel männlicher Bildung zu genießen, sondern einfach in der Absicht, ihn zu einem brauchbareren Instrument in dem Kampf der Concurrenz mit fremden Ländern zu machen. Unsere ersten „Musterzeichen-Schulen" (Schools of Design) wurden im Jahr 1837 gegründet in Folge des Berichts eines Parlaments-Comité in dem Jahr vorher. Das Werk siechte jedoch hin bis zum Jahre 1851, in welchem die „Große Ausstellung" durch den auffallenden Abstand, den sie zwischen unseren Mustern und den französischen und indischen darbot, bei unseren Fabrikanten und dem Publikum im Allgemeinen ein Gefühl der Unzulänglichkeit in dem künstlerischen Unterricht für commercielle Zwecke wach rief. Daher die Bildung des „Department of Practical Art" (Departement für ausübende Kunst) im Jahre 1852. Von dieser Zeit an nahm der Unterricht in Kunst einen rapiden Aufschwung unter uns. Im Jahre 1852 waren nur ein und zwanzig „Musterzeichen-Schulen" vorhanden. Im Jahre 1861 gab es neunzig „Zeichen-Schulen" („Drawing Schools") oder „Schulen für Kunst" („Schools of Art"). Im Jahre 1852 zählten jene Schulen so wie die öffentlichen und anderen Schulen 4868 Schüler, welche Unterricht im Zeichnen erhielten, im Jahre 1866 belief sich die Zahl solcher Schüler in allen solchen Schulen auf 104,668.

Kein größeres Zeugniß für den glücklichen Erfolg von England's Anstrengungen für die Verbreitung der Kunst der Musterzeichnung unter seine arbeitenden Klassen läßt sich geben, als das der französischen Arbeiter-Delegirten — scharfer, kritischer, eifersüchtiger Beobachter — welche zu unserer großen Ausstellung im Jahre 1862 gesendet waren. Nichts scheint sie mehr überrascht zu haben, als die

Entwicklung unseres Unterrichts-Systems in Kunst und der Fortschritt unserer Arbeiter im Musterzeichnen. So sagen die Bildhauer für Ornamentirung (der Gebäude u. s. w.): „Der Fortschritt, der von der Bildhauerei in England seit den Ausstellungen von 1851 und 1855 gemacht worden ist, ist immense." Die Kunsttischler: „Wenn man die Erzeugnisse Englands im Jahre 1862 mit denen von 1855 vergleicht, so sieht man, daß es einen gigantischen Fortschritt gemacht hat." Die Shwal-Musterzeichner sprechen von Englands großem Fortschritt nnd sind neidisch auf seine Musterzeichen-Schulen. Die Juweliere, welche in verschiedenen Punkten Englands Ueberlegenheit über Frankreich zugeben, bedauern, daß alle Arbeiter, welche in der Fassung der Juwelen, in der Randarbeit, im Stechen und in der Emaillirung competent sind, und das Goldschmiede-Gewerk nicht im Stande gewesen sind, nach London zu gehen und das Kensington Museum zu sehen. Die Porcellan-Maler sprechen viel von dem ungeheuren Fortschritt der englischen Arbeiter innerhalb zehn Jahren und schreiben denselben hauptsächlich der immensen Ausdehnung zu, die dem Studium des Zeichnens gegeben ist.

Ganz getrennt jedoch von den commerciellen Wirkungen unserer öffentlichen Anstrengungen für Kunst-Unterricht ist unter den Arbeitern die Zunahme des wahren Sinnes für das sichtbare Schöne. Diejenigen, welche Gelegenheit gehabt haben, als Studirende in Mr. Ruski'ns Zeichen-Klasse in dem London Working Men's College, den Zauber zu sehen, der über manch einen Arbeiter geübt wird, wenn er von Stufe zu Stufe die verborgenen Reize von Form und Farbe in den Werken Gottes und der Menschen entdeckt, wissen, daß der Fabrik-Arbeiter fähig ist, die Kunst ihrer selbst wegen zu schätzen und sie mit unintereſſirter Liebe zu pflegen, wie der verfeinerteste Aristokrat.

Die Ansprüche der Wissenschaft an nationale Aufmunterung, als eines Gegenstandes des Studiums für so Viele, wurde erst einige Jahre später, als die der Kunst anerkannt; beide Unterrichts-Zweige aber scheinen sich jetzt in glücklicher Weise in dem „Science and Art Department" von Süd-Kensington mit einander vermählt zu haben. Im Jahre 1859 hatten wir 4 „Science Schools" (wissenschaftliche Schulen), im Jahre 1860 9 mit 500 Schülern, im Jahre 1865 120 mit 5479 Schülern und im Jahre 1867 220 mit 10231 Schülern. Es machten also bis jetzt die Schüler in den wissenschaftlichen Schulen 10 Procent der Schüler in den Kunstschulen aus; ein Resultat, das nicht Wunder nehmen kann, wenn wir den größeren Ernst der Studien in Bezug auf den Charakter, und ihre im Allgemeinen weit entferntere Beziehung zu Geld-Gewinn in Erwägung ziehen. Es wird jedoch ausdrücklich von Mr. Macleod angegeben, daß, während die Schüler, welche die Zeichen-Klassen besuchen, „beinahe gänzlich der arbeitenden Klassen angehören, das Verhältniß der Damen und Herren aus den gebildeten Ständen sehr gering ist," anderer Seits „solche, welche die Wissenschafts-Klassen besuchen, gänzlich der Arbeiter-Klasse angehören." Wir können auf diese Weise rechnen, daß 10,000 Mitglieder der arbeitenden Klasse jetzt jährlich wissenschaftlichen Unterricht empfangen.

Es ist jetzt in Beziehung auf Wissenschaft und zwar auf jene von dem höchsten und ernstesten Charakter ein sehr bezeichnender Versuch gemacht worden, an ihre Erwerbung den Arbeiter, im Unterschied von den Mitgliedern aller anderen Klassen, Theil nehmen zu lassen — wir meinen die Vorlesungen für Arbeiter, gehalten in der Royal School of Mines (vielleicht besser bekannt noch als das „Museum of Practical Geology") in Jermyn-Street. Als dieses Institut — die Königliche Bergwerk-Schule — gegründet wurde, stellte der Herzog von Newcastle — Ehre seinem Andenken für diese That — die Bedingung an die Professorenschaft, daß jeder Professor jährlich einen Vortrag vor einer Zuhörerschaft halten sollte, welche ausschließlich aus Arbeitern bestände. Man fand jedoch, daß solche gelegentliche Vorlesungen von vergleichsweise geringem Werth waren. Die Professoren konnten sich nicht genügend erklären — ihre Gegenstände wurden nicht verstanden. Sie kamen unter sich überein, jeder einen Cursus zu geben an Stelle der einzelnen Vorlesung. Dieser Versuch war von dem bezeichnendsten Erfolg begleitet. Wir haben die Autorität des Professor Huxley für die Angabe, daß der Besuch nur beschränkt wird durch die Rücksichten für die Bequemlichkeit; daß keine Zunahme in der Anzahl der Besuchenden stattgefunden hat, einfach, weil jede Zunahme unmöglich ist. Ungefähr sechs Hundert nur können Platz finden. Die Billets für den Zutritt zu diesen Vorlesungen werden so eifrig begehrt, daß die Bewerber völlig eine Queue bilden an dem Morgen, wenn sie ausgegeben werden. Hinzugefügt wird, als ein Zeugniß für alle die Professoren, daß diese Zuhörerschaft die zufriedenstellendste ist, zu welcher irgend einer von ihnen zu sprechen gewohnt ist. Diejenigen, welche kommen, fügen sich nach und nach dem Vorlesenden an, hören mit größerer Spannung auf die thatsächlichen Angaben, und folgen seinem Gegenstande mit intensiverem Verständniß von Punkt zu Punkt bis zum Schluß, als irgend eine andere Klasse von Personen. Sie scheinen durchweg in Rapport mit ihm zu sein und sind ganz frei von jenem wiederwärtigen Dilettantismus, welcher für einen ernsten Vorleser so störend ist.

2. Oeffentliche Bibliotheken. Das Penny-Postporto.

Wir kommen jetzt von den directen Hülfsmitteln für den Unterricht Erwachsener zu den indirecten. Das Wirken unserer öffentlichen Bibliotheken, gegründet durch die Ewart's Act, muß doch die geistige Hebung der arbeitenden Klasse ungemein fördern, obgleich alle Klassen zu derselben Zutritt haben. Den Bemerkungen über die Resultate der Gesetze über Bibliotheken in den Jahren 1850 und 1855" von Mr. Edward Edwards, können wir einige Thatsachen über die öffentlichen Bibliotheken von Manchester und Liverpool entlehnen. Die erstere, die zuerst gegründet nach der Acte von 1852, sowohl Lese- wie Leih-Bibliothek, hatte nach sieben Jahren (zusammen mit zwei Zweig-Bibliotheken) 27,000 Bände für Lesende und ungefähr 22000 für Entleihende; sie hatte an die ersteren 602,000 Bände und leihweise 59,000 ausgegeben. Die durchschnittliche tägliche Ausgabe in beiden Abtheilungen zusammen war von 455 Bänden in dem ersten Jahr auf 1042 in dem siebenten gestiegen. Die Total-Anzahl der einzelnen Entleiher belief sich auf 24,000 — „ein bedeutender Theil von ihnen, Arbeiter in niedrigen Umständen, und die Familien derselben ... folglich Personen, deren Zuspruch zu Büchern daher von der beschränktesten Art war — und „der Total-Betrag unausgeglichenen Verlustes für die Corporation durch verlorene oder verletzte Bücher überschritt, außer der unumgänglichen Abnutzung, nicht 60 Schillings während eines Zeitraums von sieben Jahren." Mit Bezug auf die Lese-Abtheilung heißt es weiter: „Der Besuch von Personen, welche nur sehr geringe Gelegenheit hatten, Lesen zu lernen oder das Lesen zu cultiviren," war „sehr beträchtlich" und „im Zunehmen." Und während die Ausgabe von „Litteratur" in der Leih-Abtheilung auf 57,000 Bände von 75,000 und die von „Geschichte und Politik" nur auf 13000 sich belief — betrugen in der Lese-Abtheilung die Ausgaben von „Litteratur" nur 41,000 von 115,000 und die von „Geschichte und Politik" dagegen 60,000. Die öffentliche Bibliothek in Liverpool, welche auch zwei Zweig-Bibliotheken hatte, und welche auch im Jahre 1852 zuerst eröffnet war, hatte am Schluß des Jahres 1859 52,000 Bände im Ganzen; sie hatte in sieben Jahren aus der Lese-Abtheilung 1,110,000 Bände, und in sechs Jahren aus der Leih-Abtheilung mehr als 15,000,000 Bände ausgegeben. Ein leichterer Geschmack herrschte jedoch unter ihren Lesern vor, als der, welcher der großen Fabrik-Hauptstadt eigen war. So gehörten von den 203,000 Bänden, welche während des damals letzten Jahres in der Lese-Abtheilung ausgegeben waren, ungefähr 150,000 der „Litteratur“ an und nur 27,000 der „Geschichte und Politik.“ Der ganze unausgeglichene Verlust wurde mit 3 oder 4 Pfd. Sterling gedeckt.

Die öffentliche Bibliothek in Birmingham dagegen, über welche ein Bericht von Mr. E. C. Osborne gegeben ist, ist ein weit neueres Institut, indem dasselbe vom Jahre 1861 datirt. In den ersten 287 Tagen hatte sie 6288 Bände und ihre Ausgabe belief sich auf 108,057 Bände; die Anzahl der Leihenden betrug 5422. Eine Klassifikation von 300 Leihenden, während des Monat März 1862, lieferte den Nachweis, daß beinahe die Hälfte von diesen Arbeiter waren, außer 24 „office boys“ (Comtoir-Jungen), welche kaum viel höher rangiren.

Wenn der Arbeiter sich nicht abgeneigt zeigte gegen das Lesen, so zeigte er sich in gleichem Maße geneigt zum Schreiben. Es wäre ein Beschweren dieser Schrift mit überflüssigen Zahlen, wollten wir uns bei den Resultaten des Penny-Postporto's aufhalten. Jedermann weiß, daß es den Postboten geführt hat und täglich führt in Ecken Winkel und von Stadt oder Dorf, wohin er vorher keine Veranlassung hatte zu kommen. Es kann gesagt werden, daß Arbeiter, welche schreiben können, große Briefschreiber sind. Von den vielen Briefen von Arbeitern, welche auf dem Tische liegen, auf welchem diese Zeilen geschrieben worden, sind wenige, welche über einen Briefbogen hinausgehen.

3. Sonntags-Schulen, Gewerbe-Schulen u. s. w.

Wenn wir uns zu den Diensten wenden, welche dem Unterricht Erwachsener unter den Arbeitern von rein freiwilligen Gesellschaften geleistet sind, so befinden wir uns in einem wahrhaften embarras des richesses; wir werden dadurch genöthigt, cursorisch über manche Dienste hinwegzusehen, welche denen, die mit denselben bekannt sind, oft zu den wichtigsten gehörend erscheinen mögen.

Wir sprachen in geringschätzender Weise von Sonntags-Schulen als einem Mittel für Kinder-Unterricht. Wir glauben, sie sind von weit größerem Werth für den Erwachsenen, wo er nicht von ihnen fern gehalten wird durch die Anwesenheit von Kindern. Für ihn ist nach unserer Ueberzeugung ihre erweckende Kraft eine beträchtliche. Ein Correspondent, aus dessen Mittheilung wir nachher noch umfassendere Citate geben wollen, spricht von ihnen in dieser Beziehung aus Erfahrung als „mächtige Unterrichts-Mittel sowohl in wissenschaftlicher wie in moralischer Beziehung." Ihre Wirkung ist ohne Zweifel die größeste auf die niedrigsten Klassen — auf jene, welche bei langen Stunden von Arbeit in einem schlecht bezahlten Gewerbe absolut keine Muße haben für ihre Selbst-Förderung, als nur am Sonntag; daher stellt ein Mann von großer Erfahrung, die er unter den arbeitenden Klassen von Norwich gewonnen „Sonntags-Schulen über Alles," da sie ein besseres Gefühl für Religion „unter der niedrigsten Klasse gefördert haben. Ihr höchster Werth jedoch bestand, wie wir zu glauben wagen, hauptsächlich in der Ausbildung und Disciplin, welche sie den Lehrern gegeben haben, von welchen ein großer Theil immer der Arbeiter-Klasse angehört hat. „Nichts hat mich so aufrecht erhalten, wie das Lehren in einer Sonntags-Schule" sagte einstens zu dem Verfasser dieser Zeilen ein intelligenter Arbeiter.

Die gewöhnliche Abend-Klasse (Evening Class),*) in welcher Männer und Knaben getrennt gehalten werden können, gewährt einen mehr folgerechten Unterricht und ist dadurch, nach unserem Dafürhalten, ein wirksameres Mittel für den Unterricht Erwachsener unter der Arbeiter-Klasse. Wir wollen ein einzelnes Beispiel geben als ein Beispiel aus Tausenden. Der Haupt-Rechnungsführer bei einem cooperativen Magazin in einer großen Stadt war vor funfzehn Jahren nicht im Stande, einen Brief zu schreiben, in der Bibel zu lesen, noch ein einfaches Additions-Exempel zu rechnen. Er fing an in einer Abend-Klasse zu lernen, die mit einem Gotteshause verbunden war und dort, und noch mehr mit Hülfe eines benachbarten Schuhmachers, eines Lehrers an der Sonntag-Schule, unterrichtete er sich selbst. „Im Rechnen," schreibt der Geistliche, welcher sein erster Lehrer war, „kann ich ihn nicht verwirren, er besitzt eine zähe Geduld." Und Niemand, mag bemerkt werden, hat vom Unterricht das Gefühl einer so belebenden, expansiven Kraft, wie diejenigen, welche auf diese Weise für sich selbst gekämpft haben. „Sicher bin ich" schreibt der in Rede stehende Arbeiter, „daß der wahre Weg zum Wohlergehen sowohl in der Kirche als auch in Vereinen in dem Unterricht liegt. Ich habe die Beobachtung gemacht, seitdem ich ein Mitglied der cooperativen Gesellschaft geworden bin, daß in der Regel ein Mitglied ohne Unterricht ein vollständiger Zudringling ist oder sich sehr wenig um das Wohlergehen der Gesellschaft kümmert, während ein unterrichtetes Mitglied der Gesellschaft alle

*) Mit dieser bezeichnen wir solche Klassen, welche beständig gegründet sind in Zusammenhang mit Kirchen, Kapellen, großen Fabriken oder anderen Instituten; bisweilen sind sie auch unabhängig von ihnen.

Hülfe leisten wird, welche er zu leisten im Stande ist und wenn er ein Uebel sieht, wird er versuchen, es mit der Wurzel auszureißen."

Unter den Hülfsmitteln aber, welche von dem bedeutensten Einfluß bei Verbreitung von Unterricht im Allgemeinen unter der arbeitenden Klasse gewesen sind, und in der Hebung ihres Charakters im Allgemeinen, dürfen wir nicht die Gewerbe-Schule (Mechanics Institute) übersehen und andere Institute, die ähnliche Zwecke haben, so verschieden auch ihr Name sein mag. Obgleich eine beträchtliche Menge dieser Institute in den meisten Theilen von England zu finden ist, so sind sie doch am Meisten in Lancashire und Yorkshire vorherrschend. In diesen Grafschaften existirt kaum eine Stadt oder ein Dorf, welches sich nicht seiner Gewerbe-Schule rühmen könnte; in den Dörfern werden sie oft mit mehr Energie und mit mehr Erfolg aufrecht erhalten, als in den größeren Plätzen, wahrscheinlich in Ermangelung rivaler Anziehungspunkte. Nach den Berechnungen von Dr. J. W. Hudson, die Mr. E. Baines citirt, nahm man im Jahre 1861 an, daß es in Allem über 1200 solcher Institute gab mit 200,000 Mitgliedern; im Jahre 1831 gab es nur 55 mit 7000 Mitgliedern.

Der Gewerbe-Schule sind ohne Zweifel an vielen Stellen die arbeitenden Klassen abtrünnig geworden. Dieses ist aber keineswegs richtig als allgemeine Regel. In Yorkshire, sagt Mr. Barnett Blake in einer Abhandlung über die Gewerbe-Schulen von Yorkshire, „hilft nicht nur der größere Theil dieser Institute den Bedürfnissen der Arbeiter nach Unterricht ab, sondern wird auch von ihnen hauptsächlich erhalten und in vielen Fällen verwaltet." Ein neues Leben scheint aber diesen Instituten eingehaucht worden zu sein, erstens durch das System der Abend-Klassen und zweitens durch die Bildung der „Unions of Mechanics Institutes". Ein sehr auffallender Zug in der Geschichte dieser Institute, sagt Dr. Pankhurst (in „The Union of Lancashire and Cheshire Institutes in der Social Science Transactions for 1864") „ist die starke und durchgehende Tendenz, alle ihre Mittel und ihre ganze Einrichtung der Förderung der Belehrung der Klasse unterzuordnen. Mit Rücksicht auf die Fortentwicklung gesunden Unterrichts ist es unmöglich die Bedeutung dieses Zuges zu überschätzen." Die „Unions" (Verbindungen) von Instituten, von welchen die erste die Yorkshire Union war, im Jahre 1857 gegründet, haben herrliche Früchte getragen; sie entstanden beinahe aus Nothwendigkeit, wo der Geist der Association in kräftiger Weise sich manifestirt. In Districten, in denen diese Tendenz eine geringere ist, leiden diese Institute in der

Regel an der Lebenskraft Mangel, die nothwendig ist, um ihrer Wirksamkeit vollen Erfolg zu verleihen. Die „Union“ der Institute kommt aber auf allen Gebieten productiver Arbeit zu Hülfe, und vermöge ihrer in Tabellen gebrachten Erfahrung, der Besuche ihres reisenden Agenten, und der Lehrer, welche sie ausschickt, setzt sie dieselben in den Stand, ein Werk zu vollenden, welches, als getrennte Körperschaften, die vereinzelten Institute meistens über ihre Kräfte gehend finden, besonders bei ihrem ersten Anfang.

Zur Zeit von Mr. Blake's oben erwähnter Abhandlung gab es in der „Yorkshire Union“ 138 Institute, von welchen 90 Abend-Klassen hatten, die über 9000 Schüler besuchten, von welchen 5224 im Lesen, Schreiben und Rechnen unterrichtet wurden, während der nächste umfassend gelehrte Gegenstand, Geographie, nur in 49 Instituten von den 90 an 895 Schüler gelehrt wurde — ein Umstand, der schließlich Mr. Blake's Behauptung beweiset, daß es in Yorkshire in Wirklichkeit die Arbeiter-Klasse ist, deren Bedürfnissen nach Unterricht diese Institute abhelfen. Die in Verbindung stehenden Institute aber hatten außer Lesezimmern, die mit Zeitungen und Zeitschriften versehen waren, über 140,000 Bände, und gaben beinahe 400,000 Bände, oder 16 Bände per Mitglied jährlich aus.

Der jüngste Bericht der Yorkshire Union weiset eine Abnahme in der Zahl der in Verbindung stehenden Institute nach, welche auf 122 angegeben wird; von diesen hatten 78 130,214 Bände. Zusammen hatten sie über 20,000 Mitglieder, während von 13,920 Mitgliedern in 42 Instituten 5850 Mitglieder der Abend-Klassen waren. Aber, „da die wirkliche Anzahl von Instituten in Yorkshire, die nicht in Verbindung stehen, auf ein halbes Mal mehr geschätzt werden kann,“ wie uns Mr. James Hole sagt, die competenteste Autorität über diesen Gegenstand — so ist die Abnahme in der Summe des ertheilten Unterrichts wahrscheinlich nur eine anscheinende. Die Lancashire and Cheshire Union umfaßt 131 Institute, von welchen 81 Berichte einsendeten, aus welchen der Verwaltungsrath berichtet, daß sie im Ganzen 22,780 Mitglieder zählen; 71 von diesen Instituten haben zusammen ein jährliches Einkommen von 14,186 Pfd. St., 35,853 Bände in ihren Bibliotheken, und einen Besuch von 7342 Personen in ihren Abend-Klassen. Besondere Preise sind ausgesetzt für Abhandlungen, die Bezug nehmen auf wichtige lokale Branchen der Industrie und auf die allgemeinen Verhältnisse industriellen Lebens; einige von ihnen waren ebenso angemessen, wie bedeutend, obgleich für die Schüler solcher Institute, wie man fürchten darf, etwas verwirrend.

Die meisten Unions of Mechanics Institutes geben Preise an ihre Mitglieder; obgleich sich viel sagen läßt gegen Unterrichts-Preise, so läßt sich nicht läugnen, daß dieselben sich als ein mächtiger Stachel, ganz vornehmlich für den Arbeiter, erwiesen haben. „Die arbeitenden Klassen in Lancashire,“ sagt Dr. Hudson, (wir citiren ihn aus Mr. Baines Rede im Jahre 1861) „stellen aus ihren Reihen Concurrenten auf, welche beständig die Mittel-Klassen übertreffen. In der Mathematik, der Chemie, im Französischen, ja selbst in der englischen Geschichte und Geographie stehen die Commis und Buchhalter von Manchester den Webern von Oldham und anderen kleinen Städten nach.“ Von den 1067 beförderten Zöglingen männlichen Geschlechts der Lancashire Union of Mechanics Institutes, welche er in dem Winter 1861/2 prüfte, waren 566 Arbeiter in Spinnereien, 155 Maschinenarbeiter und in Gießereien beschäftigte Arbeiter, 75 in den Bau-Gewerben beschäftigte Gesellen, 75 in anderen Gewerben beschäftigte Arbeiter, 18 mit Feld-Vermessungen Beschäftigte; die übrigen 178 waren Commis, Ladenhalter u. s. w.; während von den 136 weiblichen Zöglingen 86 Arbeiterinnen in Spinnereien waren, 17 Schneiderinnen und Putzmacherinnen; die übrigen waren Dienerinnen, Ladenmädchen u. s. w. Den Preis in der Geometrie trug ein Schuhmacher aus Oldham davon, den in der Geschichte ein Maschinenbauer aus Creve; den in der Geschichte der Colonien ein Weber aus Blackbure; von den zehn Preisgewinnern gehörten nur zwei der Sieger nicht der Arbeiter-Klasse an.

In Verbindung mit dem Preis-System würde es ungerecht sein, die Anstrengungen der Society of Arts (Gesellschaft für Künste) zu übersehen, welche durch ihre Prüfungen gesucht hat sich zum centralen Regulator für den Unterricht des Arbeiters zu machen und in dieser Beziehung zum Vorabeiter für das „Science and Art Department“ (Departement für Kunst und Wissenschaft) von Süd-Kensington gedient hat. Die Preise der Society of Arts sind nächst denen von Süd-Kensington ohne Zweifel „das blaue Band“ des den Wissenschaften ergebenen und aufstrebenden, jungen Fabrikarbeiters.

4. Collegien für Arbeiter.

Während nach unserem Dafürhalten die Gewerbe-Schulen an vielen Stellen fortdauernd von dem größesten Vortheil für die Arbeiter sind — namentlich für die jungen Leute jener Klasse — steht es ohne Frage fest, daß an anderen Stellen sie sich allmälig von derselben zurückgezogen und es der Mittel-Klasse überlassen haben, dieselbe zu füllen. Die Ursachen dieses Wechsels, wo er stattgefunden hat, scheinen in deutlicher Weise in einem im Jahr 1858 veröffentlichten Essay von James Wall, einem Druckergesellen, angegeben zu sein. „Die Einwürfe gegen die Gewerbe-Schulen Seitens der arbeitenden Klasse," sagt er, „sind: 1. daß die Verwaltung sich nicht in den Händen der Arbeiter befindet, 2. daß Staatswissenschaften und Religion ausgeschlossen sind, 3. daß die Institute nur eins in jeder Stadt und nicht mittelpunktartig liegen, 4. daß sie des Sonntags geschlossen sind. 5. daß der Unterricht oberflächlich, ohne Zusammenhang gegeben wird und mehr wissenschaftlich als elementar, 6. daß wöchentliche Bezahlungen nicht genommen werden." Es fällt in die Augen, daß drei von diesen sechs Einwürfen — die Nicht-Betheilung des Arbeiters an der Verwaltung, der oberflächliche und nicht elementare Charakter des Unterrichts und das Unterlassen wöchentlicher Bezahlungen von den Yorkshire Instituten und einigen anderen vermieden werden. Wirkliche Thatsache aber scheint zu sein, daß die Gewerbe-Schule statt zu gut für den Arbeiter zu sein, oft anfängt nicht gut genug zu werden. Er hat das Bedürfniß, in den Unterricht der Klassen hineinzureichen, die auf der socialen Scala über ihn stehen; er hat, vor Allem, den Wunsch, obgleich er seine eigenen Bedürfnisse sich selbst nicht oft auseinander setzen mag, sich mit seinen Nebenmenschen in einen engeren Verband verbunden zu fühlen als den des bloßen Zusammentreffens in einem Institut. Daher die „Working Mens Colleges" (Collegien für Arbeiter) von denen viele in den letzten Jahren entstanden sind.

Das älteste Collegium dieser Art ist das „People College" zu Sheffield, jetzt ein Viertel-Jahrhundert alt. Die ersten sechs Jahre hindurch war dessen Gründer, ein Independenten-Geistlicher, beinahe der einzige Lehrer; sein Lehren trug solche gute Früchte, daß seine Schüler Lehrer wurden und daß durch sie das Collegium sich selbst leitete und selbst bezahlte. Demselben folgte, zwölf Jahre später, das „Working Mens College" in London, welches eine höhere Stellung eingenommen hat, als irgend ein anderes, namentlich durch seiner Cultivirung eines geselligen Lebens unter seinen Schülern und durch Versagung der Erlaubniß an seine Schüler, als solche, andere Prüfungen zu machen, als die, welche mit den Universitäten in Zusammenhang stehen; seit 1854 hat es mehr als vier Tausend Schüler aufgenommen. Diesem Collegium folgte bald darauf das in Halifax, welches sich aus einer Abend-Schule entwickelte. Im Jahre 1858 wurde das Collegium in Salford gegründet. Das noch spätere Collegium in Ipswich hat einen bedeutenden glücklichen Erfolg gehabt in Bezug auf seine Anzahl, indem es jetzt mehr als Tausend Schüler hat. Außer dem „City of

London College“ giebt es, wie wir glauben, ein oder zwei andere Collegien für Arbeiter, über welche uns die Details fehlen. Einige haben nach kurzer Dauer aufgehört zu existiren; das eine zu Manchester hat sich mit dem Owens College verschmolzen, indem es Etwas von seinem Arbeiter-Element verlor.

Die Leitung dieser Collegien ist eine sehr verschiedene — einige werden regiert durch einen Verwaltungsrath, der sich selbst erneuert und welcher unter anderen Repräsentanten der Schüler enthält, während das Sheffield-Collegium wesentlich democratisch ist in seiner Constitution Jedes Collegium lehrt mehr oder weniger, jeden der fünf großen Zweige des Studiums — Kunst, Geschichte, Sprachen, Mathemathik und Physik; in dem Umfang und dem glücklichen Erfolg des Lehrens sind jedoch bedeutende Unterschiede vorhanden. Halifax kann als eine Schule von hohem Rang und von glücklichem Erfolg für Erwachsene genannt werden, welche ihre Zwecke in einer sehr practischen Weise verfolgt. Ipswich steht anscheinend etwas höher in seinen Lehrgegenständen und hat ein umfassenderes Programm, während Salford seine Thätigkeit bis zu dem äußersten Umfange ausgedehnt hat, indem es mit sich zwei sehr große Tages-Schulen und eine Vorbereitungs-Klasse vereinigt hat und practischen, von gutem Erfolg begleiteten Unterricht in Kunst und Naturwissenschaft giebt. Das Londoner Collegium hat den umfassendsten Lehrplan,*) und hat auch eine große Elementar-Klasse, eine Schule für Erwachsene und auch eine Schule für Mädchen der Mittel-Klasse.

Trotz ihres Namens bestehen diese Schulen nicht ausschließlich aus Arbeitern, aber selbst in jenen, welche am bedeutendsten vor anderen Klassen besucht werden (wie die beiden Londoner), ist die Anzahl wirklicher Arbeiter, welche sich dieselben zu Nutze machen, sehr beträchtlich. Im Allgemeinen gesprochen, kann man sagen, daß von den Schülern die eine Hälfte wirkliche Handwerker sind; die andere

*) Das Programm des London Working Men's College für den Beginn seines dreizehnten Jahres, mit dem 22. October 1866 anfangend, umfaßte, außer einer Bibel-Klasse, Klassen für Zeichnen, Vokal-Musik, Geschichte und Geographie, Englische Grammatik und Litteratur, Altes Englisch, Französisch, Latein, Griechisch, Arithmetik, Geometrie, Trigonometrie, Algebra, Buchhaltung, Botanik, Naturlehre und Zoologie; es hatte eine Elementar-Klasse für die, welche im Lesen, Schreiben, Grammatik und Arithmetik vorgerückt waren, und eine Schule für Erwachsene. Ueberdies ist bemerkenswerth, daß von acht und zwanzig Lehrern, deren Namen auf dem Programm figuriren, nicht weniger wie zwölf Schüler des Collegiums waren, welche das Amt für solche Klassen übernehmen, wie Zeichnen nach Figuren und Gegenständen der Natur, Englische Grammatik, Französisch, Algebra und Geometrie.

Hälfte gehört beinahe ausschließlich der Klasse der Commis an und Anderen, welche ungefähr dieselben Löhne, wie die Fabrik-Arbeiter verdienen. Ist irgend ein Uebergewicht vorhanden, so stellt sich solches zu Gunsten der Handwerker, welche sicherlich wenigstens ebenso viel Auszeichnungen bei den Prüfungen gewonnen haben. Vielleicht kann man 3000 bis 4000 rechnen als die Anzahl der Arbeiter, welche jährlich die Klassen in diesen Instituten besuchen und allmälig ihren Weg zu den höchsten Unterrichts-Zweigen nehmen.

5. Lese-Zimmer, Arbeiter-Clubs und Institute.

Manche geringere Institute als das Working Men's College haben in anderen Fällen die Mängel der Gewerbe-Schulen ersetzt, wo die letzteren den Bedürfnissen des Arbeiters nicht entsprochen haben. Zu Carlisle entstanden, wie uns Dr. Elliott's vorher citirte Abhandlung sagt, „Working Men's Reading Rooms“ (Lesezimmer für Arbeiter), welche ausschließlich von Arbeitern beaufsichtigt werden, Bücher und Zeitungen politischen und religiösen Inhalts haben, während des größeren Theils des Sonntags oder den ganzen Sonntag offen stehen, zu bestimmten Zeiten Elementar-Unterricht gewähren (einschließlich des lauten Lesens der Zeitungen) und durch wöchentliche Einzahlungen erhalten werden. Es giebt sechs von ihnen, welche bei Abfassung dieser Zeilen so blühend waren wie jemals und gewöhnlich zwei Mal so viele eingeschriebene Mitglieder zählten, wie die prosperirende Gewerbe-Schule der Stadt, welche 4—500 zählt bei einer Bevölkerung von 30,000 Seelen.

Es kann in der That nur die wissenschaftliche Elite der Arbeiter-Klassen sein, von denen sich erwarten läßt, daß sie, nachdem sie zu Männern herangewachsen, sich der Plackerei unterziehen, in der Schule zu lernen zum Zweck ihrer Selbst-Ausbildung Eine ungeheure Anzahl wendet sich mehr zu individueller Selbst-Ausbildung vermittelst des Lese-Zimmers oder der Leih-Bibliothek, oder zu geselliger Erholung irgend einer harmlosen Art. Daher das Anwachsen der Bewegung für „Working Men's Club and Institute“ (Arbeiter-Club und Institut), welche ihren Heerd hat in den „Working Mens Club and Institute Union“. Die Zwecke dieser Gesellschaften sind in einer „Hints and Suggestions for the formation of Working Men's Clubs and Institutes“ betitelten Brochüre, welche die Union veröffentlicht hat, angegeben: „Gründung eines Clubs oder Institutes, als deren Mitglieder die Arbeiter der Nachbarschaft einen vernünftigen geselligen Verkehr mit einander unterhalten können, verbunden mit Gelegenheiten für geistige Ausbildung, Erholung und gegenseitigen Beistandes; ferner Darbietung von Erleichterungen für Ausführung verschiedener Pläne socialer Verbesserung, wie cooperative Gesellschaften, Unterstützungs- und Wohlthätigkeits-Vereine, Gesellschaften zu gegenseitiger Förderung, Bau-Gesellschaften u. dgl. m. zu deren Verfolgung Arbeiter jetzt oft genöthigt sind, nach Wirthshäusern zu gehen, bloß, weil ihnen bessere Versammlungs-Plätze fehlen." Viele von diesen Gesellschaften haben Abend- (namentlich Sing-) Schulen, alle haben Lese-Zimmer und Leih-Bibliotheken; und es ist einer der ausgesprochenen Zwecke der Union Arbeiter aus dem Club zu dem Working Mens College überzuführen. Die Einzahlungen schwanken von ½ P. (5 Pfennige) per Woche bis zu 8 Sh. (2 Thlr. 20 Sgr.) jährlich; von dem Verwaltungsrath wird es als wesentlich angesehen, daß eine Hälfte der verwaltenden Körperschaft in jedem Institut aus Arbeitern besteht. Die Anzahl dieser Institute wird in den verschiedenen Theilen des Königreichs auf 250 geschätzt. Viele von diesen haben eine bedeutende Anzahl von Mitgliedern; das Sunderland-Institut, welches jetzt im vierten Jahre besteht, hat 800 Mitglieder, von denen zwei Drittel nur wöchentliche Mitglieder sind d. h. mit Wahrscheinlichkeit Arbeiter. Wenn wir sie durchschnittlich nun zu 50 annehmen, so beträgt die Totalzahl der Mitglieder 12,500; da es aber viele Institute giebt, die mit der Union in Verbindung stehen, so wird sich die wirkliche Total-Summe wahrscheinlich nicht unter 20,000 stellen — eine Anzahl, welche in der Hauptsache als ein Zusatz zu den der Mitglieder der Gewerbe-Schulen angesehen werden muß. Verschiedene nützliche Unternehmungen sind bereits aus dieser Bewegung hervorgegangen, z. B. in London die vorher erwähnten cooperativen Associationen der Kunsttischler und Färber.

Außer diesen Instituten lassen sich die verschiedenen Gesellschaften zu gegenseitiger Förderung (Mutual Improvement Societies) und andere ähnliche Vereine, welche unter den Arbeitern existiren, durchaus nicht aufzählen. Eine solche Körperschaft steht wahrscheinlich einzig in ihrer Art dar. In Sunderland giebt es eine kleine Bücher-Einkauf- und Leih-Gesellschaft, die aus sechs Arbeitern besteht, einem Korkschneider, zwei Holzschnitzern für Schiff-Arbeit, einem Uhrmacher, einem Maschinen-Herrichter, der einen Finger verloren hat und sich das Leben fristet mit Anfertigung von Photographien und einem Holzschnitzer seinem Gewerbe nach, dem es aber jetzt als Photograph sehr gut geht. Der Geschmack dieser Leute ist hauptsächlich auf alte Balladen gerichtet, von denen sie verschiedene Sammlungen besitzen. Sie haben sich mit der Early English text Society (Gesellschaft für alte Englische Texte) in Verbindung gesetzt, welcher sie beizutreten denken, „sobald als die Sache besser geht.“ Sie haben eine Menge von interessanten Büchern, und da sie bisweilen verschiedene Exemplare von den Werken haben, welche sie zu besitzen wünschen, so haben sie einen Vorrath von alten Blumenlesen, von Liedern, Cumberland Liedern und Balladen, so wie von anderem wunderlichen Stoff localer Litteratur, über dessen Besitz sie sich freuen.

§. 5. Verbreitung von Zeitungen und von billiger Litteratur.

Welcher Gebrauch von den öffentlichen und anderen Bibliotheken auch Seitens des Arbeiters gemacht werden mag, die Haupt-Anziehung von allen Instituten, zu welchen er Zutritt haben kann, besitzt für ihn das Lesezimmer, und in dem Lese-Zimmer, die Zeitung. Bis zu welchem Umfang die höher im Preise stehende Zeitungs-Litteratur gegenwärtig zu der Arbeiter-Klasse vordringt durch die Vermittelung solcher Lesezimmer, welche mit den Gewerbe-Schulen, den Arbeiter-Collegien oder Clubs, den cooperativen Gesellschaften oder den Arbeiter-Vereinen verbunden sind, ist schwer zu bestimmen, obgleich es wahrscheinlich wenige von einiger Bedeutung giebt, welche nicht die Times haben. Die wohlfeile Zeitung ist aber die, welche vornehmlich in das Bereich der Börse des Arbeiters und seines Einflusses kommt; sie ist gleichzeitig eine jener Schöpfungen des Zeitraumes, über welchen wir Umschau gehalten haben, an welche er ein gleichsam väterliches Interesse fühlen mag. Denn die Existenz der Penny-Zeitung ist nur ermöglicht durch die Milderung der Steuer-Gesetze in Bezug auf die Presse; an der Kriegführung gegen dieselben nahm, wie vorher gesagt worden ist, der Arbeiter thätigen Antheil.

Man kann vielleicht im strengen Sinne des Wortes die billige Zeitung und Zeitschrift Erzieher nennen. Ob nun zum Guten oder Schlechten; wahrscheinlich aber im Ganzen zum Guten, sie sind mächtig wirkend. Nach der Erfahrung des genauesten Kenners des Zeitschrift-Geschäfts im Klein-Verkehr, machen die jungen Leser unter den ärmeren Klassen im Allgemeinen den Anfang mit irgend einer aufregenden illustrirten Geschichte, welche das Auge mit ihren Bildern besticht, die in den geringsten und schlechtesten der wohlfeilen Ausgaben mit Gelb, Roth und Blau bemalt zu sein pflegen. Hauptsächlich aber vertrauet der Herausgeber auf unnatürliche und gewaltthätige Ereignisse, welche sich dicht zusammenhäufen und im Dialog entwickeln, der ein Gerassel macht wie der Stock eines Londoner Jungen, der mit demselben an einen Stacketen-Zaun entlang läuft. Auch der Titel muß schlagend sein und im Zusammenhang stehen mit Mord und einer weiteren Reihe von Todsünden, welche in angemessener Weise hineingeklemmt werden. Bald jedoch verderben diese schweren Gerichte den Appetit und allmälig findet der Leser den Weg zu etwas Besserem. Ueberdieß ist es gewiß, daß das Schlechteste und Verderbleste von den Penny-Verlags-Artikeln die geringste Circulation findet. In der That behaupten sie ihren Boden nur durch Beschränkung der Quantität, die sie geben: „The Wighwayman's Daugther,“ „Jenny Diver,“ The Lady Highwayman,“ „Blueskin,“ The Mysteries of the Past“ und andere scheußliche und dumme Geschichten geben nur acht kleine Seiten für einen Penny, während die meisten guten Brochüren sechszehn Seiten noch einmal so groß geben und vielleicht funfzig Mal so viel verkaufen, so daß man beinahe den Tag sehen kann, an welchem dieser litterarische Unflath ganz und gar verschwindet — wenn nicht aus besserem Grunde, doch wegen seiner Uneinträglichkeit als marktgängige Waare.

Vor dreißig Jahren waren „Chambers Journal“, die Verlags-Artikel der Society for the Diffusion of Useful Knowledge und einige andere die einzigen wöchentlichen Verlags-Artikel von Erfolg, die für die Kasse der Verfasser zu finden waren. Denen folgten Erzählungen in Mengen, von welchen viele von einem Manne, Namens Lloyd, aus London herausgegeben wurden, z. B. „Varney the Vampire“ oder „the Feast of Blood.“ Sie hatten einen bedeutenden Absatz, wurden aber schließlich von dem Markt verdrängt durch neue Verlags-Artikel einer besseren Gattung, wie der „Family Herald.“ Sie waren jedoch während ihres Erscheinens so gewinnreich gewesen, daß vor etwa sieben Jahren eine neue Ausgabe derselben versucht wurde, in der Hoffnung, daß eine neue Generation aufgewachsen sei, welche sie eben so gern kaufen würde wie die vorhergehende Generation; die Speculation schlug jedoch gänzlich fehl und „Varney the Vampire“ mußte sich mit dem größeren Theil seiner schlechten Gesellschafter, in die Flucht geschlagen, zurückziehen.

Neue Erscheinungen, so zahlreich, daß selbst die Nennung ihres Namens nicht in Betracht kommt, überfluthen das Land; viele von ihnen sind mit großer Geschicklichkeit geleitet und mit großem Kosten-Aufwand herausgegeben: der bedeutend größere Theil ist decent in Sprache und Empfindung; obgleich sie wenig beitragen zur Bildung eines richtigen Geschmackes, bemühen sie sich daher wenigstens Alles zu vermeiden, was zur Verderbniß der Sitten beiträgt. Bei seinen Zeugen-Aussage vor dem Select Committee (von dem Parlament bestimmtes Comite) im Jahre 1851 eingesetzt zur Untersuchung der Wirksamkeit des auf Zeitungs-Stempel bezüglichen Gesetzes, ist Mr. Abel Heywood aus Manchester sehr entschieden in seiner Ansicht, daß die guten Publicationen die schlechten niederhalten. „Sie sind der Meinung, daß die größere Nachfrage nach guten Zeitungen ist? — Ja“ — Nach Ihrer Ansicht ist die Zunahme in der Circulation die größeste in den besten Zeitungen? — Ja, ganz entschieden.“ — Weiter sagt Mr. Heywood: „Die schlechten Verlagsartikel werden versucht und eine Zeit lang fortgesetzt nach verschiedenen Methoden: nachdem sie tief in Schulden gerathen sind, sind sie zuletzt genöthigt aufzuhören und erschöpfen vielleicht zu gleicher Zeit den Herausgeber.“ Die folgende Frage, von Mr. Cobden gestellt, und die Entgegnung auf dieselbe, sind der Erwähnung werth: „Ist das Resultat Ihrer zwanzigjährigen Erfahrung in diesem Geschäft, daß Sie gefunden haben, daß die tadelnswerthen Verlagsartikel von kurzer Dauer sind und daß jene, welche von der höchsten wissenschaftlichen und moralischen Beschaffenheit sind, eine Tendenz haben in der Circulation zuzunehmen? — Ja.“

Die Zeitungs-Presse hat eine Ausbreitung erfahren, die ebenso außerordentlich ist wie die der billigen Zeitschriften-Litteratur. In einem geschickt geschriebenen Artikel in der „Westminster Review“, April 1829, ist viel Belehrendes enthalten über die Lage der hauptstädtischen Zeitungs-Presse. Zu jener Zeit gab es sechs Abend- und sieben Morgen-Zeitungen; von den ersteren circulirten täglich 11,000 Exemplare, von den letzteren 28,000, das sind 39,000 Exemplare als die volle Circulation der täglichen Londoner Presse. Von dem Verfasser jenes Artikels wird gerühmt, daß diese Anzahl eine Zunahme von 5000 Exemplaren täglich in sieben Jahren repräsentirt. Zu diesen rechnet der Verfasser hinzu 110,000 Exemplare von wöchentlichen Zeitungen, die des Sonnabends und Sonntags herausgegeben wurden, außer 250 Provinzial-Zeitungen, deren Circulation, mit Ausnahme einiger, nicht bedeutend war, und berechnet die Herausgabe im ganzen Königreich auf 500,000 Zeitungs-Exemplare wöchentlich. Und dieses, beschränkt und unbedeutend wie es scheint, wurde zu jener Zeit als Etwas angesehen, das, mit Ausnahme der Vereinigten Staaten von Amerika, jeden anderen Theil des Erdenrunds übertraf.

Wie man aus der Zeugen-Aussage verschiedener Zeugen ersehen wird, welche von dem Select Committee jenes Jahres zur Untersuchung der Wirksamkeit des Zeitungs-Stempel-Gesetzes vernommen wurden, hatte in der Zwischenzeit von 1832 bis 1851 eine beträchtliche Zunahme in der Circulation der Londoner täglich erscheinenden Zeitungen stattgefunden — die Times allein circulirte, nach der Angabe von Mr.

Mowbray Morris, in beinahe 39,000 Exemplaren täglich, während Mr. W. H. Smith, der große Zeitungs-Spediteur, im Ganzen die tägliche Ausgabe der Londoner Morgen- und Abendblätter auf 60,000 schätzte. Aber so wenig waren die intelligentesten Zeugen im Stande, sich eine Vorstellung von der Zukunft zu machen, daß Mr. Mowbray Morris in Beantwortung der Frage: „Ist es Ihre Ansicht, daß eine Penny-Zeitung nicht Erfolg haben würde in England wegen der Unkosten solche herzustellen, der bedeutenden Maschinen, und der Nothwendigkeit eines bedeutenden Capitals, das auf die Kosten für Einsammlung der nothwendigen Nachrichten verwendet werden muß?" erwiderte: „Ich kann das Eine nicht von dem Anderen trennen; die ganzen Unkosten, eine gute Zeitung zu liefern, machen es unmöglich, zu jenem Preise zu arbeiten." Für diese Erwiderung nehme man die folgenden Umstände als Commentar. Es giebt jetzt nach einem parlamentarischen Bericht, datirt vom Juli 1866, in England und Wales 1393 registrirte Zeitungen. Und vor Kurzem veröffentlichte eins dieser für Mr. Mowbray Morris „unmöglichen" Penny-Blätter — der Daily Telegraph — eine beglaubigte Angabe, welche seine tägliche Ausgabe auf 138,700 Exemplare feststellte; das giebt für dieses eine Blatt 823,000 Exemplare per Woche, oder 332,000 mehr, als die ganze Zeitungs-Presse von Großbritannien vor acht und dreißig Jahren lieferte.

Wir haben wenige Data für die Berechnung der Circulation der anderen Londoner täglichen Zeitungen; nimmt man aber den Morgen- und Abend-Standard, und den Morgen- und Abend-Star zusammen zu 900,000 Exemplaren die Woche, und die Times und den übrigen Theil der hoch im Preise stehenden täglichen Zeitungen zu 420,000 Exemplaren die Woche, so haben wir ein Brutto-Ergebniß von 2,118,000 Exemplaren gegen 360,000 im Jahre 1851, nicht zu sprechen von der bedeutenden Circulation der täglichen Zeitungen, welche in den Provinzen erscheinen, wie der Manchester Guardian, Manchester Examiner, Leeds Mercury, Newcastle Chronicle, und verschiedene andere gut geschriebene und weit verbreitete tägliche Journale, welche beträchtlichen Einfluß auf die öffentliche Meinung üben.

Diejenigen, welche den Versuch mit einer billigen Zeitung, ehe er angestellt war, mit Mißtrauen ansahen, müssen schwer zu belehren sein, wenn sie bis Jetzt nicht entdeckt haben, wie grundlos ihre Befürchtungen waren. Es kann keine Frage sein, daß in jeder Weise unsere Zeitungen jetzt besser sind, als sie es in den Tagen des Monopols waren, welcher Raum auch immer für Verbesserungen noch übrig bleiben mag. Trotz der vielen Sünden und Vernachlässigungen der Zeitungs-Presse, ist der

Arbeiter von Heute mit seinem großen Zeitungsblatt für einen Penny, durch ihre Hülfe ein Mann, der vollständiger informirt ist, besseres Urtheil und größere Sympathieen hat als der Arbeiter vor dreißig Jahren, welcher sich zufrieden geben mußte mit Geklatsch und Gerücht, und dessen Quelle für die Information über Staats-Ereignisse die abgenutzte Wochenzeitung des Wirthshauses war. „Ich denke," schreibt ein Geistlicher, dessen Leben edlen christlichen Bestrebungen gewidmet war, „daß die enorme Zunahme von Zeitungen eine große Macht auf die Erziehung geübt hat," und er fügt folgende merkwürdige Worte hinzu: „und ich denke auch, daß wenn wir den Leuten Wahl-Stimmen geben könnten, sie diese Zeitungen mit zehn Mal mehr Ernst und mit zehn Mal mehr Bedacht lesen würden."

Wir haben nur noch hinzuzufügen, daß während des Zeitraumes, welchen wir betrachten, jene billige Litteratur begleitet oder gefolgt worden ist von billiger Wissenschaft und billiger Kunst, von welcher jede für sich allein eine Geschichte, und zwar eine interessante, liefern würde. Der Verfasser dieser Zeilen erinnert sich lebhaft des aufrichtigen Stolzes, mit welchem ihm ein Arbeiter einmal erzählte, daß er die Ergießung des feingebeutelten Mehles aus dem Staubbeutel mit einem Penny Stanhope Linsenglas, welches er sich auf der Straße gekauft, beobachtet habe; er beschrieb auch seine Beobachtungen über Polypen in frischem Wasser (wie er erkärte, hatte er die schönsten derselben in seinem Wasser-Eimer gefunden — geliefert, in den guten alten Tagen in dem ungereinigten Wasser durch die Southwark and Vauxhall Company). Was ferner die Kunst betrifft, so braucht kein Leser erinnert zu werden, daß jetzt Holzschnitte als bloße Zugaben zu der billigsten Litteratur gegeben werden, welche selbst nach Entstehung des „Penny Magazine" ihren eigenen Preis gegolten haben würden.

§. 6. Erholungen der Arbeiter-Klasse.

Ein Gegenstand bleibt noch für unsere Betrachtung übrig, welcher die Ergebnisse der verbesserten Gesetzgebung betrifft in Bezug auf die durch dieselbe gewährten Erleichterungen für harmloses Vergnügen, und die Muße, welche dem Arbeiter für dessen Genuß gewährt ist. Um uns jetzt nicht aufzuhalten bei dem Wirthshause, so wagen wir nicht zu läugnen, daß die Vergnügungen der arbeitenden Klassen oft verderblich und herabwürdigend sind. Wir sehen, daß das Concert oder „harmonic meeting" (harmonische Versammlung) oft nur zu einer Anregung von Schwelgerei gemacht wird; daß das indecente pose plastique sich unter dem Schein von Kunst verbirgt; das grobsinnliche

Anatomische Museum unter den Schein von Wissenschaft; daß das „penny gaff" beinahe sprichwörtlich eine Schule des Lasters geworden ist; daß das „Casino" oft wenig mehr ist als das Vorzimmer des Bordells; daß das Beispiel, das in diesen Beziehungen von London gegeben wird, sich allmälig über alle Städte verbreitet. Aber nicht eine dieser Formen depravirenden Vergnügens, mag bemerkt werden, gehört dem Arbeiter eigenthümlich an; wo er sich an dieselben betheiligt, äfft er einfach dem Beispiel anderer Klassen nach, eine traurige Gemeinschaft an Verderbtheit und Laster mit ihnen in Anspruch nehmend. Dasselbe kann gesagt werden von der Verbreitung der Gewohnheit des Wettens unter der arbeitenden Klasse — eine Thatsache, die jetzt tief betrauert wird von ihren nachdenkenden Mitgliedern.

Andererseits können immer Gegengewicht haltende Einflüsse vorgebracht werden, zur Ausgleichung derer, welche wir erwähnt haben, wenn man weiß, wie sich ihrer bedienen. Man lese z. B. in der Transactions of the Social Science Association for 1866 die Abhandlung des energischen und populären Vicars zu St. Michael in Derby, des Rev. J. Erskine Clarke über „The Working Man's Saturday Night, its Bane and its Antidote" (des Arbeiters Sonnabend Nacht, ihr Gift und Gegengift); man sehe seinen Bericht über die Literary and Musical Entertainments" (wissenschaftliche und musikalische Unterhaltungen), welche von so großem Erfolg in den Töpfereien am Montag und Sonnabend in Derby gewesen sind, und welche unter dem Namen von „Penny Readings" (Penny-Vorlesungen) seitdem durch England sich verbreitet haben; ferner über die Dorf-, Local- und Dilettanten-Musik-Vereine, welche zu dem Zweck sich bildeten und gegen keinen anderen Entgelt als gegen eine kleine Erfrischung während des Abends spielen wollen. Solche Versammlungen wären vor fünf und dreißig Jahren wörtlich unmöglich gewesen. Das Gesetz, die Arbeits-Bedingungen, die Gewohnheiten des Volkes würden sie gleichmäßig verboten haben.

Das Volks-Interesse an „Penny Readings" ist jedoch im Stande, nach wenigen Jahren zu erschlaffen. Die einzige Quelle der Erholung, welche niemals versiegt, ist Musik, namentlich, wenn sie geistlichen Charakters ist. Obgleich sich innerhalb der letzten dreißig Jahre der Geschmack für Musik unter alle Klassen verbreitet hat, so ist es höchst bezeichnend gewesen, daß sich das Ohr des Arbeiters ihren Freuden erschlossen hat. Die Betrachtung jenes herrlichen Anwachsens von populärer Unterweisung in der Musik, welches ausschließlich dem Zeitraum angehört, über welchen wir Schau halten, könnte mit Recht einen

Platz auf den Seiten verdient haben, welche wir der Fortentwicklung des Unterrichts gewidmet haben; denn wir haben die volle Ueberzeugung, daß Musik eines der mächtigsten aller Bildungsmittel ist. Unter allen dergleichen Mitteln erfreut sie sich eines hervorragenden Privilegiums, welches sie außer ihrem Werth an und für sich, so zu sagen zum König der Vergnügungen macht — dessen, daß sie dem vollständig Unkundigen Vergnügen macht. Dem Unkundigen sind die Genüsse der Wissenschaft absolut verschlossen, ebenso die der Litteratur im eigentlichen Sinne des Wortes; selbst Gestalt und Farbe erfordern eine gewisse Bildung des Auges für ihre Würdigung. Außer allen jenen Schätzen des Genusses, welche sie dem gebildeten Ohr, der gebildeten Hand und Stimme vorbehält, hat Musik allein Reize für das Kind, selbst für den Schwachsinnigen. Wir verunglimpfen sie daher nicht, wenn wir sie eher als ein Vergnügen, wie als einen Gegenstand des Lernens behandeln.

Bei Nennung der Namen derjenigen, welche am Meisten beigetragen haben zu der Erziehung des Volkes für den angemessenen Genuß dieses Vergnügens — des von Mr. Hullah, welcher zuerst Unterweisung im Choral im großen Maßstabe organisirte, für dieselbe Anerkennung und Beistand der Regierung gewann, und welcher in der letzten Zeit so viel für die Verbreitung eines Geschmackes für die beste Musik gethan hat; des von Joseph Mainzer, welcher sich zuerst in unerschrockener Weise, vermittelst eines mäßigeren Honorar-Satzes für musikalischen Unterricht, an eine weit niedere Schicht der englischen Gesellschaft wendete, als die der sich Mr. Hullah genähert hat; des von Mr. Curven, freilich nicht der Gründer des tonischen Systems, aber doch der Schöpfer der „Tonic-Sol-Fa“, Schule für Gesang, die populärste von allen; des von Mr. Martin, welcher jetzt den Ruhm seines Lehrers, des Mr. Hullah, als Lehrer im Choral, verdunkelt hat — fehlt uns der Raum um selbst nur eine summarische Darstellung ihrer Anstrengungen zu geben. Indem wir uns auf das Tonic-Sol-Fa-System beschränken, als dasjenige, welches sich vornehmlich an die Arbeiter-Klasse wendet, können wir sagen, daß im Jahre 1862 Berichte gegeben wurden über 94,371 Schulen, welche in dem System unterwiesen wurden; daß die Total-Anzahl solcher Schüler (von einer ungeheueren Anzahl von Klassen waren keine Berichte zu erlangen) auf 125,000 berechnet wurde ausschließlich der vielen Hundert Tausende, die das System erlernt und aufgehört hatten, die Klasse zu besuchen; daß die jährliche Zunahme der Zahl noch 5—10 Procent beträgt; daß die Adressen von über 1800 Lehrern bekannt sind. „Sie mögen berücksichtigen," schreibt Mr. Curven selbst, „daß beinahe alle unsere Schüler der Arbeiter-Klasse angehören. Eine Anzahl unserer Lehrer, namentlich in London und Glasgow, hat Engagements für den Unterricht der Schulen der Mittel-Klassen und Einige derselben sind Eigenthümer solcher Schulen. Das allgemeine Zeugniß in diesen Fällen lautet, daß die jungen Ladies und jungen Gentlemen, wie sie genannt werden, nur mit äußerster Schwierigkeit und mit langer Geduld im Singen unterrichtet werden. Der Unwille und die Trauer eines Tonic-Sol-Fa-Lehrers (welcher bisher in Ragged Schools, National Schools, British Schools und in gewöhnlichen Abend-Schulen Unterricht gegeben hat) ist, wenn er zu einer Mittel-Klassen-Schule kommt, ziemlich auffallend."

„Ich stimme durchaus nicht überein," fährt der verehrte Verfasser fort, „mit dem Schreiber in dem „Westminster," welcher sagt, daß der größere Theil unserer arbeitenden Klassen keinen nennenswerthen musikalischen Geschmack hat. Es ist richtig, daß sie Gefallen finden an Christy's Minstrels Lieder*) und an deutscher mehrstimmiger Musik; es ist aber auch richtig, daß sie die schönsten Englischen vierstimmigen Lieder (glees), und Hirtenlieder schätzen, daß Händel einen Enthusiasmus hervorruft aus der tiefsten Tiefe ihrer Seele und daß, obgleich im geringerem Umfange, sie im Stande sind die feine musikalische Empfindung Mozarts und Mendelsohns zu würdigen. Was meine Tonic-Sol-Fa-Freunde betrifft, so kann ich die lebhafte Zunahme dieses höheren Geschmacks beweisen durch den Nachweis des vermehrten Absatzes der besten glees, Hirtenlieder, Cantaten und Oratorien, welche ich herausgebe. Ganz kürzlich hörte meine Klasse an Anderson's Universität in Glasgow (welche hauptsächlich aus Arbeitern bestand) mit der größesten Aufmerksamkeit eine Fuge von Bach an; sie achtete auf die Behandlung des Punkts und Contra-Punkts und zeigte durch ihre eifrigen Blicke während der Darstellung und durch ihren starken Beifall nachher, daß sie die Theile vollständig verstand, auf welche ich ihre Aufmerksamkeit gelenkt hatte und durch und durch den alten Leipziger Organisten verstand. Und jetzt haben wir Tonic-Sol-Fa-Saiten-Instrument-Spieler, welche Corelli, Pleyel und Haydn anfangen zu spielen, und das mit Wohlgefallen.

Außer der musikalischen Schule, wo der Preis gering ist, reihen sich Arbeiter unter die Besucher aller Volks-Concerte, selbst wenn die

---

*) Christy's Minstrels Songs eine bekannte und sehr beliebte Sammlung Amerikanischer Volks- und Kriegslieder. Anmerkung des Uebersetzers.

Musik von dem classischesten und strengsten Charakter sein sollte. Wenige Londoner Fabrik-Arbeiter der höchsten Klasse ließen sich vielleicht heutigen Tages finden, welche nicht einmal in ihrem Leben eine Italienische Oper gehört haben; eine geringe Minorität hat an dieselbe Vergnügen gefunden und den Versuch wiederholt. Geistliche Musik ist jedoch diejenige, welche im Allgemeinen die Arbeiter am Höchsten schätzen, und sie tragen in wirksamer Weise dazu bei, daß andere Klassen sie ihrer Seits schätzen; es ist ein wohlbekanntes Factum, daß beinahe alle großen musikalischen Chöre in den Provinzen — die in Glasgow, Bradford, Manchester, und selbst, obgleich in geringerer Ausdehnung, in London — großen Theils aus Arbeitern und Arbeiterinnen zusammen gesetzt sind. Den Bradford Chor, welchen Mr. Costa nach Leitung einer Aufführung des Messias durch denselben für den besten erklärte, den er jemals gehört hatte, besteht, wie uns berichtet wird, gänzlich aus Fabrik-Arbeitern. In Manchester, erzählt uns Mr. Curven, „nennt man Mr. Hallé's wohl eingeübten und berühmten Chor Charles Hallé Spinnerei-Mädchen."

Für die jungen und kräftigen Leute giebt es jedoch Erholungen, welche mehr Anziehungskraft haben und in physischer Beziehung von größerer Wichtigkeit sind, als Musik. Niemand kann in den letzten Jahren übersehen haben die Wiederauflebung gesunder Spiele und athletischer Uebungen, selbst unter unserer städtischen Bevölkerung. Die Tage sind geschwunden, wo Kegelspiel beinahe das einzige einige Kraft in sich schließende Spiel war, welches dem Arbeiter bekannt war. Die Verbreitung des Cricket (Schlagball-Spiel) ist äußerst bezeichnend gewesen. Die Londoner cooperativen Vergolder kürzten, wenn sie gut im Zuge waren, ihre Sonnabend-Arbeit ab, um Cricket zu spielen und spielten zur Abwechselung auch um Geld. Das Interesse, das durch die Boot-Wettfahrten zu Oxford und Cambridge angeregt worden ist, ist im Ganzen ein überaus gesundes und durch die Verbreitung des Geschmacks für das Rudern hat es wahrscheinlich manch einen jungen Londoner Arbeiter vor gefährlichen Versuchungen bewahrt; Ruder-Clubs, ebenso wie Cricket-Clubs entstehen jetzt überall, wo Arbeiter in einiger Anzahl sich in dem Bereich eines Flusses zusammen finden. Wurfscheiben-Spiele und deutsche gymnastische oder „Turner"-Uebungen verbreiteten sich ebenfalls und gewähren die Hoffnung, daß die folgende Generation oder die dieser folgende eine städtische Bevölkerung aufziehen wird, die von besserer physischer Kraft ist, als die jetzige.

Zum Schluß können wir nur hindeuten auf jene „Excursionen," welche namentlich in den Fabrik-Districten so populär sind und in einem bedeutenden Umfange die Kirmesse, Jahrmärkte, kirchlichen Feste u. s. w. verdrängt haben, die früher die einzigen Vergnügungen für den Arbeiter außerhalb seiner Stadt waren. Die Lancashire Kirmesse waren einstmals sehr zahlreich. Der Eccles Kirmeß allein bewahrt sich noch viele Popularität. In Yorkshire sollen die kirchlichen Feste in den letzten Jahren mehr besucht gewesen sein und manche Unordnung entstehen lassen. Aber wie viele Arbeiter, welche früher niemals in dem Fall waren, London oder die See zu sehen, und darum veranlaßt waren ihre Zerstreuung auf solche Weise zu suchen, sparen jetzt ihr Geld zu einem Ausflug nach einem entfernten Theil des Landes, nach der Hauptstadt, ja selbst für einen Besuch eines fremden Landes, einer Pariser Ausstellung.

Die interessantesten solcher Ausflüge sind jedoch die ganzer Fabriken auf einmal. Es giebt kaum eines unserer großen Geschäftshäuser in irgend einem Gewerbe oder Geschäft, welches nicht seinen Arbeitern jährlich ein Fest giebt, gewöhnlich an irgend einem ländlichen Besuchs-Ort. Es ist das große Ereigniß des Jahres — auf das hingesehen wird von dem Morgen des letzt vorhergehenden an. Jede cooperative Arbeiterschaft hat ein solches beinahe als selbstverständlich. Die Excursionen der Londoner Vergolder bilden schon ein Odyssee. Obgleich die allgemeine „college“ Excursion des London Working Men's College eine etwas zahme Affaire ist und selten sich herauswagt, so zerstreut sich doch, wenn der Herbst heranrückt eine immer zunehmende Anzahl von Schülern in kleinen Schaaren, bisweilen von nur zwei und drei, bisweilen von sieben oder acht, weit und breit über das Land, geht selbst hin und wieder über den Canal, bringt mit sich, neben gekräftigter Gesundheit einen Vorrath von neuen Erinnerungen und neuen Gedanken und eine Kraft von Assimilation mit anderen Klassen, welche niemals innerhalb der vier Pfähle der Werkstatt hätte gewonnen werden können.

Abgesondert jedoch von dem geselligen Vergnügen in seiner verschiedenen Gestalt, von dem verfeinertsten bis zu dem geräuschvollsten, müssen wir ein Wort richten an jene sehr vielversprechende und gleichzeitig sehr interessante Entdeckung der verschiedenen Weisen, in denen der englische Fabrikarbeiter stille Erholung von seiner Arbeit findet, welche in den letzten Jahren von der sogenanten „Industrie-Ausstellungen“ geliefert wird — bereits, wie erwähnt, eine anerkannte Institution des Landes, seitdem sie den Schutz eines besonderen Gesetzes gewonnen haben.

Bei den gewöhnlichen Beschäftigungen der Werkstatt finden offenbar viele Arbeiter, daß sie Geschmack und Fähigkeiten besitzen, deren nicht Genüge geleistet wird durch die laufende Arbeit, in welcher sie regelmäßig beschäftigt sind. Don Quixote war überzeugt, daß, wenn er nicht zur Unterstützung unglücklicher Jungfrauen und zur allgemeinen Abbestellung von Unbill berufen gewesen wäre, er excellirt haben würde in der Anfertigung von Mäusefallen und Vogelbauern. Wie es sich mit dem erlauchten Ritter verhielt, so verhält es sich mit den Arbeitern unserer Fabriken und Werkstätten. Von den Dichtern unter ihnen braucht Nichts gesagt zu werden; weder die Leiden der Armuth, noch die schmutzige Beschäftigung der Arbeit kann ihre Stimmen zur Ruhe bringen; bis aber diese industriellen Ausstellungen ihre Thüren öffneten, ließ sich kaum vermuthen, wie viel Muße des Arbeiters Bestrebungen gewidmet war, welche, wenn sie auch keinen höheren Zweck erfüllten, doch diejenigen, welche solchen nachhingen, vor der Besudelung und den verderblichen Extravaganzen des Wirthshauses bewahrten. Ob nun das Resultat ist, daß der Arbeiter den Fortschritt in seinem eigenen Gewerbe zur Ausstellung bringt, seine Fähigkeit, eine Arbeit zu produciren, welche in den alten Tagen der Zünfte ein Meisterstück genannt sein würde, oder seine Anlage für meisterhafte Vollkommenheit in irgend einem Arbeits-Zweige, der mehr oder weniger fern liegt der Sphäre seines täglichen Handwerks, man muß doch bekennen, daß diese Ausstellungen eine große Menge verborgener Kräfte in der Arbeiter-Klasse geweckt haben, nicht nur von Erfindungsgeist und Scharfsinn, sondern noch mehr von Ausdauer im Nachdenken und von selbstthätiger Anpassung an die neuen Verhältnisse der Arbeit.

Fassen wir Alles in Allem zusammen, so gelangen wir zu dem Glauben, daß die Fortentwicklung des Arbeiters in Nichts größer gewesen ist während der letzten fünf und dreißig Jahre als in der Erlernung des Genusses harmloser, gesunder und rationeller Weisen der Erholung.

Fünfter Abschnitt.

Leistungen der arbeitenden Klasse ohne das Gesetz.

Wir haben etwas von Dem gesehen, was die arbeitenden Klassen seit dem Jahre 1832, unter Begünstigung des Gesetzes geleistet haben. Es bleibt nur nachzuweisen übrig, was sie fähig waren zu leisten, wo das Gesetz sie nicht begünstigte oder wenigstens ihnen nur ein äußerst kurzes Maß von Schutz für Unternehmungen gewährte.

§ 1. Arbeiter-Vereine.

Unter diesen Unternehmungen ragen natürlich die Arbeiter-Vereine (Trade Societies) hervor. Ohne in einer Erörterung über den Ursprung dieser Körperschaften einzugehen, können wir sagen, daß im Jahre 1832 ihre Zwecke in der Aufrechthaltung der Löhne und in der Beschränkung des Zuströmens von Lehrjungen bestanden. Jetzt jedoch unterstützen sie häufig ihre Mitglieder bei Krankheit, bezahlen die Begräbniß-Kosten bei Todesfällen, leisten denen Beistand, welche außer Arbeit sind und geben, in manchen Fällen, bedeutende Summen an solche ihrer Mitglieder, welche durch Unglücksfälle arbeitsunfähig sind, so wie auch jährliche Zahlungen an solche, welche durch Alter zur Arbeit untauglich werden.

Als der größeste einzelne Arbeiter-Verein kann die „Amalgamated Society of Engineers, Machinists, Millwrigths and Pattern-Makers (Verbündete Gesellschaft der Maschinenbauer, Maschinisten, Mühlenbauer und Muster-Verfertiger) angesehen werden, welche im Jahre 1851 gegründet wurde. Der Verein hatte das Jahr vor der großen Fabrik-Schließung (lock out) 11,829 Mitglieder und eine Balance in baarem Gelde von 21705 Pfd. St. 4 Sh. 11½ P. Jener ungestüme Kampf mit den Arbeitgebern brachte im Jahr 1853 die Anzahl der Mitglieder auf 9737 und den Reserve-Fond auf 17,812 Pfd. St.

herunter. Voriges Jahr zählte dieser riesige Verein 30,980 Mitglieder, mit einem Einkommen von 75,672 Pfd. St. 6 Sh. 2 P. und einer reinen Balance von 115,757 Pfd. St. 13 Sh. 10 P. Derselbe hatte 229 Zweig-Vereine in England und Wales, 32 in Schottland, 11 in Irland, 6 in Australien, 2 in Neu-Seeland, 5 in Canada, 1 in Malta, 8 in den Vereinigten Staaten, 1 in Frankreich (zusammen 295). Der Total-Betrag, der in 15 Jahren von ihnen ausgegeben wurde, beläuft sich auf 484,717 Pfd. St., nämlich 279,840 Pfd. St. Unterstützung an solche, welche sich außer Arbeit befinden, incl. Strikes; 115,127 Pfd. Sterling Kranken-Unterstützung; 26,935 Pfd. St. an quiescirte Arbeiter, 12,400 Pfd. St. für Unglücksfälle u. s. w.; 34,600 Pfd. St. an Begräbnißkosten; 9415 Pfd. St. Unterstützungen an andere Gewerbe und 6400 Pfd. St. Wohlthätigkeits-Schenkungen.

Der Verein ist noch im Wachsen, denn Mr. William Allan, der Secretär desselben, gab bei seiner Vernehmung vor der Lohn-Garantie-Vereins-Commission (Trades Union Commission) am 19. März 1867 an, daß er jetzt 33,599 Mitglieder in 308 Zweig-Vereinen hätte.

Die Amalgamated Society of Carpenters and Joiners (Verbündeter Verein der Zimmerleute und Tischler), dessen Geschichte vom Professor Beesly in der Fortnigthly Review gegeben ist, liefert ein anderes Beispiel von diesen ungeheuren Arbeiter-Organisationen. Viel jünger als der Verein der Maschinenbauer, da er im Jahre 1860 gegründet wurde, ist er doch rasch in die Höhe gewachsen. Er hatte im December 1860 in 20 Zweig-Vereinen 618 Mitglieder und einen baaren Fond von 321 Pfd. St. 3 Sh. 2½ P. und im December 1866 in 187 Zweig-Vereinen 8002 Mitglieder und einen baaren Fond von 13,052 Pfd. Sterl. 4 Sh. 3½ P. Seine Ausgaben, ähnlich denen des vorher erwähnten Vereins beliefen sich in dem letzten Jahr auf 11,808 Pfd. St. 9 Sh. ½ P.

Ein anderer und viel älterer Verein in demselben Gewerbe ist die „Operative House Carpenters' and Joiners' Society" welche vor vierzig Jahren gegründet worden ist; nach Angabe ihres Secretärs, Mr. Last, bei seiner Vernehmung vor der Trades Union Commission (9. April 1867) zählt dieser Verein 10,000 Mitglieder und 150 Zweig-Vereine. Während des vergangenen Jahres hatte er 2504 neue Mitglieder aufgenommen.

Die Friendly Society of Operatives Masons (Unterstützungs-Verein der Maurer-Arbeiter) hatte nach Angabe ihres Secretärs, Mr. Richard Harnett (26. März 1867) im November 1866 17,762 Mitglieder, 278 Zweig-Vereinen, ein Einkommen (1865–66) von 17,746 Pfd. 4 Sh. 11½ P. und einen baaren Fond von 12,334 Pfd. St. 8½ P.

Die Operative Bricklayers Society (Verein der Ziegelstreicher) hatte im vergangenen December 5700 Mitglieder (das ist eine Zunahme von ungefähr 700 in einem Jahr) 96 Zweig-Vereine, ein Einkommen (1865—66) von ungefähr 2700 Pfd. St. und einen baaren Fond (im December 1866) von ungefähr 3200 Pfd. St. Ein anderer Ziegelstreicher-Verein die „Friendly Society of Operative Bricklayers" in Sheffield hat 5254 Mitglieder, ein Einkommen (im Jahre 1866) von 5964 Pfd. St. 5 Sh. 2½ P. und einen baaren Fond von 3649 Pfd. St. 15 Sh. 8 P., laut des letzten Berichts seines Secretärs vom 9. April 1867.

Die National Association of Plasteners (National-Association der Gipsgießer) hatte nach Angabe ihres Secretärs Mr. Charles Williams (20. April 1867) 8000 Mitglieder; 1200 Pfd. St. jährliches Einkommen und einen Fond von ungefähr 2000 Pf. St.

Andere Vereine von 5000 Mitgliedern und darüber, die auf der Sheffield Conferenz der Delegirten der Arbeiter-Vereine im vergangenen Jahr, oder auf den Conferenzen zu Manchester und London im gegenwärtigen Jahre vertreten waren, sind folgende:

The Amalgamated Tailors of England (die verbündeten Schneider von England) in Manchester, 11,060 Mitglieder.

The Friendly Society of Ironfounders of England, Ireland and Wales (der Unterstützungs-Vereine der Eisengießer u. s. w.), 10,669 Mitglieder.

The Boilers and Iron-Ship-builders (die Dampfkessel-Arbeiter und Eisen-Schiff-Bauer) 9000 Mitglieder.

The Tailors Protective Association (die Schutz-Association der Schneider) in London, 7000 Mitglieder.

The East Lancashire Power Loom Weavers (die Maschinen [d. h. mit Dampfkraft getriebene] Webestuhl-Weber von Ost-Lancashire), 6000 Mitglieder.

The Northern Association of Cotton Spinners) die Nördliche Association der Baumwollen-Spinner) 6000 Mitglieder.

The Amalgamated Iron Workens (die verbündeten Eisenarbeiter) 5000 Mitglieder.

The Associated Carpenters and Ioiners of Scotland (die Associirten Zimmerleute und Tischler von Schottland) 5000 Mitglieder.

The Power Loom Weavers (die Maschinen-Webstuhl-Weber) in Blackburn, 5000 Mitglieder.

Eine andere bedeutende und interessante Körperschaft ist die „National Association of Coal-mine and Ironstone Miners of Great Britain“ oder die „Miners National Association“ (die National-Association der Kohlengruben-Arbeiter und der Eisenstein-Bergwerk-Arbeiter von Großbritanien oder die National-Association der Bergleute); die Verhandlungen auf deren „General-Conferenz“ zu Leeds im November 1863 bilden einen Band von 147 Seiten und sind in London (Longman) und in Leeds erschienen. Kein werthvolleres Document kann entworfen werden in Bezug auf den Geist der Selbsthülfe, der unsere arbeitenden Klassen durchweht. Die vertretenen Districte waren Northumberland und Durham, Middlesborough-on-Tees, Schottland, West-Yorkshire, Süd-Yorkshire, Wigan, Ost-Worcestershire und Süd-Staffordshire, Nord-Staffordshire, West-Bromwick, Worsley, Farrnworth und Kearsley, Süd-Wales, Nord-Wales, Willenhall, Wednesbury und Darlaston. Unter den erwähnten Beamten befand sich sogar ein Caplan, Rev. J. H. Stephens, und unter den durchgegangenen Resolutionen befand sich eine, daß die Executive bevollmächtigt sein soll, Geld-Erhebungen von den Mitgliedern zu machen zur Führung der Geschäfte der Association; die auf einmal vorhandene Summe soll sich niemals unter 100 Pfd. St. und niemals über 1000 Pfd. St. belaufen. Wie bereits bemerkt, ist diese Körperschaft von der Natur einer Förderation von Arbeiter-Vereinen; ihre gegenwärtige Anzahl von 36,000 Mitgliedern (welche weit unter der Wirklichkeit ist, wie uns versichert wird); schließt Vereine von beträchtlicher Größe in sich, wie z. B. die „South Yorkshire Miners Association“ und die „Derbyshire and Nottinghamshire Miners“ (Association der Süd-Yorkshire Bergwerk-Arbeiter und Derbyshire und Nottinghamshire Bergwerk-Arbeiter), beide vertreten auf der Conferenz zu Manchester, die eine für 5000, die andere für 7000 Mitglieder.

Ferner die „Engine Drivers and Fireman's United Society“ (die vereinigte Gesellschaft der Maschinenführer und Heizer), ein Verein, welcher kürzlich eine hervorragende Stellung gewonnen hat; derselbe zählt jetzt 64 Zweig-Vereine, ungefähr 15,000 Mitglieder und hat über 1800 Pfd. St. jährliches Einkommen.

Wie man sieht, umfassen die achtzehn eben aufgezählten Vereine allein 201,690 Mitglieder; außer diesen existiren viele große Gesellschaften, welche auf keiner der genannten Conferenzen vertreten waren; auch sind sie nicht zur Abhörung vor der Commission für die Lohn-Garantie-Vereine (Trades Union Commission) gewesen. Wenigstens 100,000 Mann, die den kleineren Vereinen angehören, waren auf einer oder der anderen dieser Conferenzen repräsentirt, und doch muß die große Masse dieser kleineren Vereine durchweg unvertreten geblieben sein. Kein Versuch, die Zahl der Mitglieder zu übertreiben, existirte, seitdem die Kosten solcher Conferenz durch eine Geld-Erhebung nach Köpfen bestritten wurde. Die Arbeiter-Verein-Leute schätzen selbst ihre Anzahl auf 700,000; wir werden sicherlich unter der Wirklichkeit bleiben, wenn wir sie auf 500,000 berechnen.

Aber sogar die verbündeten Gesellschaften selbst geben keinen Maßstab für die Organisationskraft und die Fähigkeit für sociale Thätigkeit, welche von dem Arbeiter auf diesem seinem eigenen besonderen Gebiete manifestirt werden. Manche Städte haben locale Associationen, welche von abgesonderten Vereinen gebildet sind. Solche sind the London Trades Council (der Londoner Gewerk-Verein), der 60,000 Mann repräsentirt; the Sheffield Association of Organized Trades (die Association der organisirten Gewerke in Sheffield), 5000 Mann und 33 Gewerke umfassend, the Amalgameted Trades of Preston (die verbündeten Gewerke von Preston), the Associated Trades of Hyde, the Association of Organized Trades of Derby, the Bristol Associated Trades, the Halifax Trades Council, the Organized Trades of Nottingham, the Tailors, Shoemakers, Bricklayers and Plasterers in Barrow-on-Furneß, the United Trades Protection Association in Liverpool, the United Trades of Warrington, the Wolverhampton Trades Council — alle vertreten auf der Conferenz zu Sheffield. Einige dieser Gesellschaften sind von alter Dauer, so liegt uns vor der zwölfte Jahresbericht der Liverpool Trades Guardian Association für das Jahr 1857—58, von der wir annehmen, daß sie dieselbe ist mit der gegenwärtigen United Trades Protection Association of Liverpool, die wir oben genannt haben. Ein anderer alt begründeter Verein derselben Gattung, der nicht auf den früheren Conferenzen vertreten war, ist the Glasgow Council of United Trades (6000 Mitglieder,) welcher dem Commite der Social Science Association für Arbeiter-Vereine bei seinen Nachforschungen wesentliche Dienste leistete; derselbe erschien in St. Martins Hall mit zehn anderen, meistens bereits genannten, darunter der bedeutende Manchester and Salford Trades Council (10,000 Mitglieder).

Diese Conferenzen, sei es von einzelnen Gewerken als ein Ganzes, oder von vielen Gewerken vereint, welche bisweilen in bestimmten Zwischenräumen, bisweilen bei bestimmten Veranlassungen gehalten werden, sind nicht weniger interessant, als ihre Geschäfts-Organisationen. Außer der oben erwähnten Conferenz der Bergwerk-Arbeiter erzählt uns der so eben citirte Bericht des Committee der Social Science Association für Arbeiter-Vereine, von der Conferenz der Schiffbauer, welche in London vom 23.—27. Juni 1858 tagte um die United Kingdom Amalgamated Society of Shipwrights zu bilden; dieselbe war von ein und funfzig Delegirten aus drei und funfzig Häfen besucht, welche in Allem 11,766 Mitglieder repräsentirten. Die Statuten der „Flint Glass Makers Friendly Society“ (Unterstützungs-Vereine der Krystallglasmacher) wurden auf einer Conferenz revidirt, welche im Juni 1858 gehalten wurde. Noch merkwürdiger jedoch waren die drei oben erwähnten General-Conferenzen, zu Sheffield im Juli 1866, wo accreditirte Delegirte für Vereine zugegen waren, welche 180—200,000 Mitglieder umfaßten, und auf der eine „National Association of Organized Trades“ (Nationale Association organisirter Gewerke), gegründet wurde, welche jetzt die United Kingdom Alliance of Organized Trades“ heißt; zu Manchester im Januar 1867, gehalten vor dem zuletzt genannten Verein, auf welcher 59,750 Mitglieder vertreten waren; die Gewerke-Conferenz in St. Martins Hall im März 1867, auf welcher über 192,000 Mitglieder vertreten waren; die angegebenen Zahlen sind wahrscheinlich im Ganzen eher unter als über der richtigen Zahl. Ob die allgemeine Verbindung der „United Kingdom Alliance of Organized Trades“ im Stande sein wird ihren Boden zu behaupten (ähnliche Versuche sind in früheren Jahren fehlgeschlagen), muß die Zeit lehren. Im Vergleich mit den Zahlen, welche wir gegeben haben, ist sie noch nicht von großer Bedeutung, da sie nach einer Veröffentlichung vom 13. Februar nur 68 Gewerke und 61,203 Mitglieder umfaßte, für welche Eintrittsgeld bezahlt worden war. Doch bleibt das Factum bestehen, daß ungefähr 1 von 10 von den 5—700,000 Vereins-Mitgliedern dieses Landes jetzt einer Verbindung angehört, welche die Körperschaft umfaßt, welcher er durch seine Gewerbe als Mitglied angehört. Auch dürfen wir nicht eine weitere Entwicklung der Arbeiter-Vereins-Thätigkeit übersehen. Auf der oben erwähnten Conferenz zu Sheffield war die „Internationale Arbeiter-Association,“ welche 12,000 Mitglieder umfaßt, durch zwei Delegirte vertreten; und ein Arbeiter-Congreß wurde (im November 1866) zu Genf gehalten, auf welchem die englischen Deligirten die entschiedene Führerschaft übernahmen, den Verhandlungen Gestalt gaben und die meisten Resolutionen durchbrachten, welche sie vorschlugen, indem sie sich als die am meisten practische und geschäftsgewandte Gruppe auf dieser eigenthümlichen Versammlung bewiesen, auf welcher anderer Seits die französischen Delegirten durch einen funfzehnjährigen Despotismus entnervt, den

Beweis lieferten, daß sie unter das Niveau der Geschäftsfähigkeit der anderen continentalen Arbeiter gesunken sind.

Angesichts der Zahlen, welche wir citirt haben, der öffentlichen Mittheilungen, auf welche wir uns bezogen haben, der Zeugen-Aussage, welche vor der Commission der Lohn-Garantie-Vereine gegeben worden ist, muß die Beschuldigung der Geheimhaltung, welche von Alters her gegen diese Körperschaften erhoben worden ist — und die ohne Zweifel gerechtfertigt war, so lange das Gesetz sie verbot — verschwinden (der Fall in Sheffield natürlich ausgenommen). Es ist schwer für die Delegirten von 100—200,000 Mitgliedern, heimlich zu irgend einer Zeit zusammen zu treffen; sicherlich nicht, wenn sie in öffentlichen Räumen und Hallen in Confrenzen unter dem Auge von Zeitungs-Berichterstattern zusammentreten und ihre Verhandlungen nachher vor der ganzen Welt veröffentlichen. Auch kann Nichts freimüthiger sein, als das Zeugniß der Beamten dieser Vereine vor der Commission. Der Secretär der verbündeten Maschinenbauer hat das ungedruckte Reglement vorgelegt, welches den Candidaten, welche sich um die Zulassung bewerben, vorgelegt wird; mag man nun dasselbe als schlechte oder gute Statswirthschaft betrachten, sicherlich hat es nichts Verbrecherisches an sich. Zwar wird alle die Organisations-Kraft, statt als ein Beweis für sociale Entwicklung aufgenommen zu werden, von Manchem nur als ein Grund zur Unruhe für andere Klassen angesehen. „Ich will nicht auf die Strikes Bezug nehmen," sagte Mr. Lowe in seiner Rede am 3. Mai 1865 über Mr. Baines Reform-Antrag, „aber es ist, behaupte ich, unmöglich zu glauben, daß die Maschinerie, welche gegenwärtig in Zusammenhang mit Strikes in Bewegung gebracht wird, von den arbeitenden Klassen nicht für politische Zwecke verwendet werden sollte. Man gebe einmal den Leuten Wahlstimmen und die Maschinerie ist fertig, um jene Wahlstimmen in einer compacten Masse von Stapel laufen zu lassen gegen die Institutionen und das Eigenthum des Landes." Als wenn der verbündete Verein der Maschinenbauer mit seinen 30,000 Mitgliedern, welcher im Jahre 1865 14070 Pfd. St. ausgab an Schenkungen, Reisegeld an Mitglieder bei Uebernahme von Stellungen, und an Wohnungen der nicht unabhängigen Mitglieder, 13,785 Pfund Sterling für Kranken-Unterstützung, Pfleger und medicinische Atteste, 4887 Pfd. St. für Begräbniß-Kosten, 1860 Pfd. St. für Unglücksfälle nicht eine „Institution" wäre. Als wenn Arbeiters Arbeit nicht eben so gut „Eigenthum" wäre, wie jenes Capital, dessen Aufhäufung sie ermöglicht. Als wenn es schiene, als wollten die großen Arbeiter-Vereine ihr Capital von Tausenden von Pfunden anhäufen — zehn Tausende sogar wie es bei den Maschinenbauern der Fall ist, die über 100,000 Pfd. St. haben — die, wie von vielen derselben geschehen ist in den Post-Amt-Spar-Banken zu 2½ Procent angelegt sind; und als wollten sie zehn Tausende von Wittwen, Kranken, Bejahrten und Schwachen abhängig machen von ihren Fonds, um Wahlstimmen in compacter Masse von „Stapel zu lassen" gegen Institutionen oder gegen Eigenthum. Die Verläumdung ist eine so abgeschmackte, daß es sicherlich eines nicht reformirten Hauses der Gemeinen bedurfte, um auf dieselbe zu lauschen; es führt zu weit, wollten wir die Arbeiter-Vereine rechtfertigen bei Beanspruchung eines solchen Maßes von politischer Reform, daß derartige Aeußerungen fernerhin unmöglich gemacht werden können.

Wir wollen nicht sagen, daß Arbeiter-Vereine immer einen guten Gebrauch von ihrem Gelde machen — welche Klasse von Menschen, ja, welcher Einzelne thut dieses? Wir wollen nicht leugnen, daß ein bedeutender angehäufter Fond oft einen Verein zu einem Strike verleiten kann; macht aber nicht manch einer Sprünge mit seinem Gelde, wenn er dessen zu viel hat? Wir sagen nicht, daß Strikes immer weise und von glücklichem Erfolg sind — nicht mehr als Fabrik-Schließungen (lock-outs). Wir sehen beide als öffentliche Schädlichkeiten an und als Nachtheile, die gewöhnlich beide betheiligte Parteien treffen; denn Kämpfen ist im allgemeinen Thorheit und kostet mehr als es einbringt. Wir beabsichtigen nicht zu bestreiten, daß Arbeiter-Vereins-Reglements oft verderbliche oder unbillige Praxis sanctioniren oder sogar einschärfen; sind Arbeitgeber immer angetrieben von unfehlbarer Weisheit und dem reinsten Wohlwollen in ihrem Geschäftsverkehr mit ihren Kunden? Bei dem gegenwärtigen Zustand der englischen Gesellschaft können wir nicht wünschen, daß solche Körperschaften nicht existiren; wir glauben, daß die Uebel, welche sie erzeugen — und sie sind oft unzweifelhaft groß — überwogen werden von den Vortheilen, welche sie auf den Arbeiter und durch ihn auf die Gesellschaft übertragen. Einige derselben wollen wir kurz aufzählen.

Die Anzahl von Arbeiter-Vereinen, welche mit den gewöhnlichen Zwecken zur Beförderung des gegenseitigen Wohls in Zusammenhang stehen, ist sehr groß. Die oben angegebenen Zahlen für die verbündeten Vereine der Maschinenbauer und Zimmerleute kann eine Vorstellung geben von dem Umfang, bis zu welchem solche Körperschaften die Thätigkeit eines gewöhnlichen Unterstützungs-Vereins ausdehnen können. Im allgemeinen gesprochen deckt eine Beisteuer alle die Zwecke des

Vereins. In anderen Fällen giebt es abgesonderte Fonds und selbst ohne wirkliche Absonderung kann die Zahlung für einen oder den anderen Zweck der Wahl überlassen sein; wie bei der „Friendly Society of Operative Masons“, bei welcher ein Arbeiter, um dem Kranken-Fond anzugehören, 3½ P. (3 Sgr.) wöchentlich mehr bezahlt, als wenn er dem Arbeiter-Vereins-Fond allein angehört. Die Zahlungen für Unterstützungs-Vereins-Zwecke können ganz und gar die für Arbeiter-Vereins-Zwecke überwiegen, wie in der „Friendly Society of Operative Bricklayers of Sheffield,“ wo von einer jährlichen Ausgabe von 4500 Pfd. St. ungefähr 2800 auf Unterstützungen bei Todesfällen und Unfällen gehen, obgleich nicht einmal ein Kranken-Fond vorhanden ist; und wie bei der „Manchester Operative House Painters Alliance,“ wo (bei dem Mutter-Verein) 24 Pfd. St. für Strikes, und 199 Pfd. St. für Begräbnisse, Unfälle und andere Unterstützungen gezahlt sind.

Die Liste der zur Beförderung gegenseitigen Wohls gegebenen Unterstützungen variirt bedeutend; sie umfassen gemeiniglich Krankheit, Unglücksfälle und Altersschwäche — bisweilen Auswanderung oder Versicherung des Handwerkzeuges; außerdem Reisen und gewöhnliche Arbeitslosigkeit; man wird sich erinnern, daß die beiden letzteren Fälle nicht als zur Fürsorge geeignet von den die Unterstützungs-Vereine betreffenden Gesetzen (Friendly Societies Acts) anerkannt sind. Alle diese Beisteuern müssen angesehen werden, als wären sie thätig zur Verringerung der Armen-Steuer und der Lasten freiwilliger Mildthätigkeit. Manche Vereine tragen sogar direct zu verschiedenen mildthätigen Zwecken bei; der verbündete Verein der Zimmerleute und Tischler hat sogar einen Rettungs-Boot-Fond gegründet. Die Association der Bergwerk-Arbeiter in Süd-Yorkshire war sogar, wie Mr. Normansell, ihr Secretär, bei einem Diner zu Dodworth angab, zwei Tage nach der Explosion in den Kohlengruben von Oaks im Stande, ihre Bevollmächtigten zur Bank zu schicken, um 1500 Pfd. St. zu entnehmen zur Abhülfe der Noth der armen Wittwen und Waisen, welche von jener Katastrophe betroffen waren. Und jetzt zahlen sie nicht weniger als 50 Pfd. St. wöchentlich an die Wittwen und Kinder dieses Districts und sie waren Willens, die wöchentliche Zahlung von 50 Pfd. St. fortzusetzen. „Sicherlich“, fügte er mit verzeihlichem Stolz hinzu, „werden 50 Pfd. St. nicht den Rücken von 7000 Mitgliedern brechen.“

Neben den Hülfsmitteln für die Unterstützung ihrer Mitglieder, haben manche Arbeiter-Vereine Lesezimmer zur Benutzung der Mitglieder oder veröffentlichen Circulare oder sogar Zeitungen. „In Verbindung mit den typographischen Vereinen in großen Städten,“ sagt

Mr. J. W. Crampton in einem Bericht über Buchdrucker-Strikes und Lohn-Garantie-Vereine, vom Januar 1865, bestehen gemeiniglich Leihbibliotheken und Institute. In den Circularen, welche monatlich von der Provincial Typographical Association veröffentlicht werden, wird jeder Fall von Unterschleif oder versuchtem Betrug oder anderer Unwürdigkeit, der von einem Mitgliede begangen ist, dem ganzen Gewerbe öffentlich angezeigt. Die Scottish Typographical Association giebt auch ein monatliches Circular heraus und ein Journal für typographische Kunst, welches in London erscheint.“ Die London Consolidated Society of Bookbinders hat seit 1850 das instructive Buchbinder-Vereins-Circular herausgegeben. Die Kettenmacher haben ihr Journal und Circular. Die Töpfer haben ein „Weekly-Journal“ (Wöchentliches Journal) zum Preise von einem halben Penny mit einer Circulation von 2000 Exemplaren. Die Engine Drivers and Firemen Society (Maschinen-Führer und Heizer-Verein) hat seit dem Juli 1866 den „Train“ herausgegeben, ein Wochen-Journal von keinen unbeträchtlichen Werth, welches auf jeder Eisenbahn-Station zu haben ist. Ferner hat der verbündete Verein der Maschinenbauer wiederholt Preise für Essays gegeben über Gegenstände, welche mit ihrem Geschäft in Verbindung stehen. Die „Manchester Operative House Painters“ (Hausmaler) Alliance gab 5 Pfund zu der Kunst-Ausstellung der Arbeiter.

Ferner muß bemerkt werden, daß Arbeiter-Vereine sehr allgemein ihren Weg zur Cooperation finden; obgleich ihre Versuche auf diesem Wege selten von glücklichem Erfolg begleitet gewesen sind, hauptsächlich vielleicht wegen ihrer Unfähigkeit, die Geschäfts-Verhältnisse vom Gesichtspunkt des Arbeitgebers betrachtet, in Ausführung zu bringen, so können sie doch mit Stolz, unter anderen Beispielen, auf die „Union Wheel“ (Schleifmühlen-Verbindung) der Schleifer von Sheffield hinweisen: nach Dr. J. C. Hall's Abhandlung „On the Effects of Sheffield Trades on Life and Health“ (über die Wirkungen der Gewerbe von Sheffield auf Leben und Gesundheit), vorgetragen vor der Social Science Association im Jahre 1865, scheint sich dieser Verein der zweite zu rechnen nach der Schleifmühle der Mssrs. Radgers und Söhne in Bezug auf das durchschnittliche Todes-Alter der Arbeiter (49 bei der letzteren 46 bei der ersteren, während bei anderen Schleifmühlen es zwischen 43 und 38½ fällt). „Diese beiden Schleifmühlen,“ sagt Dr. Hall, „sind erster Klasse und, in der Regel, ist es nur die bedachtsame und bessere Klasse der Schleifer, welche solchen Unterstützungs-Vereinen angehören. Auf der Conferenz der Arbeiter-Verein-Delegirten zu Sheffield im vergangenen Jahr ging eine Resolution durch: „daß diese Conferenz jedem vertretenen Gewerbe empfiehlt, das Princip der Cooperation aufzumuntern und wenn möglich anzunehmen, damit der Arbeiter in den Stand gesetzt werde, einen gleichmäßigeren Antheil an dem Gewinn zu erhalten welcher sich aus ihren Arbeiten ergiebt.“ Die Cooperation, auf die Bezug genommen wird, ist, wir brauchen es kaum zu bemerken, ist die Cooperation in der Production — jene Form von Cooperation, von welcher Mr. J. S. Mill gesagt hat in seiner Zeugen-Aussage vor Mr. Slaney's Comitee von 1856 über die Ersparniße und Geldanlagen der Mittel- und Arbeiter-Klassen: — „Ich denke es giebt keinen Weg, auf welchem die Arbeiter-Klassen einen so vortheilhaften Gebrauch von ihren Ersparnissen machen können, sowohl für sich selbst, wie für die Gesellschaft, als durch die Bildung von Associationen zur Förderung des Geschäfts, mit welchem sie bekannt sind und in welchem sie selbst als Arbeiter beschäftigt sind.“ Cooperative Magazine sind jedoch auch bedeutend gefördert worden von Arbeiter-Vereinen, namentlich solche von Gewerben, welche zu dem Truck-System verdammt waren, wie die Gewerbe der Bergwerk- und Eisen-Arbeiter.

Die Erziehung zur Selbstverwaltung ist jedoch, wir wagen es zu glauben, das bedeutendste Resultat, das von dem Arbeiter-Verein geliefert ist und eins, welches keine andere bis jetzt entwickelte Gestalt von Organisation unter den arbeitenden Klassen in einem so bedeutenden Maßstabe entfalten kann. Kein größerer Irrthum kann begangen werden, als wie es Journalisten und Politiker zu thun pflegen, die Masse der Mitglieder von Arbeiter-Vereinen als Tröpfe, Müßiggänger, Trunkenbolde oder Schwachsinnige zu behandeln — ihre Führer als Knaben — Strikes für höhere Löhne als ihr gewöhnliches Object. Je mehr man diese Vereine prüft, je augenscheinlicher wird es werden, daß sie beinahe beständig die Masse der fähigen, betriebsamen und haushältigen Arbeiter in jedem Gewerbe repräsentiren; daß sie gewöhnlich gut geleitet sind von Männern, die von den Mitgliedern in offener Weise gewählt sind als die zuverlässigsten, achtbarsten und intelligentesten unter ihnen; daß sie weit mehr Strikes verhüten als sie zu denselben aufmuntern.

Kein Arbeiter-Verein kann sich behaupten, von welchem die Arbeiter nicht gewohnheitsgemäß bei der Arbeit sind und genugsam wirthschaftlich, um Etwas bei Seite zu legen für ihre Beiträge; von welchem die Leiter nicht beflissen sind, ihre Leute so weit als möglich an die Arbeit zu halten, gerecht genug und einsichtsvoll genug, um auf die pünktliche Bezahlung der Gelder Seitens Anderer rechnen zu können, welche erforderlich sind für den Betrieb der Operationen der Gesellschaft.

Arbeitgeber klagen oft über die Schwierigkeit, mit Arbeitern umzugehen, während sie nichts desto weniger in ihren Händen die furchtbare Waffe der Entlassung haben, während ihr Verkehr sich beschränkt auf einige Dutzend, Hunderte, sehr selten auf Tausende von Arbeitern. Wie viel schwieriger muß es sein für die Beamten von Arbeits-Vereinen, mit jenen Arbeitern zu verkehren, wenn sie nach eben so vielen Tausenden zählen, wie ein großes Etablissement Hunderte beschäftigt, wo sie sich keiner anderen Waffen bedienen können, als deren ihrer Rechtschaffenheit, ihrer Fähigkeit, ihres gesunden Verstandes und guten Temperaments. Bisweilen können die zeitweiligen Führer eines Arbeiter-Vereins hitzköpfig und unüberlegt sein; man wird aber fast immer finden, daß die permanenten Beamten auserlesene Leute ihrer Art sind — bald schlaue, unverwirrbare Diplomaten, bald Männer von dem schätzbarsten und bewährtesten Charakter. Eine Prüfung der Rechnungen der vornehmsten Vereine wird den Nachweis liefern, daß ihr Geschäft mit großer Sparsamkeit geführt wird. Wenn irgend ein Einwurf gegen ihre Geschäftsführung erhoben werden kann, so ist es der, daß sie zu wenig kosten, nicht zu viel; und wenn diejenigen, welche Geld nehmen für öffentliche Dienste, als „Vampyre" angeklagt werden sollen, so kann man sagen, daß der Arbeiter-Verein-Vampyr das mißhandelteste Geschöpf jener vorhandenen Species ist.*)

Ein Strike ist für einen Arbeiter-Verein eine eben solche Calamität, wie für jeden anderen. In der Zeit des Friedens, in welcher Arbeit in Fülle vorhanden ist und Löhne hoch stehen, blüht der Verein; die unmittelbare Wirkung eines Strike ist unumgänglich eine Entleerung seiner Geldkasten und eine Beschränkung seiner pecuniären Hülfsmittel. Die Verordnungen in Bezug auf Strikes, welche in den Arbeiter-Vereins-Reglements vorkommen, zeigen deutlich, daß sie nur als nothwendige Uebel angesehen werden. „Wenn eine Strike für Erhöhung der Löhne" sagen die Maurer-Arbeiter, „von einer Loge

*) Mr. Odger, wohlbekannt als Secretär des **London Trades Council**, erhält für seine Dienste, die er diesem Vereine leistet, 2 Sh. 6 P. (25 Sgr.) per Woche. In dem verbündeten Verein der Maschinenbauer beträgt das höchste Salär, welches dem Secretär eines Zweig-Vereines gezahlt wird, 10 Pfd. St. 4 Sh. (68 Thlr.) jährlich; er muß 300 Mitglieder haben bis er diesen Betrag erhält und geht herunter bis auf 25 Sh. (6⅓ Thaler). In dem Ziegelstreicher-Verein hatte Mr. Thomas Conolly, vor der Commission am 2. April 1867 vernommen, nur 30 Sh. (7½ Thaler) vierteljährlich für Führung der Rechnungen für 2—300 Mann.

beabsichtigt wird, muß der Secretair darüber an den Central-Ausschuß berichten und einen Nachweis liefern über die Zahl derjenigen, welche aus der Arbeit gehen wollen, über die Anzahl der zahlungsfähigen Mitglieder, über den Status des Vereins und die Stellung des Vereins in der Nachbarschaft, auch über die Anzahl der zu einer solchen Loge gehörenden Mitglieder, welche für und gegen die Anstellung des Strike stimmten. Zur Discussion über die Anstellung beruft der Secretair jedes Mitglied der Loge ein, welches innerhalb drei Meilen von dem Vereins-Hause wohnt; die Abstimmung geschieht durch Zettel; Majorität entscheidet; Stellvertretung ist nicht gestattet."

Die Kutschen-Arbeiter sagen: „Keine Werkstatt oder Stadt darf auf ihre eigene Verantwortlichkeit die Arbeit einstellen; im Fall einer Bedrückung oder eines Streites soll der Secretair solcher Stadt, in Verein mit den Mitgliedern, dem executiven Ausschuß alle Details der Beschwerde vorlegen; dieser entscheidet, ob eine Einberufung der Delegirten rathsam ist; wird solche für nothwendig befunden, so sendet der executive Ausschuß einen Delegirten, und der Secretair der Stadt, in welcher die Beschwerde erhoben ist, beruft einen Delegirten aus jeder der zwei nächsten unterstützenden Städte. Gelingt es den Delegirten nicht, die Sache im Guten beizulegen, so tragen sie den Fall dem excutiven Ausschuß vor, welcher entscheidet, ob es nothwendig wird, die Leute aus der Arbeit zu rufen oder nicht; werden zwei Beschwerden zu gleicher Zeit erhoben, so soll der executive Ausschuß entscheiden, welcher der Vorzug gegeben werden soll und wenn es ausführbar ist, soll nur ein Strike zu einer und derselben Zeit stattfinden."

Die verbündeten Vereine der Zimmerleute und Tischler stellen an der Spitze ihres monatlichen Berichts eine Erinnerung der folgenden Resolution an die Mitglieder: — „Für den Fall, daß Mitglieder eines Zweiges dieses Vereins ihre Arbeitgeber um ein neues Privilegium anzugehen wünschen, müssen sie zuerst dem Ausschuß alle Einzelheiten des von ihnen verlangten Privilegiums einsenden. Der Ausschuß wird dasselbe sofort in Erwägung ziehen und, wenn die Umstände es rechtfertigen, das Gesuch bewilligen. Kommen die Arbeitgeber dem gestellten Ansuchen nicht nach, so muß der bittende Zweig-Verein über sein weiteres Verhalten wiederum Rath einholen. Unter keinen Umständen darf ein Zweig-Verein einen Strike anstellen ehe er nicht die Einwilligung des Ausschusses erhalten hat, sei es um eines neuen Privilegiums willen, sei es wegen der Schmälerung eines bereits vorhandenen."

Sicherlich ist es unmöglich, eine Kriegs-Erklärung mit mehr Vorsichtsmaßregeln und Formalitäten zu umgeben. Wollte Gott, es wäre für einen englischen Minister so schwer, das Reich in Feindseligkeiten zu verwickeln, wie es gemeiniglich für einen Arbeiter-Verein schwer ist, einen Strike anzufangen. Ueberdieß muß bemerkt werden, daß Strikes von manchen Arbeiter-Vereinen in ihren Reglements mißbilligt werden; daß einer von ihnen (die Schmiede) sich rühmt, die „Original Anti-Strike Society“ (der eigentliche Anti-Strike-Verein) zu sein; dem Buchstaben nach kann es jeder für die Dauer der Zeit sein während welcher er seine Wirksamkeit fortgesetzt hat, ohne einen Strike zu machen. „Der executive Ausschuß thut Alles, was möglicher Weise geschehen kann, um einen Strike zu verhüten,“ sagt der Secretair der verbündeten Maschinenbauer, „wir bemühen uns zu jeder Zeit, Strikes zu verhüten. Es ist gerade das Letzte, was wir glauben anrathen zu können.“ Und der Secretair der Gipsgießer wies nach, daß ihr executiver Ausschuß entschieden einen Strike zum Stillstand gebracht hatte, indem er andere Leute an die Stelle der Strike-Macher hinstellte.

Die bemerkenswerthe Beweisurkunde über diese Frage wird aber von den Verhandlungen der Sheffield Conferenz geliefert. Nachdem von Mr. Odger eine Resulotion eingebracht war des Inhalts, „daß die verschiedenen Arbeiter-Vereine des Vereinigten Königreichs eingeladen werden sollten, sich zu dem vorgeschlagenen verbündeten Vereine oder Gewerbe zu vereinigen, zum Zweck des Widerstandes gegen Fabrik-Schließungen (lock-outs) in jedem so verbundenen Gewerbe, und zur Leistung pecuniären und moralischen Beistandes an solche Zweig-Vereine, welche genöthigt sind, solchen nachzusuchen,“ wurden verschiedene Amendements vorgeschlagen, zu dem Zweck, die Association zu bevollmächtigen, Strikes zu unterstützen; sie wurden aber zurückgezogen oder von großen Majoritäten verworfen, indem der Vice-Vorsitzende sagte: „Sie mögen in Erwägung ziehen, daß wir hierher gekommen sind, nicht um eine Arbeiter-Verbindung zu bilden für die Steigerung der Löhne in einer oder der anderen Weise, sondern um Widerstand zu leisten jenen großen Uebeln von Fabrik-Schließungen und um Strikes die Lust zu benehmen.“ „Wenn man Gewerbe zu dem Glauben veranlaßt,“ sagte ein anderer Sprecher, „daß sie bei jeder Gelegenheit von Strikes den Beistand der Gewerbe des Landes haben würden, so würden sich durch diese Organisation Strikes überstürzen und wir würden in kurzer Zeit ein vollständiges Mißlingen derselben sehen.“

Conferenzen, wie die zu Sheffield, auf welcher Arbeiter-Vereinen angehörende Arbeiter zu Hundert Tausenden vertreten sind, und deren Gegenstand es ist, ihre gegenseitige Organisation fester zu schließen, sind von selbst genügender Beweis, daß die Arbeiter zum wenigsten den Arbeiter-Verein für ihre eigene Klasse für vortheilhaft ansehen müssen. Wir wollen nun an einigen Beispielen sehen, was sie beanspruchen durch denselben zu haben oder was ihre Freunde beanspruchen durch ihn erlangt zu haben. „Man sagt," lesen wir in einer Rede von Lord Elcho, zu Dalkeith (siehe Times 29. Januar 1867), „daß die Vereine zu der Aufhebung der Leibeigenschaft im Jahre 1799 geführt haben als in Schottland Menschen gleich dem Vieh mit dem Bergwerk übertragen wurden. In Folge der Thätigkeit dieser Vereine arbeiten Frauen nicht länger in den Bergwerken, während Kinder-Arbeit beschränkt worden ist; Unterricht unter zwölf Jahren ist vorgeschrieben für jeden Knaben, bevor er in dem Bergwerk zugelassen wird; das Truck-System ist abgeschafft; Beaufsichtigung ist erlangt worden; der Zahlung der Löhne in Wirthshäusern ist Einhalt gethan. Ferner bin ich sicher, daß durch die Thätigkeit der Vereine weniger Gewaltthätigkeit den Strikes anhaftet, und daß, unter anderen, Arbeitern nicht von ihren Mitarbeitern die Ohren abgeschnitten werden, wie sie dieses im vergangenen Jahrhundert zu thun pflegten; und ich glaube, daß dem so ist."

„Arbeiter-Vereine," schreibt, von der Arbeiter-Klasse sprechend, ein Freund in Yorkshire (kein Arbeiter), der eine bedeutende Erfahrung in dieser Sache hat, „gewinnen bedeutenden Einfluß für socialen Fortschritt. Kein Vereins-Comitee-Mitglied würde jetzt geduldet werden, wenn es ein Säufer wäre. Ohne Mäßigkeit, Intelligenz und Erfahrenheit gelangt Niemand zu Einfluß. Die Thätigkeit der Vereine zu Barnslay hat beinahe einen wunderbaren Fortschritt hervorgerufen. Einzelheiten von der Brutalität des Barnsley Pöbels werden erzählt, selbst innerhalb dieser zehn Jahre, welche jetzt nicht von den Niedrigsten desselben geduldet werden würden. Und jetzt noch ist ein auffallender Unterschied zwischen einem District in der Nachbarschaft vorhanden, der nicht im Verein ist und den anderen, welche es sind. In dem einen bekommen die Arbeiter denselben Lohn, wie die Vereins-Mitglieder, die Verschwendung aber ist unbestritten. In den Vereins-Districten, mit besserem Lohn und kürzerer Arbeitszeit, wie bisher, richten die Leute ihre Aufmerksamkeit auf Gärten, Schweine-Zucht, Vereinigung in Cooperative- und Bau-Gesellschaften. Sie legen ihre Ersparnisse in Penny-Banken, und das Post-Amt hat viele Hunderte Pfund von ihrem Gelde. Man findet, daß die Leute, obgleich sie kürzere Zeit täglich arbeiten, mehr arbeiten und mehr Geld einnehmen, weil sie regelmäßiger arbeiten, die Zeit nicht durchbrechen und keine „Blaue

Montage" und „Spiel-Tage" haben. Es ist in dem ganzen Yorkshire-District, wo der Verein herrscht, eine ganz entschiedene Vervollkommnung vorhanden in physischer, moralischer, ökonomischer und socialer Beziehung. Wo aber die Vereins-Disciplin nicht herrscht, haben wir Hunde-Gebalge und Menschen-Gebalge, Schwelgereien, und Todtschläge bei jeden Assisen."

Wie auch immer in anderen Theilen es gewesen sein mag, in Süd-Yorkshire war die Folge des Bergwerk-Arbeiter-Vereins, daß Arbeitgeber und Arbeitempfänger sich eher an einander schlossen, als daß sie sich von einander hielten. „Strikes in dem Kohlengruben-District von Süd-Yorkshire" sagt ein Schriftsteller in Barnsley Chronicle vom 11. April 1867, „werden beinahe Gegenstände der Geschichte und an ihrer Stelle haben wir Versammlungen, Demonstrationen, Diners oder wie immer Einer sie nennen mag, bei welchen Grubenbesitzer und Arbeiter mit einander wetteifern an gegenseitiger Zuneigung und Achtung." Er berichtet dann weiter über den Hergang der letzten dieser verschiedenen Zusammenkünfte während der jüngst vergangenen Monate, eines Diners, das die Arbeiter in dem Geschäftsraum der Stafford-Kohlengruben-Compagnie hatten, zu welchem die Besitzer eingeladen waren, und auf welchem der Geschäftsführer und andere Beamten der Compagnie, so wie die des Bergwerk-Arbeiter-Vereins von South-Yorkshire waren. Mr. Normansell, der Secretär des letzteren (aus dessen Rede wir bereits einen Auszug geben haben) sagte: „daß es die Regel des Districts werde, mit Arbeitgebern und Geschäftsführern unter einem gemeinsamen Dach zusammen zu treffen. Es wäre die Association, welche dieses zu Stande gebracht hätte. Die Association habe jetzt jene Stellung erreicht daß sie mehr Gutes schaffen könne ohne daß sie zu Strikes und Feiertagen ihre Zuflucht nähme, als sie schaffen könne, wenn sie zu denselben griffe. Es wäre nicht ihr Interesse, Strikes zu schaffen, es wäre ihr Interesse und ihre bestimmte Pflicht, solchen vorzubeugen, wenn sie könnten."

Man nehme ferner die Schottische Bäcker-Reform, wie sie dargestellt ist in einem Briefe von Mr. John Bennett, dem Secretär der Nationalen-Association der Bäcker-Gesellen von Schottland, an Mr. Ebenezer Stevens, einen Londoner Bäcker-Meister, und veröffentlicht von dem Letzteren im Jahre 1859. „Es war im Jahr 1837, daß die Bäcker-Gesellen der größeren und kleineren Städte von Schottland ihren Arbeitgebern eine Bittschrift einreichten wegen eines bestimmten baaren Lohnes an Stelle des damals herrschenden Systems, nach welchem sie Kost und Wohnung in den Häusern ihrer Arbeitgeber erhielten in theilweiser baarer Zahlung der Löhne. Ein großer Theil der Arbeitgeber stimmte freiwillig dem Ansuchen bei und diejenigen, welche es nicht thaten, waren schließlich gezwungen es zu thun; theilweise wurde auf sie eingewirkt durch den Druck der Arbeiter-Association, theilweise durch die Gewalt der öffentlichen Meinung. Dieser Gewinn war sicherlich eine große Wohlthat und setzte die Bäckergesellen in den Stand, gleich anderen Bürgern, Wohnungen nach ihrer eigenen Wahl zu haben; es bewirkte dieses eine große Verbesserung in dem moralischen Verhalten der Leute; in keiner Gestalt trat diese mehr hervor, als in der Anzahl der Heirathen, welche in sehr kurzer Zeit darauf stattfanden. Vorher war ein verheiratheter Mann unter den Bäckergesellen eine Seltenheit; wenn er verheirathet war, fand er es schwer eine Stellung zu bekommen, indem ihm beinahe jedes Mal gesagt wurde, wenn er Beschäftigung suchte, daß nur einzelne Leute gebraucht würden und solche gegen Kost und Wohnung im Hause. Unser glücklicher Erfolg in der Lohn-Frage erzeugte ein anderes Verlangen. Durch die über die Maßen verlängerten Arbeitsstunden waren wir noch von manchen Privilegien ausgeschlossen, deren sich andere Arbeiter-Klassen erfreuten. Wir hatten in den meisten unserer Städte Lesezimmer und Bibliotheken gegründet; sie wurden aber vergleichsweise wenig benutzt, mit Ausnahme der Gesellen, die außer Arbeit waren, da die Länge der Stunden, in welcher beinahe allgemein von den Bäckern gearbeitet wurde, die Leute abhielt die Lesezimmer zu besuchen, oder von den Büchern in den Bibliotheken Gebrauch zu machen. Man fand auch, daß, obgleich seit unserem glücklichen Erfolg in der Lohn-Frage ein weit größerer Besuch bei religiösen Andacht-Uebungen Seitens verheiratheter und einzelner Männer stattgefunden hatte, doch ihre Schläfrigkeit so groß war, daß sie dieselbe nicht in solcher Weise an dem Gottesdienst Theil nehmen ließ wie es sich ziemte; diese Schläfrigkeit wurde rein der ungehörigen Verlängerung der Arbeitszeit in der Woche hindurch zugeschrieben. Wir beschlossen eine bestimmte Zeit von Arbeits-Stunden zu bekommen. Als im Jahre 1845 Mr. Fielden seine Bill für Beschränkung der Stunden, in welcher in den Fabriken des Vereinigten Königreichs gearbeitet werden sollte, in das Parlament einbrachte, entstand die Frage: „Ist es ausführbar für Bäcker, zur gewöhnlichen Zeit zu arbeiten?" Im Vertrauen auf einige der Arbeitsgeber gab man das Zwölf-Stunden System als einen Versuch. Das Resultat war die Niederschlagung aller Zweifel in Bezug auf die Ausführbarkeit der Arbeit zur gewöhnlichen Zeit. Conferenzen wurden mit den Arbeitgebern gehalten und beinahe ganz allgemein kam man überein, die Arbeitstunden von 5 Uhr Morgens bis 5 Uhr Nachmittags festzustellen. Das System hat sich bis auf den heutigen Tag gehalten, und mit solch einem Erfolg, daß eine Denkschrift von 150 Bäckermeistern von Edingburgh und Leith, im April 1860 an die Bäckermeister von London gerichtet, erklärt, nachdem sie der Umänderung Erwähnung gethan, daß „alle Erfahrung der Meister seit jener Zeit sie mehr und mehr in der Ansicht hat befestigen müssen, daß der Schritt, den sie gethan, obgleich er zu jener Zeit, in welcher er gethan wurde, von Vielen von ihnen mit Zweifeln und Widerstreben geschah, ein äußerst heilsamer war, nicht nur für die Arbeiter, sondern auch für sie selbst. Aus der verbesserten Lage der Leute empfangen bie Meister keinen geringen Antheil an der Wohlthat. Sie sind fleißiger und thätiger in ihrer Arbeit, regelmäßiger und zuverlässiger in dem, was sie durch ihre Fertigkeit leisten, so daß zum wenigsten eine gleiche Menge Arbeit von ihnen gethan wird unter dem neuen Tages-System, wie unter dem alten Nacht- oder vielmehr Nacht- und Tag-System. Mit einem Wort, die Meisten tragen kein Bedenken zu sagen, daß selbst vom commerciellen Standpunkte aus, die Umänderung von großem Vortheil für sie gewesen ist. Und in keiner einzigen Beziehung haben die Kunden der Edingburgher Bäcker einen Nachtheil von der Neuerung gehabt; auch waren sie nicht genöthigt, irgend welche der Vortheile der Vergessenheit zu übergeben, in deren Genuß sie früher waren."

Die obige interessante Darstellung liefert den Beweis, eine wie große sociale Förderung in einem einzelnen Gewerbe durch die Arbeiter bewerkstelligt werden kann gegen die Vorurtheile der Arbeitgeber, aber zum ganzen schließlichen Vortheil für beide Seiten. Und während sie einen Beweis liefert von der Kraft des schottischen Arbeiters in in der Ausführung einer solchen Reform ohne Beihülfe des Gesetzes, zeigt sie auch, wie wohlthätig eine Gesetzgebung durch Beispiel nach Seiten hin wirken kann, welche sie direct zu erreichen nicht versucht. Die schottische Bäcker-Reform gab offenbar Veranlassung zu Mr. Fielden's Fabrik-Gesetz. — Bemerkt mag werden, daß die Bakehouses Regulation Act 1863 — Gesetz, betreffend die Einrichtung der Bäckereien — keinen der beiden Punkte der schottischen Reform berührt, obgleich sie für alle drei Königreiche bestimmt ist.

Wir könnten solche Darstellungen bis in das Unendliche hinein geben. Es genüge zu sagen, daß die Ueberzeugungen der großen Masse der arbeitenden Klassen in Bezug auf diese Vereine, nach unserem Dafürhalten, summirt sind in den folgenden Stellen eines Vortrages, den Mr. W. Dronfield (jetzt Secretär der United Kingdom Alliance of Organized Trades), auf dem Social Science Congress im Jahre 1865 hielt: — „Die Gegner der Arbeiter-Vereine sagen uns oft, daß Vereine nicht nur schädlich und gefährlich für die Staats-Gesellschaft im Allgemeinen sind, sondern auch feindlich den Interessen Jener, deren Wohlfahrt sie beabsichtigen, und daß sie ihren Zweck nicht erfüllen. Für diejenigen, welche etwas von ihrer Wirkung verstehen, ist es offenbar, daß gerade das Umgekehrte Thatsache ist; eben so gut könnten solche Gegenredner versuchen, Arbeiter glauben zu machen, daß das Licht der Sonne geringer ist als das des Mondes oder, daß Nacht nicht dem Tag folgt. Zahlreiche Fälle könnten bei Gewerben vorgeführt werden, welche sich organisirt haben, in welchen entweder Steigerung der Löhne erreicht, oder die alten Sätze beibehalten, oder die Arbeitsstunden abgekürzt sind; unseren Gegnern bestreiten wir, daß sie beweisen können, daß bei Gewerben, welche nicht im Vereine sind oder deren Verein sich aufgelöset hat, ähnliche Vortheile erwachsen sind."

Wir sind weit entfernt reine Partisane der Arbeiter-Vereine zu sein. Man sieht sie sich am Besten von einer Seite und mit einem Auge an. Nur vorhanden zum Schutz oder zur Förderung eines einseitigen Klassen-Interesses, erscheinen sie uns weit geringer als die Cooperation, welche in streitende Interessen Harmonie hinein zu bringen sucht; nur darnach strebend, die Lage der Lohn-Empfänger zu verbessern stehen sie niedriger in der Idee, als Jegliches, was die Knechtschaft der Lohn-Empfängniß selbst abzuschaffen sucht. Und doch glauben wir, nicht nur, daß sie das kräftigste aller der selbst entwickelten Mittel ausmachen, welche, Energie verleihend, auf die Arbeiter-Klasse einwirken, sondern auch, daß ihre Ausbildung und Entfaltung den schlagendsten Beweis liefern für die Fortentwicklung der Fabrik-Arbeiter Englands.

Paradox wie es scheinen kann, es giebt in der That keine Form socialer Thätigkeit, welche nicht mehr leistete, als sie anstrebt, selbst wenn sie weniger leistet als das. Die Bau-Gesellschaft beschafft einem Arbeiter mehr als sein Haus, selbst wenn sie es unterläßt ihm einen Rechtstitel für das letztere zu geben; die cooperative Gesellschaft beschafft mehr als den Gewinn an seinen wöchentlichen Einkäufen, selbst wenn sie keine Dividende zahlt; die Wohlthätigkeits-Gesellschaft giebt etwas Bedeutenderes als eine Kranken-Unterstützung und Begräbniß-Kosten, selbst wenn ihre Tabellen ganz und gar fehlerhaft sein sollten. Vor allen Dingen aber überträgt der Arbeiter-Verein ganz andere Vortheile als solche, welche einfach erhöhte Löhne betreffen, selbst wenn er für solche einen Strike macht und mit demselben fehlschlägt.

Das Haus, der Geschäfts-Gewinn, die Hülfe bei Krankheit und Tod, die höheren Löhne, können alle seiner Kraftanstrengung werth sein; außer diesen aber, und in ihren zukünftigen Resultaten weit über diese im Werth hinaus, sind es die offenbarte individuelle Kraft, der entwickelte Vorbedacht und Ernst, das Wachsthum gegenseitiger Zuversicht und gegenseitigen Vertrauens sowohl, als auch jenes heilsamen Mißtrauens gegen das Geschrei, den äußeren Schein, die Gewalt, dem Egoismus, welchem nur bittere Erfahrung Kraft verleihet, die allmälige Erwerbung jener Organisations-Kräfte, welche, wenn sie in richtiger Weise controlirt und geleitet werden, den Willen der Masse zu dem Willen Eines machen und ihre Macht zu der von Millionen. Wir glauben, daß es keine Schule giebt, die der des Arbeiter-Vereins gleich wäre, um den Arbeiter den Werth dieser Dinge zu lehren, daß sie den Arbeitern ihn gelehrt hat, und ihn noch lehrt.

Vor sieben Jahren wurde von dem Comité der Social Science Association für Arbeiter-Vereine gesagt: „Das Comite wünscht seine Meinung in bestimmter Weise auszusprechen, daß die Entwicklung in der Geschäftsführung der Arbeiter-Vereine äußerst bezeichnend und zufriedenstellend gewesen ist.“ Seit jener Zeit ist der Fortschritt der Vervollkommnung noch rapider gewesen. Nicht nur haben jene Gewerbs-Frevel, welche vor dreißig Jahren beinahe in jedem Gewerbe zu sehen waren, sich beinahe ausschließlich auf die Stadt Sheffield beschränkt, sondern die Arbeiter-Vereine von Sheffield sind selbst auch vorgegangen und haben um eine officielle Untersuchung angehalten, um sich von der Anklage solcher Frevel zu reinigen. In der That, der Haupt-Grund zur Klage gegen Arbeiter-Vereine scheint nicht länger ihre Gewaltthätigkeit, sondern einfach ihre Macht zu sein. Ist jene Macht jedoch eine, welche wie eine reine Störung auf die Sache des Handels einwirkt? Hat nicht Erfahrung bewiesen, daß keine Klasse von Menschen mehr geneigt ist, sich kopflings in Speculation zu stürzen, ihren Kopf von exorbitanten Gewinnen verwirrt zu machen, sich Paniks zu überlassen, als brittische Fabrikanten und Kaufleute? Jetzt soll die zur Gewohnheit gewordene Thätigkeit des Arbeiter-Vereins, als des Organs der Arbeiter-Interessen, wie ein Blei einwirken auf tollkühne Speculation, übermäßige Gewinne beschneiden und durch Beschränkung der Production im allgemeinen die Gefahr, und das Unheil einer Panik verringern. Das Parlament hat sich mit Debatten über die wahrscheinliche Erschöpfung unserer Kohlen-Felder beschäftigt; aber welche heilsamere Fessel kann jenem Proceß angelegt werden, als die Thätigkeit unserer Associationen der Bergwerk-Arbeiter in Beschränkung der Arbeitsstunden und in Hebung der Förderungs-Kosten. Und was von den Kohlen-Bergwerken gilt, gilt von dem Eisen-Geschäft und jedem anderen Gewerbe. Der Vorrath von Eisen in dem Inneren des englischen Bodens ist ein beschränkter; ist es in Wahrheit ein Grund, um Arbeiter-Vereine im üblen Ruf zu bringen, wenn wir durch ihre Vermittlung dazu gelangen sollten, einen Theil desselben ein oder zwei Jahrhunderte länger in unserer Hand zu behalten, als geschehen dürfte, wenn man unseren Eisen-Bergwerk-Besitzern und Fabrikanten in Eisen gestattet, mit vollen Händen die ganze Welt mit dem denkbar billigsten Eisen zu überschwemmen, das verarbeitet ist zu belgischen und französischen Löhnen, damit unsere continentalen Rivalen uns desto eher unsere Kehlen, ob wirklich oder nur bildlich, mit billigen Waaren abschneiden?

Welche Wirkung Lohn-Garantie-Vereine (Trades Unions) auf die commercielle Wohlfahrt des Landes wahrscheinlich haben werden, ist ohne Zweifel eine Frage, welche mit vieler Besorgniß und Furcht von einer großen Menge nachdenklicher Leute angesehen wird. Wenn man aber der Frage näher tritt und sie prüft, verliert sie an Gewicht, weil man sehen wird, daß es uns überlassen ist, solch eine Lösung für sie zu finden, die für das Land eine glückliche und zufriedenstellende sein wird. Blinde und halsstarrige Klassen-Antagonisten können nicht ermangeln, Resultate von der allerschlechtesten Gattung vorzubringen; wir haben aber nicht nöthig, eine Fortdauer derselben nach der alten schlechten Form vorauszusetzen. Während in den letzten Jahren Lohn-Garantie-Vereine der Arbeiter in ihren Ansichten gemäßigter geworden sind und einen freieren Blick gewonnen haben, hat sich auch in den letzten Jahren der feindselige Geist der Fabrikherrn bedeutend besänftigt, welche mit drückender Oberherrschaft Alles zu betreiben, und ohne Berücksichtigung der Wünsche und Interessen der Arbeiter, alle Angelegenheiten zu ordnen suchten. Der Capitalist fängt an, die Schicklichkeit anzuerkennen, die Wohlfahrt des Arbeiters, dessen Hülfe er bedarf, in Erwägung zu ziehen. Er hat beinahe aufgehört, auf sein Recht zu bestehen, alle Dinge nach seiner eigenen Weise zu verrichten, einfach, weil das Capital das seine ist. Noch hören wir von Zeit zu Zeit Drohungen, daß er das Land verlassen, sein Capital mit sich nehmen und es anlegen will, wo seinen Unternehmungen nicht Comites der Lohn-Garantie-Vereine in das Gehäge kommen; solche Drohworte werden jedoch gewöhnlich in der Presse oder in dem Parlament von indirecten Freunden der Arbeitgeber geäußert, nicht von den Arbeitgebern selbst. England ist noch das Feld, welches den großen Mittelpunkt der Welt-

Industrie bildet, das Feld, wo das Capital, bei allen Abbrüchen verhofften Vortheils, den sichersten und größesten Gewinn liefert und wo der Handel beinahe fortwährend zunimmt trotz der Hindernisse, die ihm der Zwist und Hader der Könige und Regierungen in den Weg stellt. Von Zeit zu Zeit können wir aus einem oder dem anderen Theile des Landes Geschrei hören über Abnahme des Handels; aber die Regierungs-Berichte sind zur Hand, und an Stelle von Kleinmuth über hereinbrechenden Ruin erzeugen die Zahlen in unseren Blaubüchern Beruhigung und Vertrauen.

Das gegenwärtige Geschrei über Concurrenz des Auslandes ist eines, welches, wenn man zwanzig, dreißig, vierzig Jahre zurückgeht und dessen Einerleiheit mit dem Geschrei jener verschiedenen Zeiträume sieht, in Wahrheit ein Lächeln hervorruft. Bei einem Freihandel-System können wir natürlicher Weise nicht erwarten, daß wir durch wohlfeilere Preise die Welt aus dem Felde schlagen. Der Ausländer muß in manchen Sachen besser arbeiten als wir. Wir haben sicherlich kein Recht zur Klage, wenn er das Roh-Product seines eigenen Landes billiger zu verarbeiten lernt, als wir jenes Product verarbeiten können, nachdem es importirt ist, oder wenn er sich Märkte verschafft, zu welchen die Transit-Kosten für ihn geringer sind, als für uns. Ist es in Wahrheit ein Gegenstand des Schreckens und der Unruhe, für welchen Arbeiter-Vereine bearbeitet werden müssen, wenn der Norwegier, mit ungeheuren Wäldern vor seiner Thür, uns fertig gearbeitete Thüren und Fenster-Gestelle sendet an Stelle des bloßen Holzes, aus welchem sie gearbeitet werden? Das einzige Wunder ist, daß er es nicht bereits vor 1866 oder 1867 gethan hat. Aus dem Belgischen Eisen-Handel aber ist kürzlich Arbeiter-Vereinen gegenüber so viel gemacht worden, daß wir ein oder zwei Facta in Bezug auf denselben unseren Lesern geben wollen. Im Jahre 1806 betrug das Product der Hochöfen von England und Wales 250,000 Tons Roheisen; im Jahr 1820 400,000 Tons; im Jahr 1840 1,395,000 Tons, im Jahr 1848 2,008,200 Tons; im Jahr 1865 4,819,254 Tons. Dieses kann als ein ziemlich rapider Aufschwung in einem einzigen Geschäftszweige angesehen werden, der genügt, um den Kleinmuth zu benehmen. Um dieser Quantität auf den Märkten der Welt zu begegnen, hat Belgien — wenn wir die Zahlen der Mssrs. Creed und Williams als richtig annehmen — einen Brutto-Ertrag von 392,178 Tons. Und dieses ist die Production, welche weniger als den eilften Theil unserer eigenen beträgt, welche für uns zum Schrecken hingestellt ist! Daß Belgien aber in Wirklichkeit uns auf den Märkten des Auslandes nicht uns dem Felde schlägt, kann man aus der folgenden Stelle sehen, welche aus der Herren G. B. Toms u. Co's. Circular in dem „Public Ledger“ December 1866 genommen ist: „Für Schienen von vorzüglicher Qualität, solche z. B., wie die Brighton-Eisenbahn und die Ost-Indischen Bahnen sie legen würden, haben wir gegenwärtig Nichts von Belgien zu fürchten, weil die verwendeten Proben für unhaltbar auf ausländischen Bahnen erklärt worden sind und nur in gewöhnlichem Eisen gehen ihre Preise an die von Wales heran. Wie man sagt, haben sie nicht die 40,000 Tons für Rußland beschafft.“ (Die Times, welche so viel von der letzteren Angabe machte, hat dem nicht widersprochen). Und nach den letzten Aufständen in den Belgischen Bergwerk- und Eisen-Districten müssen wir den Herren Creed und Williams Glück wünschen zu ihren Belgischen Arbeitern, die sich in genügsamer Weise ihres Lohnes von 1 Sh. 10 P. per Tag erfreuen, zu einer so exemplarischen Mäßigkeit in Speise und Trank, daß wenn diese Herren eine Belgische Kohlen-Grube befahren wollten, sie kaum einen Bergwerks-Anzug finden würden, der weit genug wäre für ihren englischen Körperbau. Das Verbrennen von Eisenhammern, die Zerstörung von Eigenthum, die blutigen Zusammenstöße mit den Truppen sind Ereignisse, welche, bei uns, der vergangenen, nicht der gegenwärtigen Geschichte über Arbeit angehören. Wenn Jemand diese bei uns wieder in das Leben rufen will, so muß er unter allen Umständen versuchen, die Arbeiter-Vereine zu unterdrücken.

Die Frage hat aber noch eine andere Seite. Es ist ganz richtig, daß Löhne, über das gehörige Maß hinaus in die Höhe getrieben, dem Handel in das Gehäge kommen. Solch eine Gefahr jedoch steht nicht nahe an uns heran: dagegen steht die weit größere und dringendere Gefahr, unsere erfahrenen Fabrik-Arbeiter durch Auswanderung zu verlieren, vor unserer Thür. Amerika und die Australischen Colonien sind die Punkte, welche beinahe ausschließlich unsere Auswanderer anziehen; die Menge unserer Arbeiter, welche jährlich dorthin gehen, können in nicht ferner Zeit zu einer Nebenbuhlerschaft in Fabrik-Unternehmungen führen, welche dem alten Lande viel gefährlicher sind, als irgend Etwas, das aus einer Anlage Englischen Capitals in Belgien oder Frankreich sich ergeben könnte. Von 1826 bis 1832 fluctuirte die Auswanderung aus dem Vereinigten Künigreich nach den Amerikanischen Colonieen, den Vereinigten Staaten, dem Cap der guten Hoffnung und Australien zwischen 8000 und 49,000 jährlich. Seitdem ist die Ueberfahrt nach jenen Ländern eine kürzere und billigere geworden, die Gefahren derselben und ihre unangenehme Zwischenvorfälle haben abgenommen, die Chancen eines glücklichen Erfolges in seiner neuen Heimath haben sich für den Auswanderer vergrößert, und die Verschiedenheit der Beschäftigungen hat sich bedeutend vermehrt. Eine natürliche Folge ist, daß die Fluth der Auswanderung bedeutend angeschwollen ist, indem sie von 100,000 bis beinahe 400,000 jährlich schwankt; die Vereinigten Staaten von Amerika, strotzend von Roh-Material für jeden großen Zweig der Industrie und erfüllt von einem äußerst kühnem Unternehmungsgeist, absorbiren beinahe zwei Drittel dieser Ausströmung. Diese Auswanderung ist keine theoretische Hypothese, sondern eine Thatsache. Es ist keine Drohung, um Arbeitgeber einzuschüchtern, sondern ein wahrhafter Theil unserer täglichen Erfahrung, als einer Nation.

Man nehme z. B. gerade den kleinsten Tropfen jener Auswanderung von Arbeit — so viel von derselben, als auf den Continent von Europa abträufelt. Kein Baumwollen- oder Eisen-Fabrikant, der sein Kapital nach Belgien oder Frankreich bringt, kann irgend etwas thun, womit er unsere Stellung im Kriege oder im Frieden empfindlich berührt, so lange er nicht seine Arbeiter mit sich nimmt. Aber die Arbeiter werden dorthin fortgeführt, ohne ihn, nicht, um jene geringeren belgischen oder französischen Löhne zu erhalten, welche das hohe Ideal einer gewissen Klasse von Arbeitgebern zu sein scheinen, sondern höhere Löhne, als in ihrem eigenen Lande. Mr. William Allan's Zeugen-Aussage vor der Commission für Lohn-Garantie-Vereine liefert uns den Beweis, daß die englischen Maschinen-Arbeiter, welche nach Frankreich hinüber genommen worden sind, „2 Pfd. — 2½ Pfd. St. per Woche erhalten, während dieselbe Klasse von Arbeitern aller Wahrscheinlichkeit nach hier 36 Sh. per Woche erhalten würde.“ Kann etwas einen bündigeren Beweis liefern, daß des Engländers Arbeit wirklich billig ist, obgleich seine Löhne hoch sind (sollen wir nicht lieber sagen, **weil** seine Löhne hoch sind?), und daß deshalb keine wirkliche Sparsamkeit in der Production hergenommen werden darf aus Herabsetzung seines Lohnes auf jenen continentalen Satz, zu welchem die Arbeit des belgischen und französischen Arbeiters augenscheinlich theurer sein muß, als seine eigene?

Aber diese Frage hat noch eine andere Seite. Man nehme an, daß die Concurrenz des amerikanischen oder des australischen, selbst des französischen oder belgischen Producenten eine Furcht erregende wird; man nehme an, daß der hohe Satz englischer Löhne, hervorgerufen durch Arbeiter-Vereine, oder durch die Bewegungen im Handel, welche sie veranlassen, ein Nachtheil für uns ist bei jener Concurrenz.

Giebt es kein anderes Mittel, als daß man die Löhne zu Hause heruntertreibt, daß man die Lage unserer Arbeiter immer tiefer herabwürdigt, daß man mehr und mehr die erwerbende Kraft der zahlreichsten Klasse unserer Bevölkerung beschränkt? Der Arbeiter wenigstens denkt, daß es ein solches giebt, und daß er von der angelsächsischen Race vornehmlich es fleißig anwendet. Es ist einfach die Ausübung gerade jenes Verfahrens, welches der englische Arbeitgeber so beklagt — die Coalition (combination). Die Times gerade von dem Tage, an welchem diese Zeilen geschrieben sind (29. April), ist voll von Details über Strikes und Handels-Verwirrungen durch die Arbeiter-Coalitionen in den Vereinigten Staaten. Das Netz von Arbeiter-Vereinen verbreitet sich über Australien, wie beinahe jede Zeitung von dort berichtet. Augenblicklich haben wir einen Strike der Schneidergesellen in London. Demselben ist ein gleicher in Paris gefolgt. Und der kurze Zwischenraum, welcher hingegangen ist seit der Milderung der französischen Coalitions-Gesetze, hat genügt, um die französischen Arbeiter zu belehren, daß Strikes nur wenig Aussicht auf glücklichen Erfolg haben, wenn sie nicht den Fond und die Organisation eines Arbeiter-Vereines zur Stütze haben; und wenn diese werden zu Stande gebracht sein, werden sie lernen, was die englischen Arbeiter in einem Gewerbe nach dem anderen gelernt haben — daß, nach dem ersten großen Kampf, der Arbeiter-Fond und die Arbeiter-Organisation in den meisten Fällen ausreichend sind, um die Bedürfnisse der Arbeiter zu erfüllen, ohne Strike.

Nun wird ein weniges Nachdenken genügen, um zu zeigen, daß, wenn wir, um des Beweises willen, bis zu der vollsten Ausdehnung den Nachtheil eines Arbeiter-Vereines für den Arbeitgeber zu Hause zugeben, in dem Moment, in welchem die Anwendung seiner Maschinerie in einem auswärtigen Lande beginnt, er ihm in genau demselbem Grade Nutzen bringt. Wenn derselbe als ein Hemmschuh auf die Production hier wirkt, so muß er es auch dort. Jeder amerikanische, australische, französische, belgische Strike ist pro tanto ein Strike zu Gunsten des englischen Arbeitgebers. Nichts von diesem Gesichtspunkt aus kann merkwürdiger sein, als die gegenwärtige Verzweigung unseres größesten Arbeiter-Vereins nach den Colonien und den auswärtigen Ländern, die vierzehn Zweigvereine in den Colonien, die eilf amerikanischen Zweig-Vereine, die französischen Zweig-Vereine der „Amalgameted Society of Engineers" (verbündeter Verein der Maschinenbauer). Der Sidney-Zweigverein z. B. wurde gebildet in Folge der Fabrik-Schließung von 1852 durch eine Anzahl von Vereins-

Mitgliedern, die nach Neu-Süd-Wales auswanderten — ein auffallender Beweis sowohl für die Gefahren, die England drohen bei einem Siege der Arbeitgeber, als auch für die Weise, in welcher jene Gefahren neutralisirt werden Seitens der Arbeiter durch ihre Vereine. Und Mr. Allan gab kürzlich vor der Commission an, daß unter den wenigen Strikes, die sein Verein in den letzten Jahren gehabt hatte, einer in Australien wegen acht Arbeitsstunden im Tage gewesen wäre, dessen Kosten zwar von den Arbeitern selbst bestritten wurden, welcher ihnen aber am Ende des Jahres das Recht verschaffte auf den Vortheil jener Gleichstellung der Fonds unter den verschiedenen Zweigvereinen, welche ein bestimmter charakteristischer Zug der großen verbündeten (amalgameted) Vereine ist. Unleugbar wurde jeder Penny, der in jenem Strike verausgabt wurde, in der Wirklichkeit von Arbeitern ausgegeben für Erhaltung der Gewinne der englischen Maschinenbau-Meister sowohl, wie der Löhne der englischen Arbeiter.

Was in Wahrheit der Arbeiter erstrebt, mehr oder weniger bewußt, mehr oder weniger offen — worauf eingestandener Maßen als wünschenswerth gedrungen wurde vornehmlich von den englischen Delegirten auf dem Genfer Congreß — ist eine allgemeine Assimilation (Verähnlichtwerdung) der Löhne in den verschiedenen Gewerben. Man darf in der That unter derselben nicht die Einführung gleichmäßiger Geldlöhne verstehen, sondern, wie es von dem Secretair des verbündeten Vereins der Zimmerleute und Tischler in der Vorrede zu seinem letzten Bericht sehr gut auseinander gesetzt ist, eine Gleichstellung der Arbeits-Bedingungen; so daß bei In-Betrachtnahme des Preises für Wohnung, Nahrung und andere Bedürfnisse, sowie anderer localer Vortheile und Nachtheile, die Bezahlung aller Arbeiter gleichen Ranges in einem gegebenem Gewerbe gleichmäßig sein soll, allenthalben wo sie auch beschäftigt werden mögen. Wir brauchen hier weder die Thunlichkeit des Versuches noch dessen Klugheit zu erörtern. Es genüge zu sagen, daß, sofern derselbe von glücklichem Erfolg begleitet ist, er darauf hinausgehen muß, die Betriebs-Bedingungen für alle Arbeitgeber gleich zu stellen, ein Element von Stabilität in Contracte einzuführen und dadurch die Concurrenz zu Hause im Zaume zu halten; daß von dem Augenblick an, in welchem dessen Ausführung in internationaler Weise, wenn wir den Ausdruck gebrauchen dürfen, beginnt, er in gleicher Weise darauf hinausgeht, die Concurrenz zwischen Land und Land im Zaume zu halten.

Von ihrer allgemeinsten Seite betrachtet, ist daher die Tendenz der Arbeiter-Vereine nicht Verwirrung des Handels, sondern Stätigkeit desselben im Interesse der Arbeiter, nnd wenn Stätigkeit des Handels ein Segen ist, und nicht ein Fluch, dann ist dieselbe im Interesse Aller. Man wirft ein, daß diese nur eine Form von Klassen-Egoismus ist. Dieses zugegeben — wo aber ist die Klasse, als Klasse, welche von irgend etwas Höherem geleitet wird? Und im Grunde genommen ist Klassen-Egoismus in seiner schlechtesten Gestalt sicherlich besser, als Egoismus des Einzelnen. Eine Masse von Arbeitern, welche sucht so viel wie möglich Bezahlung zu bekommen für die möglichst wenige Arbeit ohne gerade ihren Arbeitgeber zu ruiniren, ist gewiß kein sehr erhebender Gegenstand für die Beschauung. Aber der einzelne Arbeitgeber, der sich in dem Concurrenz-Kampf nicht kümmert, welche von denen, die unter ihm stehen, welche von denen, die um ihn herumstehen, er vernichten darf, wenn er einen Gewinn erlangen kann — auf eines Armes Länge von seinen Arbeitern, auf eines Armes Länge von jedem Arbeitgeber — ist ein noch weit mehr niederdrückender. Die Aufgabe der ersteren fordert, in Bezug auf sie selbst, viel Geduld, viel Ausdauer, viel Selbst-Ergebung; die Aufgabe des letzteren fordert nichts weiter als einen klaren Kopf, einen guten Plan-Entwurf und (innerhalb des Bereich des Gesetzes) eine streng rechtliche Gesinnung.

Giebt es aber kein Entrinnen vor der Tyrannei des Eigennutzes, mag dieselbe sich ausdehnen über eine Klasse oder sich concentriren auf ein Individuum? Der Arbeiter zum wenigsten denkt, daß es ein solches Entrinnen giebt.

§. 2. Schiedsgericht in Gewerbe-Streitigkeiten.

Ein Krieg zwischen Arbeitgeber und Arbeitempfänger, welcher darauf hinausgeht, Capital aus dem Lande zu treiben, oder das Land zu einer unerquicklichen Stätte für ehrliche (honest) Industrie zu machen, ist vielleicht mehr als alles andere ein Uebel, dem der Muth benommen und das verdammt werden muß. Nichts möglich Gutes kann aus einem Versuch entstehen, eine Entscheidung zwischen rivalisirenden Interessen zu fällen, welche im geringsten einseitig ist. Ein Plan, der die Fabrikherren in den Stand setzt über die Arbeiter zu triumphiren, oder der den Arbeitern Beistand leistet, um die Oberhand über ihre Arbeitgeber zu gewinnen, kann nur für die Interessen der Nation nachtheilig sein. Bei solchen Strikes und Fabrik-Schließungen, wie die der verbündeten Maschinenbauer, der Preston-Fabrikarbeiter und der Londoner Bau-Gewerke, haben wir eine Gelegenheit gehabt zu sehen, wie viel Groll erzeugt werden, und wie viel Leiden und Verlust hervorgerufen werden kann. Als Nation sind wir verpflichtet, irgend eine Verfahrensweise ausfindig zu machen für eine Vereinbarung dieser streitenden Interessen und zuzusehen, wie viel Gewinn in ihrer Vereinbarung liegen kann. Strikes und Fabrik-Schließungen sind ohne Widerrede die schlechtesten Hülfsmittel, welche sich für die Beilegung von Gewerbe-Streitigkeiten in Anwendung bringen lassen. Diejenigen, welche an dem Schiedsgericht als an einer vereinbarenden Gewalt verzweifeln, sehen nicht, wie viel in der Situation der Fabrikherren und der Arbeiter zu Gunsten desselben vorhanden ist, noch begreifen sie die vielen Weisen der Vereinbarung, welche sich an die Hand geben würden, wenn die Verständigen und Gemäßigten beider Partheien in häufigen und freundlichen Contact gebracht würden. Es ist von Vortheil für die Arbeitsgeber sowohl wie für die Arbeitempfänger, daß die Handels-Unternehmungen mit so wenig Unterbrechung wie möglich ausgeführt werden. Stätigkeit in dem Preise für Arbeit sowohl, wie in den Kosten für das Material sind wünschenswerth; unvorhergesehne Fluctuationen beeinträchtigen häufig den legitimirten Handels-Gewinn. Nun liegt eine bedeutende Ursache zu solchen Fluctuationen darin, daß es unter den Arbeitsgebern in jedem Gewerbe Personen giebt, deren Sorge in der Welt weiter zu kommen, sie äußerst ungewissenhaft macht. Sie versuchen sich zum Herrn jeder Ordre zu machen und den Besitz aller Märkte zu gewinnen. Zu diesem Zweck greifen sie zu jedem Kunstgriff, durch welchen sie die Kosten der Production verringern können, so daß sie ihre ehrenwerthen Nebenbuhler durch wohlfeilere Preise aus dem Felde schlagen können. Billige Arbeit ist eine ihrer beliebten Methoden, und wenn Arbeiter außer Beschäftigung sind, entweder in Folge von Mattigkeit im Handel, oder in Folge ihrer eigenen Unklugheit, so stellen sie dieselben beständig mit niedrigeren Löhnen den besser bezahlten Arbeitern im Kampf gegenüber. Dieses übt wiederum eine Wirkung auf den ehrenwertheren Rivalen, der auf dem Markt seinem ungewissenhaften Nebenbuhler begegnen muß; um dieses zu können, muß er auch die Löhne auf einen gemeinsamen Satz reduciren oder sie zu einer gleichen Norm bringen. Daher viele der Strikes, welche in dem Lande stattfinden. Diese große störende Ursache könnte, nach dem Dafürhalten der Arbeiter am besten durch ein Schiedsgericht unwirksam gemacht werden. Ehrenwerthe Arbeitgeber und gute, beständige Arbeiter sind in gleicher Weise interessirt, dieselbe zu beseitigen; wenn diese völlig einander sich verstehen, so werden die respectablen Fabrikherrn die Beständigen und Scharfsichtigen unter den Arbeitern ermuntern und unterstützen, während die wohlmeinenden Arbeiter ihrer Seits sie unterstützen; auf diese Weise würde ein Geist des Wohlwollens und gegenseitiger Achtung Wurzel fassen, der wirksamer ist für die Ausgleichung rivaler Interessen, als irgend etwas, das möglicher Weise geschehen kann durch gesetzlichen Erlaß oder durch irgend ein Wachsthum von Macht auf der einen oder der anderen Seite, zu dem Zweck, diese erbärmlichen Conflicte auszukämpfen.

Gewiß ist in jedem Falle, daß über seinen zärtlich geliebten Arbeiter-Verein hinaus der Arbeiter standhafter Weise seinen Weg gesucht hat zu dem, was eine Schule von National-Oekonomen für unausführbar hält — zu dem Schiedsgericht in Gewerbe-Streitigkeiten. Unmöglich kann man das starke und in den letzten Jahren rasch wachsende Verlangen der arbeitenden Klassen nach einem legalisirten Schiedsgericht als einem Ersatzmittel für Strikes verkennen. In wie vielen Fällen ist ein Schiedsgericht von den Arbeitern angeboten und von den Fabrikherren verweigert worden — von den Maschinenbauern im Jahre 1851/2, von den Preston-Webern zu wiederholten Malen im Jahre 1853, von den Bergwerk-Arbeitern in West-Yorkshire im Jahre 1858 u. s. w. In wie wenigen — die Eisengießer von Staffordshire scheinen der alleinige Fall in dieser Beziehung — ist es von den Fabrikherren angeboten und von den Arbeitern zurückgewiesen. In vielen Fällen fordern die Verordnungen der Vereine, daß auf ein Schiedsgericht zurückgegangen werden soll. „Das Comitee wird sich aller vernunftgemäßen Mittel bedienen," sagen die Verordnungen der „Protective Association of the Joiners of Glasgow and West of Scotland," „entweder durch Conferenzen mit den Partheien oder vermittelst eines Schiedsgericht eine freundliche Beilegung der streitigen Sache zu erreichen." „Wenn einmal die Arbeiter es für nothwendig halten, um einer Steigerung der Löhne willen oder aus irgend einer anderen Ursache einen Strike zu machen," sagen die Vorschriften der Association der schottischen Bergwerk-Arbeiter, „so soll das District-Comitee über den Gegenstand an ein Arbeiter-Schiedsgericht berichten; sollten die Arbeiter es verweigern, so stellen sie sich über das Gericht der Association."

Bisweilen ist es den Vereinen gelungen, legale Mittel für die Beilegung von Streitigkeiten durch Schiedsgericht zu erlangen. So wurde in dem Londoner Buchdruckerei-Gewerbe auf einer Conferenz der Buchdruckerei-Besitzer und der Schriftsetzer im Jahre 1847 eine Preis-Scala verabredet, welche in einem Document aufgenommen war und den Gegenstand gesetzlicher Entscheidungen bildete; Streitigkeiten werden durch ein Schiedsgericht-Comitee beigelegt, welches besteht aus drei Buchdruckerei-Besitzern, welche von dem Besitzer ernannt werden, in dessen Druckerei der Streit entstanden ist, und aus drei Tagearbeitern, welche nicht in der Druckerei beschäftigt sind und von den Tagearbeitern ernannt werden, mit einem Gerichts-Anwalt als Vorsitzender; dieser wird für ein Jahr eingesetzt und hat die entscheidende Stimme bei gleichgetheilten Stimmen. In den Töpferei-Werkstätten enthält der geschriebene Vertrag eine Klausel, daß, „wenn irgend ein Streit entsteht, zwischen den Partheien um die Preise oder Löhne, welche in Folge solchen Vertrages bezahlt werden sollen, der Streit einem Schiedsgericht von sechs Personen übertragen werden soll, welches bestehen soll aus drei Fabrikanten, die von den Meistern gewählt werden, und aus drei Töpfergesellen, welche von den Arbeitern gewählt werden" — ein System, welches, wie man uns sagt, vielfach versucht worden ist, und in neunzig von hundert Fällen mit dem größesten Erfolg seine Wirkung geäußert hat.

Aehnliche Schiedsgerichte oder Comitee's sind in vielen anderen Gewerben versucht worden. Zu Macclesfield wurde im Jahre 1848 ein Versöhnungs-Gericht gebildet zwischen den Seidenwebern und ihren Arbeitgebern; während der vier Jahre seines Bestehens fanden keine Strikes statt, bis es gesprengt wurde von einem Arbeitsgeber, der sich mit dem Arbitralspruch nicht begnügen wollte; sobald das Gericht gesprengt war, begannen die Strikes. Im vergangenen Mai wurde zu Sheffield unter den Zimmerleuten und Tischlern ein Codex mit Arbeiter-Verordnungen entworfen zwischen Meistern und Arbeitern; auf dem eigenen Vorschlag der Arbeitgeber kommt ein Comitee, das aus einer gleichen Anzahl von Arbeitgebern und Arbeitern zusammengesetzt ist, monatlich zusammen, um alle Differenzen, welche von der einen oder der anderen Seite entstehen, zu discutiren oder durch Majorität zu entscheiden; viele Fälle auf beiden Seiten sind durch dasselbe in zufriedenstellender Weise entschieden. „Ich will hinzufügen," schreibt der intelligente Secretair des verbündeten Vereins der Zimmerleute und Tischler, von welchem wir die obige Thatsache haben, „daß es in wenigstens zwanzig Städten unseren Mitgliedern gelungen ist, einen Codex von Arbeiter-Verordnungen zu erhalten, die wechselseitig von den Arbeitgebern und Arbeitern verabredet sind; jeder macht sie verbindlich, zwei, drei, vier oder sechs Monate vorher Kenntniß von einer Neuerung zu geben, die Einer verlangt; sind sie nicht im Stande derselben zuzustimmen, alle ihre Differenzen durch ein Schiedsgericht beizulegen. Für alle practischen Zwecke sind an solchen Plätzen Strikes unmöglich."

Das Schiedsgericht des Strumpfwaaren-Gewerbes zu Nottingham

sagt: „nachdem man jetzt sechsjährige Erfahrung gehabt hat von der practischen Wirkung des Schiedsspruch-Systems, im Gegensatz zu Strikes und Fabrik-Schließungen, ist man vollständig überzeugt, daß in einem freien Lande, wo Arbeiter und Capitalisten ein vollkommenes Recht haben in Vereine zu treten, das einfachste, humanste und rationellste Verfahren, alle Streitigkeiten zwischen Arbeitgeber und Arbeitempfänger beizulegen, in Schiedsspruch und Versöhnung besteht. Das Gericht wird in dieser Ueberzeugung durch den Umstand bestärkt, daß in den zwei Jahren die Nachfrage nach Strumpfwaaren, in einigen Branchen des Gewerbes, von einem exceptionellen Charakter und Arbeit, in einigen Geschäftskreisen sehr knapp gewesen ist; und obgleich die Arbeiter ihre Lohn-Garantie-Vereine beibehielten, so wurden doch, indem sie ihre Central-Appell-Behörde hatten, die in gleichmäßiger Weise aus Arbeitgebern und Arbeitempfängern zusammengesetzt war, alle Fragen, die Erzürnung hervorbringen und zu Streitigkeiten führen konnten, unverzüglich beigelegt, alle Ungleichheiten in den Lohnsätzen ausgeglichen, der Fabrikant in den Stand gesetzt, auf seine Contracte ohne Furcht einzugehen und sie ohne Zögern auszuführen, und die Rechte der Arbeiter mit Eifer beobachtet und strenge eingehalten.“ Ein ähnliches Gericht existirt in dem Strumpfwaaren-Gewerbe von Derby; die Errichtung eines in dem von Leicester ist beschlossen und die Arbeiter in dem Spitzen-Gewerbe von Nottingham suchen dem Beispiel zu folgen, das ihnen von den Strumpfwirkern gegeben ist.

Ferner ist, wie wohl bekannt, die Bill ursprünglich eingebracht von Mr. Mackinnon, kürzlich aufgenommen von Lord St. Leonards und jetzt durch das Parlament gegangen, „to establish Equitable Courts of Conciliation to adjust Differences between Masters and Workmen“ — Bill, betreffend die Gründung unpartheiischer Gerichtshöfe zur Schlichtung von Differenzen zwischen Fabrikherren und Arbeitern — von den Arbeits-Vereinen mit Wärme unterstützt worden. In dem Report of the Select-Committee of the House of Commons on Masters and Workmen 1860 (Berichts des niedergesetzten Comites des Unterhauses über Fabrikherren und Arbeiter 1860) findet man (S. 36) eine Liste, die von Mr. T. Winters, früher Secretair der „United Trades,“ gegeben ist und über sechszig Gewerbe umfaßt, die im Jahre 1859 einen Wunsch ausgedrückt hatten, solche Gerichtshöfe zu haben. Vor nicht langer Zeit aber wurde von Lord St. Leonards ein Brief veröffentlicht, der angiebt, daß Delegirte, welche über 100,000 Arbeiter vertraten, sich zu Gunsten seiner Bill ausgesprochen hatten. Dieses ist jedoch nur die halbe Wahrheit, denn auf der Conferenz zu Sheffield, auf welcher 180—200,000 Arbeiter vertreten waren, ging eine Resolution einstimmig durch, welche die Errichtung solcher Gerichtshöfe im hohen Grade gut hieß, die Zurückziehung der Bill überaus bedauerte, die anwesenden Delegirten verpflichtete, alle Kräfte daran zu setzen, die Errichtung solcher Gerichtshöfe zu erlangen. Die in Rede stehende Bill kann, selbst wenn sie angenommen ist, nicht alles das in Erfüllung gehen lassen, was ihre Partisane von ihr erwarten. Es ist aber unmöglich, bei ihrer Populatität bei den arbeitenden Klassen, den Beweis eines wachsenden Verlangens nach friedlicher Schlichtung von Gewerbe-Streitigkeiten, und nach ruhiger Discussion an Stelle blinder Gewalt oder blinder Beharrlichkeit mißzuverstehen.

Sechster Abschnitt.

Allgemeine moralische Fortentwicklung des Arbeiters.

Unsere Aufgabe ist bisher vergleichsweise eine leichte gewesen, denn sie war nach allen Seiten hin beinahe durch Zahlen begrenzt. Wir kommen aber jetzt in eine Region, in der Zahlen gewöhnlich nur von geringem Nutzen sind — wo sie zu oft unsichere Führer sind. Keine menschliche Rechnung kann jemals das Gute von dem Schlechten scheiden, das Glaubhafte von dem Unglaublichen. Wir können daher wenig mehr thun als, so zu sagen, am Rande der Grenzen des Gewissen-Reichs entlang streifen, indem wir uns innerhalb des Bereichs sichtbarer Land-Marken halten und über die dunkleren Länder vor uns die Resultate unserer eigenen Erfahrung geben, soweit sie dessen werth sind.

§. 1. Die Mäßigkeits-Frage.

Die Mäßigkeits-Frage unter den arbeitenden Klassen ist eine von denen, welche auf der Grenze zwischen socialer und rein moralischer Fortentwicklung liegt. Unmäßigkeit ist vor allen anderen das Laster, welches sehr gerne dem Arbeiter vorgeworfen wird. Kein Studium über seinen Fortschritt kann ein vollständiges sein, wenn es sich nicht mit diesem Gegenstand beschäftigt. Sollte man den Rednern der verschiedenen Mäßigkeits-Gesellschaften glauben, so hat Trunkenheit innerhalb der letzten dreißig Jahre zugenommen, statt abzunehmen; wenn sie auf einen gestiegenen angegebenen Consum alkoholischer Flüssigkeiten per Kopf der Bevölkerung hinweisen können, so wird dieses für einen unwiderlegbaren Beweis ihrer Behauptungen angesehen. Außerdem sind Mäßigkeits-Gesellschaften im Allgemeinen sparsam mit historischen statistischen Mittheilungen und ihre Berichte sind außerordentlich armselig in ihren Angaben über wirkliche geschehene Werke. Anderer

Seits glauben wir, würde es unsicher sein, sich in solcher Sache auf die „Judicial Statistics“ des Ministeriums des Innern zu verlassen. Mr. Scott hat in seiner werthvollen „Statistical Vindication of the City of London“ folgerecht nachgewiesen, wie unzuverlässig diese statistischen Angaben sind. Alsdann ist Trunkenheit von allen gesetzlichen Bezeichnungen eines Vergehens diejenige, welche in ihrer Anwendung am meisten Schwankungen erleidet. Ein Mann, der in einer Grafschaft nur für angeheitert gehalten wird, kann in einer anderen Grafschaft für ganz betrunken angesehen werden. Doch zugegeben, den vollsten Umfang der fürchterlichen Wirklichkeit des Uebels und die ungeheure Größe der Summen, welche von den arbeitenden Klassen vergeudet werden im Trinken — selbst wenn diese Form von Selbstverstattung nicht bis zu der höchsten Höhe wirklicher Trunkenheit geführt wird — so bietet sich doch ein schlagender Gegensatz für Jene dar, welche auf die Tage vor dem Jahr 1832, zwischen jener Zeit und dem Jetzt, zurückblicken können. Trunkenheit wurde damals nicht von den arbeitenden Klassen als etwas Uebles angesehen; an den lebhaften Krieg gegen dieselbe, welcher jetzt überall in dem Schooß dieser Klasse geführt wird, dachte man nicht; mäßige Männer konnte es geben, aber der Enthaltsame, der mit Energie daran ging und angreifend vorging, war nicht zu finden. Obgleich die Mäßigkeits-Bewegung weiter zurück verfolgt werden kann, so hat sie doch ihre eigentliche Entstehung für England in dem Erwachen des Volkes zu jener Zeit, von der wir ausgehen, und ihre Entwicklung gehört ganz und gar dem Zeitraum an, der uns beschäftigt. Diese Bewegung ist jetzt kräftig genug, daß sie sich in zwei Theile spalten konnte; jeder fördert in energischer Weise sein eigenes Werk. Und obgleich es schwierig sein mag, eine Schätzung der Total-Zahl der Enthaltsamen*) zu geben — Gott sei Dank giebt die Zahl keine Vorstellung von den aus Gewohnheit Mäßigen — so ist es gewiß, daß Tausende enthusiastischer Männer seit Jahren in dieser Sache gearbeitet haben, hauptsächlich unter den arbeitenden Klassen, und obgleich sie nicht zufriedengestellt sind mit dem Resultat ihrer Anstrengungen, so wissen sie, daß sie nicht vergeblich gearbeitet haben.

---

*) Mr. Baines berechnet in seiner Rede im Jahre 1861 die Anzahl der Mäßigkeits-Vereine auf 4000, der der Teetotallers (Anhänger des strengen Mäßigkeitsprincips) auf nicht weniger als 300,000, von welchen jedoch vielleicht mehr als die Hälfte unter funfzehn sind. Es giebt dreizehn große Associationen, die vierzig bezahlte Vorleser beschäftigen, ein jährliches Einkommen von 22,000 Pfd. St. haben, drei wochentliche Zeitungen in 25,000 Exemplaren wöchentlich und sechs Monats-Zeitschriften in 20,000 Exemplaren circuliren lassen.

In dem „Temperance Year Book“ für 1867 werden viele interessante Umstände berichtet über die Fortentwicklung der Mäßigkeit in den Provinzen, die gefördert wird durch öffentliche Meetings und Verlags-Artikel; derweilen liefert der vierzehnte Bericht des „Executive Committee of the United Alliance“ für 1865/6 das Verfahren der am weitesten gehenden („the moste advanced“) Section der Parthei. Wenn man erwägt, daß die Anforderungen der Gegner der Trunkenheit sich gehoben haben von bloßer Mäßigkeit zu völliger Enthaltsamkeit, von völliger Enthaltsamkeit zu dem „Maine Liquor Law“ oder der „Permissive Bill“ d. h. zu der Machtvollkommenheit einer localen Majorität von Steuernzahlern, ihre Nachbarn des Genusses spirituöser Getränke zu berauben, von der Permissive Bill zu „der völligen und unmittelbaren gesetzlichen Unterdrückung des Handels in berauschenden Getränken,“ welche die „United Kingdom Alliance“ sich als Ziel gesetzt hat (obgleich sie jetzt nun die Permissive Bill befürwortet), so sieht man, wie hitzig die Fehde geworden ist. Und obgleich die eine oder die andere Section der Parthei sich Pairs und Parlaments-Mitglieder, Baronets und Magistrate, Dechanten und dissentirende Aufklärer, Magister und Doctoren der Theologie als Patrone rühmen kann, so ist es doch unfraglich, daß die Stärke der Bewegung immer in der arbeitenden Klasse gelegen hat, und daß sie so bedeutend auf jene Klasse beschränkt war, daß es lange Zeit schwer hielt, einen Mann von Stellung zu finden, der ein Amt übernehmen wollte, das in Zusammenhang stand mit den verschiedenen Vereinen, die aus derselben hervorgingen. Selbst in der jetzigen Zeit, in der die Frage der politischen Reform die des Tages ist, brachte ein „Permissive Bill“ Meeting in einer unserer bedeutendsten Städte (Leeds) eine weit größere Versammlung zusammen als ein Reform-Meeting, trotz der Abwesenheit der Londoner politischen „Sterne“ auf dem einen, und ihrer Gegenwart auf dem anderen.

Obgleich die Stärke der Mäßigkeits-Bewegung in allen ihren Gestalten keineswegs ein Beweis für sich selbst ist für die Zunahme von Nüchternheit und, im Gegentheil, die Wirklichkeit und Größe des Uebels, welches zu bekämpfen ist, folgern läßt, so liefert sie doch auch einen äußerst erfreulichen Beweis von der Entwicklung moralischer Macht unter den arbeitenden Klassen. Anderer Seits wollen unsere Mäßigkeits-Freunde erinnert sein, daß die Accise-Berichte über den Consum berauschender Getränke, obgleich sie an sich ohne Zweifel ganz richtig sind, sehr häufig falsch gelesen werden; Trunkenheit kann sich verringern, ohne völlige Enthaltsamkeit, durch einen regelmäßigeren Consum der genommenen Quantität. Eine Familie kann als Getränk beim Mittagstisch consumiren was das Haupt derselben bei einem gelegentlichen Anfall von Trunkenheit auf einmal herunter stürzte. In vielen Weisen wahrlich läßt sich die Art des Consums der Quantität, wenngleich sie dieselbe bleibt, bedeutend verringern. Wir wissen wohl, daß solch ein Argument von geringem Gewicht ist für den fanatischen Enthaltsamen, der es für ein Axiom ansieht, daß „wenn Jemand anfängt zu trinken, er anfängt betrunken zu werden," wir sind aber überzeugt, daß mit Rücksicht auf den Zusammenhang mit der größeren Genauigkeit der Einnahme-Berichte und der Verringernng unerlaubter Destillation, dasselbe ernstlich in Erwägung genommen werden muß bei Schätzung des Betrages der Durchschnitte des Einzel-Consums.

Man darf aber die verschiedenen Mäßigkeits-Gesellschaften nicht als die alleinigen Organisationen ansehen, welche in directer Weise die Trunkenheit unter den arbeitenden Klassen befehden. Was auch immer man denken mag von der Politik der Sonntags-Liga (Sunday League) so ist es unbestreitbar, daß sie von Arbeitern bedeutend unterstützt wird und daß der Hauptgrund ihrer Unterstützung der ist, daß die Oeffnung öffentlicher Museen, Gärten und Plätze zur Unterhaltung ein wichtiges Hemmungsmittel der Trunkenheit ist. Dieselbe Erwägung ist in Wirksamkeit bei Gewinnung ihrer Unterstützung zu Gunsten von Arbeiter-Clubs-Schulen und von anderen Plätzen oder Formen populärer Unterhaltung. Die Wichtigkeit der Frage in Bezug auf populäre Unterhaltungen gegen die in Bezug auf Trunkenheit wird von Mäßigkeits-Gesellschaften selbst vollständig zugegeben. Die „Abstainers Union" (Enthaltsamkeits-Verein) zu Glasgow hat, wie uns Rev. Alexander Macleod mittheilt, „ein System von Predigten, Vorlesungen, Concerten und Excursionen organisirt. Vom September bis zum Mai lieferte sie Anziehungskräfte für das Vorlesungs-Zimmer und die Concert-Halle für zehn Tausende zu einem rein nominellen Preis. Und vom Mai bis September veranstalteten sie an jedem Sonnabend Nachmittag mit Omnibus, Eisenbahnzügen und Dampfbooten große Gesellschafts-Fahrten für muntere ländliche Erholungen und Ergötzungen zu äußerst billigem Fahrgelde."

Während die unentgeltliche Oeffnung von Parks, Bibliotheken, Gallerien als ein Hemmungsmittel der Trunkenheit wirksam ist, liefert sie auch ein Argument für den Beweis ihrer Abnahme. Bis zu welcher Ausdehnung auch immer der Krystall-Pallast von allen anderen Klassen besucht sein mag, niemals würde er sich haben halten können ohne die arbeitenden Klassen, welche ihrer Seits vor dreißig Jahren untauglich gewesen sein würden, an denselben Vergnügen zu finden. Zu Tausenden nehmen sie jetzt in den Tagen der Muße ihre Zuflucht zu demselben; sie sammeln sich dort zu zehn Tausenden bei Gelegenheit eines Jagdfestes oder bei ihren eigenen festlichen Tagen. Mr. F. Füller erklärt in einem an die Times gerichteten Briefe vom 31. December 1866, der nachher weit circulirte, daß „seitdem der Krystall-Pallast eröffnet worden ist, ungefähr ein und eine halbe Million Personen von demselben in jedem Jahr profitirt haben; in dem gegenwärtigen Jahre haben nicht weniger als 2,067,508 Personen das Gebäude besucht; und von den 18 oder 19 Millionen Menschen sind kaum 18 Fälle von Trunkenheit und Rausch in den Polizei-Berichten vorgekommen.“ Angesichts dieser einzigen Thatsache ist es möglich, an eine allgemeine Zunahme von Trunkenheit zu glauben?

Der überzeugendste Beweis aber gegen die Behauptung, daß unsere Arbeiter-Bevölkerung in den letzten dreißig Jahren sich mehr dem Trunk ergeben hat, liegt in Wahrheit in allen den für socialen Fortschritt folgereichen Thatsachen, deren Darstellung wir unternommen haben. Das Anwachsen von Unterstützungs-Vereinen, Bau-Gesellschaften, Land-Gesellschaften, Gewerbe- und Versorgungs-Vereinen, Industriellen Theilhaberschaften, Arbeiter-Collegien, Arbeiter-Clubs und Schulen ꝛc. ist gänzlich unvereinbar mit solch einer Thatsache. Es ist nicht der Trunkenbold, welcher aus einer öffentlichen Bibliothek Bücher borgt; noch ist es weder das Wirthshaus, noch die Bierkneipe, welche das billige Zeitungsblatt oder die billige Zeitschrift unterhält. Man sage, wenn man will, daß alle diese Dinge früher ihren Anfang genommen, sich weit rascher entwickelt haben würden ohne die Trink-Gewohnheiten des Volkes; man beweise durch Zahlen die Summen, die jährlich noch vergeudet werden im Trinken; die Generation jedoch, welche alle diese Wohlthaten hat in Erfüllung gehen sehen, kann nicht eine sein, welche sich mehr und mehr in Unmäßigkeit versenkt.

Die Verhältnisse verschiedener Oertlichkeiten, die durchaus nicht weit von einander getrennt sind — die von Gewerben, die sogar im engen Zusammenhang, mit einander stehen — gehen in dieser Beziehung weit auseinander. Die Erfahrung, welche die gewöhnlichere ist, ist nach unserem Dafürhalten die des Rv. Alexander Macleod in seiner oben erwähnten Abhandlung, wo er sagt, daß das „wirkliche Problem“ in den niedrigsten Klassen liegt; daß, während es in anderen „Individuen, selbst Familien und kleinen Cotterien geben kann, welche in dem Laster verstrickt sind, die einzige Klasse der Gesellschaft, in welcher das Laster den Einflüssen, welche gegen dasselbe in Bewegung gesetzt sind, nicht zu weichen scheint, ist der eigentliche Arme." „Ich meine nicht," fügt er emphatisch hinzu, „den industriellen Armen. Ich meine nicht die Klasse, welche zu dem Stimmrecht zugelassen werden würde, wenn die 5 Pfd. St. Miethe zur Bedingung für die Wahlstimme gemacht würde. Ich meine die Klassen, welche unter diesen stehen." Nachdem er Bezug genommen auf die „großen Veränderungen," welche in „einer vergleichsweise neuen Zeit in den Trink-Gewohnheiten der besseren Klassen" stattgefunden haben, fährt er fort: „Diese Milderungen eines socialen Uebels haben keinen Eindruck gemacht auf die Trunkenheit der niedrigsten Klassen. Dort unten ist sie weder schimpflich noch ungewöhnlich. Das alte Hohnlachen über Nüchternheit, die alte Sitte, den nüchternen Nachbar aufzuziehen, die alten Trink-Gewohnheiten halten noch die grausame Oberherrschaft der Unmäßigkeit aufrecht. Die weinerlich trunkenen Gefühle, die jämmerlichen Toaste, die tückischen Trinklieder, einstmals in Mode in den fashionablen Cirkeln der Vergangenheit, sind in diese niederen Regionen eingedrungen. Das wirkliche Uebel, das wir zu bekämpfen haben, ist daher nicht einfach Trunkenheit, sondern Trunkenheit gerade unter den Armen."

Ueber diese Beschreibung verbreitet sich eine Schattirung localer Färbung, welche sie in allen ihren Details nicht anwendbar auf England macht. Kraft seiner eigenen persönlichen Kenntniß muß der Verfasser dieser Zeilen versichern, daß die Trinkgewohnheiten seiner Jugend in allen Gewerben in Lancashire ausgestorben sind; daß in Werkstätten, in denen der tüchtige Trinker ein Held war, Trunkenheit jetzt für eine Sache angesehen wird, deren man sich schämt. Sheffield ferner, ist eine Stadt, welche eine unbeneidenswerthe Notorietät für das Vorherrschen von Trunkenheit unter seinen Fabrikarbeitern erlangt hat; als aber auf dem Congreß der „Social Science Association" im Jahr 1864 Mr. John Watson, ein Zinken-Schleifer gefragt wurde, ob er glaube, daß Trunkenheit unter seinen Mitarbeitern abnehme, war seine Antwort „Ganz gewiß."

Ferner schreibt von Wolverhampton ein glaubwürdiger Correspondent, der aus persönlicher Erfahrung spricht: „Vor dreißig Jahren war „tinman" (Zinngießer) eine Benennung für einen betrunkenen, nichtsnutzigen Kerl. Sobald ein Arbeiter an einer frischen Stelle in Arbeit ging, wurde von ihm nach wenigen Minuten ein Eintrittsgruß von 3 Sh. 6 P. (1 Thlr. 5 Sgr.) erhoben, welcher im Trinken verbracht wurde. Ich bin glücklich, sagen zu können, daß dieses sich Alles verändert hat. Die Arbeiter in dem Zinn-Gewerbe stehen in Nüchternheit und solchen Eigenschaften, welche einen guten Bürger ausmachen, gegen keine Klasse zurück. Der Eintrittsgruß von 3 Sh. 6 P. wird noch bezahlt, aber er wird nicht unmittelbar erhoben, wenn ein Arbeiter die Arbeit antritt: und wenn er gegeben ist, wird er nicht im Trinken verbracht, sondern geht an einen Unterstützungs-Fond für Kranke. Seit beinahe zwanzig Jahren sind Eintrittsgrüße nicht in Trinken vergeudet worden. Wir haben Geldbußen für Schlägerei in der Werkstatt, für Berauschtsein und für den Gebrauch schlechter Redensarten. Die letztere wird nicht pünktlich in Anwendung gebracht, dagegen aber die Geldbuße für Schlägerei; ich kann mich aber in einem Zeitraum von zehn oder zwölf Jahren nur zweier Fälle entsinnen. Man wird sehen, daß dieses sehr rühmlich ist, wenn man erwägt, daß ungefähr 140 Arbeiter vorhanden sind, welche mit einander zusammen kommen, dasselbe Handwerkzeug gebrauchen, und in vielerlei Weise leicht in Collision kommen, wenn nicht gegenseitig Nachsicht geübt wird. Viele sind strenge Mäßigkeits-Vereiner, viele besuchen den Gottesdienst und sehr wenige sind Trunkenbolde. Ich glaube, man könnte Monate lang in Gesellschaft von 50 Procent sein, ohne daß man einen Fluch hört, während man vielleicht mit 90 Procent zusammen sein könnte und selten einen hören würde." Der Verfasser spricht dann weiter von einer Ausflucht auf Kosten des Arbeitgebers, an welcher beinahe 200 Personen beiderlei Geschlechts Theil nahmen, und obgleich keine Grenze im Trinken gesetzt war, so hörte er nicht von einem Einzigen, der nicht im Stande gewesen wäre, für sich allein zu sorgen. Er fügt hinzu, daß „die Verordnungen über Geldbußen für Schlägereien u. s. w. von den Arbeitern entworfen und in Anwendung gebracht wurden. Wenn der Fabrikherr sich in die Sache gemischt hätte, würde ihm fühlbar gemacht worden sein, daß er seine Grenzen überschritte." Die Arbeiter in japanischer Arbeit stehen nicht hinter den Zinngießern zurück. In dem Eisengeschäft sind die Arbeiter auf dem Eisenhammer „eine respectable Körperschaft von Arbeitern." Manche sind strenge Mäßigkeits-Vereiner und manche besuchen den Gottesdienst; einige von ihnen sind Mitglieder einer Gesellschaft und sogar Prediger. Sie besitzen oft ihr eigenes Haus oder Häuser und unterrichten ihre Kinder; einige von ihnen in sehr freigebiger Weise; 10 Procent werden als genugsam gerechnet, um sie für Leute in Abzug zu bringen, welche keine respectablen Mitglieder der Gesellschaft sind." Der Vervollkommnung unter den Bergwerk-Arbeitern ist bereits gedacht worden. Die Hohlwaaren-Arbeiter stehen in schlechtem Ruf und vor dreißig oder vierzig Jahren „dachte keiner von ihnen jemals daran, etwas zu sparen. Seit zwanzig oder dreißig Jahren haben sie sich ein eigenes Haus oder eigene Häuser gebaut, die Trunkenheit hat abgenommen und die Arbeiter als eine Körperschaft haben sich bedeutend gehoben," obgleich „sie noch mit Ausnahme der Puddler, unter den meisten anderen Klassen stehen."

Ein Freund in Leeds, aus dessen Mittheilung wir bereits Citate gegeben haben, der viele Jahre hindurch in enger Beziehung zu der arbeitenden Klasse im Allgemeinen gestanden hat, und der vielleicht eine ausgebreitetere Bekanntschaft mit den Bergwerk-Arbeitern insbesondere hat, als irgend Jemand in dem Königreich, schreibt: „In Bezug auf die Trunkenheit bin ich mir sehr klar, daß in den letzten zehn oder zwölf Jahren eine entschiedene Vervollkommnung im Allgemeinen unter den arbeitenden Klassen, und namentlich unter den Arbeitern in den Kohlengruben, stattgefunden hat. In dem allgemeinen Strom der Vervollkommnung kommen kleine Strudel vor, in welcher die Strömung auf einen Augenblick rückwärts zu gehen scheint, aber der wirkliche Fortschritt rückt entschieden vor." Selbst unter der untersten Klasse ist nach seiner Ansicht „die Vorstellung verbannt, daß ein Mann in dem Verhältniß, wie er trinken kann, ein tüchtiger Kerl ist". Leider haben wir noch Menschen, welche unvernünftigen Thieren gleich, das Vergnügen nach dem Trinken bemessen, im Verhältniß zu der Bevölkerung sowohl, wie zu der Klasse, werden es jedoch immer weniger. Man hat mehr wie früher ein Auge auf sie und ihre Notorietät ist ein Beweis für die Vervollkommnung gegen die Zeit, in welcher viehische Betrunkenheit so gewöhnlich war, daß sie übersehen wurde. In großen Städten und selbst auf manchen Stellen des Landes muß das Trinken verdeckt werden mit Musik, Gesängen und Taschenspielereien oder Darstellungen körperlicher Kraft, Gewandtheit oder Ausdauer. Ich habe keine Sympathie mit unseren Blondins und Ethardos; aber selbst diejenigen, welche eine Sympathie haben für eine besondere Klasse komischer Sänger und für öffentlich auftretende Brüder und Familien, welche jetzt eine Notorietät erlangt haben, sind der Beweis für ein kleines Stadium von Fortschritt. Derselbe Proceß findet Verbreitung über die Land-Districte. Unter den Bergwerk-Arbeitern kenne ich noch Frauen, welche nackend in der Grube arbeiteten, an Stellen, bedeutend schlechter, als wo jetzt die Ponies das Werk treiben und diese sind noch unwissend und ungesittet. Sie senden oft ihre Kinder nicht zur Schule, können ihnen nicht gute Sitten lehren und sind eine wirkliche Quelle der Verschlechterung für sie. Bei solchen Müttern, und mit solchen Frauen gingen die Kohlengruben-Arbeiter natürlicher Weise zum Bierhause und viele thun es noch. Wir haben aber eine heranwachsende und herrliche Kette von Männern, Frauen und Familien, die langsam in bessere Sitten und in Achtung hineinwachsen, weil sie Muße haben sich beides zu erwerben und die Mittel, an beiden Vergnügen zu finden."

Von Derby schreibt ein Freund, der keineswegs sanguinisch ist: „Wenn ich zehn Jahre Derby überschaue, so scheint nach meiner Meinung die Fluth den richtigen Weg zu strömen, obgleich sie eine lange Zeit braucht für die Wellen, um am Gestade eine sehr vernehmbare Brandung zu machen. Ich denke, es ist etwas weniger Trunkenheit vorhanden, selbst innerhalb des zehnjährigen Zeitraums meiner Wissenschaft, obgleich sie noch in einem fürchterlichen Umfange da ist .... Es giebt aber viel mehr mäßige Arbeiter als früher." Dieses letzte Zeugniß ist bemerkenswerth, in sofern es den Beweis liefert, daß, obgleich die allgemeine Vervollkommnung in Mäßigkeit gering sein mag, sie doch groß ist in der Klasse, welche wir speciell unserer Betrachtung unterworfen haben.

Andererseits ist die Thatsache unzweifelhaft, daß in vielen Fällen es nicht die am schlechtesten bezahlten Gewerbe sind, welche dem Trunk am meisten zugethan sind. Die Sheffield-Gewerbe liefern beinahe durchgehends ein Beispiel. Die Spitalfields-Weber, welche sich freuen, wenn sie 8 Sh. die Woche verdienen, sind aus Gewohnheit mäßig; die Kohlengruben-Arbeiter, die beinahe oder völlig vier Mal so viel einnehmen — die Puddler, welche wiederum leicht den doppelten Lohnsatz der Bergwerk-Arbeiter verdienen — sind zu oft Trunkenbolde. Von denen zu Wolverhampton z. B. versichert man uns, „daß sie in diesen zwanzig, dreißig Jahren nicht den geringsten Fortschritt gemacht haben. Es giebt unter ihnen sehr wenige Mäßigkeits-Vereiner, Leser von Zeitungen oder Personen, welche irgend einen Gottesdienst besuchen; ihre Wohnungen sind erbärmliche Nester.*) Die Korkstöpselmacher sind ein ziemlich gut bezahltes Gewerbe; doch schreibt ein befreundeter Correspondent aus Sunderland, von dem wir viele werthvolle Mittheilungen erhalten haben, in folgender Weise: „Ich arbeitete mit zwanzig Mann

*) Es ist jedoch selbst in dieser Gruppe von Arbeitern eine Besserung vorhanden. „Ich bin bereit zuzugeben," schreibt der Präsident der nördlichen Eisen-Arbeiter-Gesellschaft, „daß eine große Anzahl von Eisen-Arbeitern vorhanden ist, welche heute so in Unwissenheit versenkt sind, wie sie es vor zwanzig Jahren waren." Aber während „vor dreißig Jahren die herrschende Meinung war, daß es für einen Puddler oder für irgend eine andere Art von Eisenarbeitern unmöglich sei, seine tägliche Arbeit ohne Bier zu machen, giebt es jetzt sehr viele strenge Mäßigkeits-Vereiner unter ihnen. Große Mengen von Eisenarbeitern sind Mitglieder von Baugesellschaften und Hunderte von ihnen wohnen in ihren eigenen Häusern."

in einer Werkstatt als Geselle (in meinem ein und zwanzigsten Jahre); es war nicht ein einziger Mann, der nicht 2—5 Sh. die Woche im Trunk ausgab; mir wurde die Stellung eines Secretairs des Vereins angetragen, als ich nur 14 Tage lang Mitglied war, einfach, weil ich für einen mäßigen Mann angesehen wurde." Kurz, es giebt, man muß es zugeben, „Verhältnisse" — um Mr. E. Chadwick's Worte (Social Science Transactions for 1865 S. 89) zu gebrauchen — in welchen hohe Löhne nur Uebermaß im Trinken bezeichnen. Und er citirt das Beispiel eines Kleinhändlers mit Kohlen in der Nähe von Manchester, „der an Niemand Credit geben wollte, welcher mehr als 24 Sh. die Woche verdiente, weil er aus Erfahrung fand, daß wenn Jemand so viel einnahm, er niemals gut bezahlte." So ist die Theorie weit entfernt im Allgemeinen wahr zu sein, daß je tiefer man geht auf der socialen Scala, je mehr man finden wird, wie Trunkenheit und Unbedacht vorherrschen.

Niemals aber ist es angebracht, bei dem bloßen Factum von Unmäßigkeit bei einer Person oder einer Volksklasse zu verweilen ohne auch auf ihre veranlassende Ursachen die Aufmerksamkeit zu richten. Rev. Alexander Macleod sagt äußerst wahr, daß „die Ansicht, daß Trunkenheit ein vorsätzliches Laster ist, etwas, dem sich die Leute mit Bedacht hingeben, täglich weniger ausreichend wird, und daß sie namentlich unzulänglich wird, wenn sie als Erklärung für die Trunkenheit unter den Armen gegeben wird." Die „verunreinigte Atmosphäre," in welcher große Massen der ärmeren Bewohner in Städten leben müssen, bezeichnet er als eine solche Erklärung: den Mangel comfortabler Wohnungen als eine noch gewichtigere; außerdem den Mangel an guter Nahrung und an Mitteln zu ruhiger Erholung: nicht zu sprechen von Unwissenheit, die jeder Verbesserung Fesseln anlegt. In vielen anderen Fällen giebt die Natur der Arbeit einen besonderen Anreiz zum Trunk. Wir glauben, daß wenn ein Verzeichniß aller der Beschäftigungen gegeben werden könnte, in welchen Trunkenheit am meisten vorherrschend ist, man finden würde, daß sie alle die umfassen, welche die ungesundesten und erschöpfendsten sind, und daß sie sich in bedeutendstem Maße auf solche beschränken würde. Zu den ersteren müssen gezählt werden die große Masse der Gewerbe von Sheffield, zu den letzteren die Bergwerk-Arbeit und das Eisen-Gewerbe im Allgemeinen. Das Vorherrschen von Trunkenheit in solchen Fällen verlangt also hauptsächlich die Anwendung sanitätlicher Maßregeln und eine Verringerung der Arbeitsstunden — mit anderen Worten eine weitere Entwicklung Schutz gewährender Gesetzgebung.

In dem Augenblick, in welchem wir zugeben, daß unreine Luft, schmutzige Wohnungen, ungesunde Arbeit einen Arbeiter in Trunkenheit hineintreiben können, geben wir auch zu, daß wenigstens ein Theil der Schuld an solcher Trunkenheit vor der Thür anderer und nicht vor seiner eigenen liegt, daß — um nichts zu sagen von dem Schankwirth und dem Bierverkäufer — der Bau-Unternehmer, der Grundbesitzer, der Arbeitgeber einen Antheil an derselben tragen müssen. Es giebt Fälle, in welchen sie ihm förmlich aufgedrungen wird; in welchen er buchstäblich verkauft worden ist von anderen, um zu sündigen; in welchen nachgewiesen werden kann, daß er sein Bestes gethan hat, um sich von deren Knechtschaft zu befreien, wenn ihm die Gelegenheit geboten würde. Das schlagendste Beispiel sind die Londoner Kohlenträger und Ballastlader. Ueber sie wird uns der folgende Bericht von einem Freunde, Mr. F. J. Furnivall gegeben, der viel in Berührung mit den betreffenden Klassen gekommen ist, namentlich mit den Ballastladern: — „ein Blick, der sich nicht leicht vergißt, war die erste Begegnung mit den Ballastladern zu Radcliff Creß — ihre aufgedunsenen Gesichter, bleichen Lippen und zerlumpten Kleider. Diese Leute wurden im Jahre 1852 und vorher, von neun und dreißig Truckmännern oder Contrahenten beschäftigt, von denen sieben und zwanzig Bierhaus-Wirthe waren, die anderen Fleischer, Materialisten u. s. w., welche die Leute Preise für ihre Waaren bezahlen ließen, die sie nach Belieben forderten, und welche Aufseher anstellten, die Logirhäuser hielten und die Leute ihre halbe Krone wöchentlich für Betten bezahlen ließen, obgleich sie verheirathet waren und zu Hause wohnten."

„Aber dieses," sagt der Appell, der zu ihrem Besten zu jener Zeit erging, „ist das geringste Uebel des Systems. Vorher war gesagt worden, daß sieben und zwanzig von neun und dreißig Mittelsmännern Schankwirthe waren; der sicherste Weg also, für die Leute, Arbeit zu bekommen, war, daß sie nach der Bierkneipe gingen und tranken, wo ihnen immer Credit gegeben wurde, und wenn sie Schulden gemacht hatten, wurden sie an die Arbeit gebracht; während sie an der Arbeit sind, werden ihnen mehr Bier und geistige Getränke geschickt, welche sie nehmen müssen; und wenn sie von der Arbeit zurückkommen, werden sie in der Bierstube zwei bis fünf Stunden festgehalten, wo das in unumgänglicher Weise begonnene Trinken in freiwilliger Weise fortgesetzt wird, bis die Hälfte, bisweilen zwei Drittel ihrer Löhne verbracht sind. Die Wirkung davon auf die Leute selbst läßt sich leicht begreifen; von ihren Frauen und Familien hat Jemand, der sie kennt mit Recht gesagt: „ein großer Theil ihrer Weiber und Kinder sind halb verhungert und in Lumpen, ihre Kinder wachsen ohne Erziehung und in Lumpen auf, während jede unglückliche Zufälligkeit des Lebens ihre ganze Familie dem Kirchspiel verfallen läßt oder sie treibt ihr Brod in schmachvoller Weise zu verdienen" — sie befinden sich in einem erbarmenswerthen Zustande von Armuth, ihre Wohnungen sind ein Schauplatz des Elends, während die Zeit des Familien-Vaters beinahe gänzlich in dem Wirthshause verbracht wird.

„Die Leute suchten Hülfe in einem System, das mit glücklichem Erfolg auf ihre Mitarbeiter, die Kohlenträger, Anwendung gefunden hatte, welche genau in derselben Lage sich befunden hatten; namentlich suchten sie die Gesetzgebung zu veranlassen ein Gesetz zu geben, daß ihnen ein Registrar-Comtoir verliehen sollte, bei welchem sie ihre Contracte mit den Capitainen und Schiffseigenthümern, welche ihrer Dienste benöthigt waren, machen und von diesen ihre Löhne, nach Abzug der Kosten des Comtoirs, erhalten könnten.

„Jedermann, der mit den Leuten verkehrte, um eine Veränderung in ihrem Beschäftigungs-System zu erzielen, kann Zeugniß abgeben, daß sie mit vollem Herzen dabei waren. Es geschah aber nichts Wesentliches, bis Prinz Albert Master of the Trinity House wurde. Er untersuchte die Lage der Leute, beauftragte Mr. Cardwell, den damaligen Vice-Präsidenten des Handels-Amtes, sich mit derselben zu beschäftigen, und als er dann die Verordnungen des Trinity House änderte, stellte er die Ballastlader unter der Controlle der Mitglieder des Hauses. Dem ganzen Trinken nach dem Trucksystem wurde auf einmal Einhalt gethan. Diese Veränderung in der Lage der Leute am Ende des Jahres, als sie ihr erstes jährliches Mittagessen hielten, war erstaunlich. Gesunde, braune Gesichter und gute Kleider sah man in dem ganzen Raum; die Wohnungen der Leute sind comfortable, die Kinder sind besser gekleidet und werden länger in der Schule behalten; manche von den Leuten sind strenge Mäßigkeits-Vereiner geworden und Fälle von Trunkenheit sind vergleichsweise selten. Die Verbesserung hält gut vor.

„Die Angelegenheit der Kohlenträger hat für die Leute nicht so glücklich geendet; aber selbst jetzt sind sie besser daran, wie sie waren. Vor dem Jahre 1843 waren die Kohlenträger von den Gastwirthen unter dem Truck-Trink-System in Schweiß gesetzt worden und hatten sich Trunkenheit als Bedingung für Beschäftigung angewöhnt. Sie machten selbst Anstrengungen und mit Hülfe von Freunden in dem Gewerbe und in dem Hause der Gemeinen erlangten sie eine Acte (6 et 7 Vict. c. 101), hauptsächlich durch Mr. Gladstone's Einfluß, für die Errichtung eines Comtoirs, bei welchem jeder Arbeitgeber zuerst seine Arbeit und seinen Preis anzumelden verpflichtet war. Dieses machte die Kohlenträger von den Schankwirthen frei. Unglücklicher Weise aber war das Gesetz über die Kohlenträger nur ein zeitweises und nach zwei Erneuerungen in den Jahren 1846 und 1851, veranlaßte im Jahre 1856 die Kohlen-Händlerschaft die Regierung, die Kohlenträger-Acte nicht wieder zu erneuern, da die Händlerschaft ein Comtoir unter eigener Verwaltung errichten wollte; sie wollte die Arbeitgeber veranlassen an dasselbe sich zu wenden und auf diese Weise die Leute vor den Klauen der Schankwirthe schützen. Bis zu einem gewissen Umfange hat die Händlerschaft ihre Versprechen gelöset; aber ein Regierungs-Comtoir zum Schutz der Arbeiter und ein Fabrikherrn-Comtoir sind, wie die Arbeiter wohl wissen, zwei verschiedene Dinge; einige der alten Uebel sind wiederum hervorgetreten, obgleich durchaus nicht bis zu ihrer früheren Ausdehnung."

Wir wollen zum Schluß mittheilen, daß Mr. T. T. Flyen, der intelligente Leiter des Ballastlader-Comtoirs schreibt, daß, nachdem er seit 1845 mit großen Mengen von Arbeitern an der Themse in genauer Verbindung gestanden hat, er „sie sowohl in moralischer wie in geistiger Beziehung bedeutend gehoben findet. Nicht zehn Procent derselben sind Trunkenbolde; Trunkenheit hat wirklich unter ihnen sehr abgenommen."

Ein Beispiel für dieselben Uebel in einem ausgedehnteren Maßstabe wird von den Bergwerk-Arbeitern von Süd-Staffordshire geliefert, wo das scheußliche „Butty-System" herrscht. Der „Butty" sagt Mr. Tremenheere, im Eingange seines Berichtes über die Bergwerk-Distrikte im Jahre 1859, ist ein Contrahent oder Mittelsmann zwischen dem Grubenbesitzer und dem Arbeiter. Er hat unter sich einen Agenten, den „doggy", der in dessen Abwesenheit die Arbeit beaufsichtigt." Es ist eine Klage von langer Dauer, daß diese Contrahenten und Unter-Agenten von den Arbeitern in verschiedener Weise Vortheil nehmen — durch Einbehaltung von Geld von ihren Löhnen, welches sie im Trinken verbringen müssen; durch Sendung von Getränk nach den Gruben inmitten der Woche und durch Nehmung von Bezahlung für dasselbe, ob sie sich dessen bedienen oder nicht; durch Ausbezahlung der Arbeiter spät am Sonnabend Abend und Wartenlassen in den Wirthshäusern, an welchen die Butty betheiligt sind, damit sie daselbst Geld im Trinken verbringen mögen. Diese und andere Klagen gegen das Butty-System wurden auf verschiedenen Meetings vorgebracht, die von 1200 bis 3000 und 4000 Arbeitern besucht waren; von dem einen der Sprecher wurde hinzugefügt: „der Arbeiter muß bezahlen, ob er getrunken hat oder nicht und wenn der Arbeiter nicht trinkt, giebt es wenige oder gar keine Arbeit, weil man derjenigen, welche nicht trinken, sich bald entledigen muß." „Eine große Anzahl von Contrahenten (butties)," sagt er an einer anderen Stelle, „halten Wirthshäuser oder sind an denselben betheiligt; und obgleich manche das Gesetz umgehen, indem sie die Leute nicht wirklich in dem Wirthshause selbst auszahlen oder irgend wo in der Nähe, so erwarten sie doch, daß die Leute dorthin gehen und die bestimmte Quantität trinken; und wenn welche es nicht besuchen, so wird ihre Quantität von den Uebrigen getrunken."

Mit „der Acte" meinte Mr. Tremenheere augenscheinlich die damals gültige Act 5 et 6 Vict. c. 99, welche die Bezahlung von Löhnen verbot „bei oder in einer Schenke, einem Wirthshause, einer Bierkneipe oder in einem anderen Bewirthungs-Hause, einem Comtoir, einem Garten, oder auf einem dazu gehörigen oder davon eingenommenen Platz." Um solchen Ausflüchten, wie er beschreibt, zu entgehen, verordnete die Act 23 et 24 Vict. c. 131, daß Löhne auf einem Comtoir bezahlt werden sollten, welches in den speciellen Vorschriften für das Bergwerk oder die Kohlengrube für diesen Zweck bestimmt ist und welches „nicht angrenzen sollte an einem Hause, wo geistige Getränke, Wein, Bier oder andere Spirituosen verkauft werden." Es muß bemerkt werden, daß diese Verordnung als das Resultat der eigenen Agitation der Arbeiter angesehen werden muß; auch begnügen sie sich damit nicht. Auf der allgemeinen Conferenz der Bergwerk-Arbeiter des Vereinigten Königreichs, welche zu Leeds im November 1863 gehalten wurde, wurde unter anderen Gegenständen empfohlen: „daß es unter keinerlei Wortsinn einem butty, doggy, Aufseher, Unteraufseher &c. gestattet werden soll, in directer oder indirecter Weise einen Laden oder ein Wirthshaus zu halten." Wir würden überrascht sein, wenn nicht eine Verordnung in dieser Richtung ihren Weg in das nächste Bergwerk-Gesetz finden sollte.

Es würde ein Irrthum sein, wollte man annehmen, daß diese Uebel sich auf die Bergwerke beschränken. „Wie kommt es," schreibt ein intelligenter Correspondent aus Wolverhampton, „daß die Leute in manchen Werkstätten gegen die Leute in anderen so viel höher stehen? Ich denke, die Antwort wird oft sein, daß die Arbeitgeber nicht genug dem Trinken und dem Laster den Muth benahmen, und die Anlage von Wirthshäusern dicht vor ihren Thüren gestattet haben. Vielleicht konnten sie solche oft nicht verhüten. Sie können aber ihre eigenen Werkmeister, Aufseher und Factors von der Haltung solcher und deren Anlage abhalten. Nach meiner Ansicht ernten viele Arbeitgeber eine schlimme Ernte von Ungemach durch die Gestattung dieses Systems." In dem Eisen-Geschäft wird uns versichert, „ist das Truck-System in voller und blühender Wirksamkeit in Wales, in dem Westen von Schottland und in einigen Theilen von Süd-Staffordshire, bei offener Verletzung des Gesetzes; in vielen dieser Truck-Läden kann man Alles und Jedes zu Essen und zur Kleidung kaufen und kann jede Art alkoholischen Getränkes erhalten; die langen Zahlungsfristen, oft monatlich (in manchen Werken von Wales hat man nur vier Abrechnungstage im Jahr), machen den Arbeiter zum Sklaven."

Wenn wir uns jetzt die Thatsache in das Gedächtniß zurückrufen, daß bedeutende Mengen von Arbeitern zu dem Befürwortern allgemeiner Maßregeln gegen Trunkenheit zählen, die entweder (wie die Permissive Bill) die locale Unterdrückung von Wirthshäusern in die Hände einer Körperschaft — der Steuerzahler — legen, welche nur theilweise und in manchen Fällen in einem äußerst geringen Umfange aus ihrer eigenen Klasse zusammengesetzt sind, oder welche (wie die United Kingdom Alliance) überall den Handel gebieterisch unterdrücken, so werden wir vielleicht Gründe sehen, um die Trunkenheit, welche noch unter der arbeitenden Klasse herrscht, aus einem Lichte zu betrachten, das verschieden ist von dem, in welchem sie bisher von Mr. Lowe und anderen Politikern seines Schlages dargestellt ist, und um zu erwägen, daß die politische Freimachung jener Klasse wahrscheinlich eins der wirksamsten Mittel für die Hemmung jenes Lasters liefern würde, so weit es von legislativen Bestimmungen beeinflußt werden kann. In der That erklärt die United Kingdom Alliance in ihrem Bericht für 1865/6, daß eine „Reform-Bill, von welcher Regierung auch immer sie schließlich acceptirt werden mag, die Tyrannei der Wirthshäuser an der Wurzel angreifen und daher ein Gewinn für die Alliance sein muß."

Das sei ferne von uns, daß wir durch etwas von dem Gesagten die moralische Verantwortlichkeit des Arbeiters in irgend einer Weise vermindern wollen; daß wir ihm zu dem Glauben verführen wollen, daß, weil viele Ursachen der Unmäßigkeit förderlich sein können, er deshalb nicht verantwortlich sein soll; daß, mit einem Wort, Versuchung die Sünde übertünchen kann. Zu sündigen ohne Versuchung ist teuflisch, nicht menschlich; tugendhaft zu sein ohne Versuchung ist nicht menschlich, denn es ist weniger als menschlich. Tugend ist nichts ohne Kampf in Widerwärtigkeiten; der Mann ist kein Man, wenn er nicht weiß zu kämpfen gegen das Laster, mag er außerhalb oder innerhalb desselben stehen. Wenn alles Gewicht äußerlichen Einflüssen zugeschrieben wird, so ist es doch die Schwäche, wenn nicht die Verderbtheit des Willens in dem Manne selbst, welche der Versuchung nachgiebt; der willigste Sklave des Schankwirth, mit welchem Ausdruck wir das gewerbsmäßige Trinken bezeichnen, kann seine Fesseln brechen, wenn er entschlossen ist, lieber Hunger zu leiden, als sich selbst herabzuwürdigen.

Um nun einen richtigen Schluß über die Gewohnheit des Trinkens in der arbeitenden Klasse zu ziehen, so glauben wir, daß, während Unmäßigkeit ohne Zweifel noch das Haupt-Laster des Arbeiters ist, und eines, welchem er zu oft unterliegt, er im Ganzen derselben nicht in erhöhtem Maße nachhängt, sondern beinahe überall gegen dieselbe mannhaft ankämpft. In der That wird von Arbeitern zugegeben, welche in ihren Anklagen gegen diese Geißel ihrer Klasse äußerst schonungslos sind, daß jetzt „viehische Trunkenheit die Ausnahme, nicht die Regel ist — wir sind achtbare Trinker geworden." Wie viel tadelnswürdiger Nachsicht gegen sich selbst dieser Umstand auch noch darstellen mag, sicherlich ist er ein bedeutungsvoller, denn es ist ein Schritt von dem unvernünftigen Thier zu dem menschlichen Wesen — das sich freilich noch zur Erde hinbeugt, aber im Stande ist, sich von derselben zu seiner vollen Höhe zu erheben — zu einem vollkommenen Mann, zu einem vollen Christen.

§. 2. Die Arbeiter-Frage.

Nachdem wir in solcher Ausdehnung bei dem Hauptfehler des Arbeiters, bei seiner Unmäßigkeit, geweilt haben, brauchen wir uns bei keinem anderen, der seiner Klasse charakteristisch ist, aufzuhalten. Wer sich ohne Sünde fühlt, werfe den ersten Stein auf ihn. Es giebt jedoch eine oder zwei andere Fragen, welche betrachtet sein wollen, bevor wir zu gewissen positiven Anzeichen der moralischen Fortentwicklung der arbeitenden Klasse übergehen.

Beinahe aus allen Theilen des Königreichs hört man eine Klage, daß der Arbeiter nicht so gut arbeitet, wie er zu arbeiten pflegte. Um es mit den Worten eines bereits citirten Freundes aus Derby zu sagen, hält es schwer, gut und tüchtig gearbeitete Arbeit zu finden. Die Leute sitzen nicht bei ihrer Arbeit mit jenem unverwandten Fleiß, der den brittischen Arbeiter zu kennzeichnen pflegte. Die Meister in vielen Gewerben hier sind ihrer Arbeit überdrüssig. Kleine Meister, weiß ich, geben ihr Geschäft auf, in welchem sie einige Leute beschäftigten und leben entweder von ihrem Gelde oder nehmen Arbeit für andere auf Lohn." Ein Freund aus Liverpool, der dem Arbeiter sehr günstig gestimmt ist, spricht von der Schwierigkeit, jetzt „eines Tages Arbeit für eines Tages Lohn" zu bekommen. Ein Baumeister von sehr hoher Stellung hielt dafür, daß ein großes Geheimniß der enormen Steigerung in den Kosten der Gebäude darin liegt, daß die Leute nicht so arbeiteten, wie sie zu thun pflegten. Die Schuld für diese behauptete Verschlechterung in der Industrie des Landes wird im Allgemeinen den Lohn-Garantie-Vereinen (Trades Unions) zugeschrieben; und so weit man urtheilen kann aus den bisher gedruckten Zeugen-Aussagen vor der Commission für die Lohn-Garantie-Vereine, scheint beinahe der einzige Gegenstand einer oder zweier Mitglieder jener Commission die Feststellung dieses Schandflecks für sie gewesen zu sein.

Es bleibt uns nun übrig zu sehen: 1. wie weit der Vorwurf richtig ist; 2. wie weit er, wenn er richtig, den Arbeiter betrifft; 3. wie weit er für denselben verantwortlich ist.

Zunächst müssen wir sagen, daß wir nicht glauben, daß der Vorwurf so allgemein wahr ist, wie er behauptet wird. Englands stolzes Vorrecht auf Solidität der Arbeit ist sicherlich nicht ganz von demselben gewichen. In dem bereits erwähnten werthvollen Schriftstück der Berichte Seitens der französischen Delegirten zu unserer großen Ausstellung im Jahre 1862 stoßen wir fortwährend auf solche Urtheile, wie folgende Seitens unserer Rivalen: englische Arbeit „bietet im Allgemeinen größere Garantie von Solidität", sagt der Bericht der Schuhmacher. Englische Naht ist von „unbestreitbarer Solidität und Vollkommenheit" sagen die Handschuhmacher. „Englische Waaren sind im Allgemeinen gut gearbeitet, besser eingerichtet als die unsrigen und lassen wenig zu wünschen übrig," sagen die (Pferde-) Geschirrmacher. Die Maschinenbauer sind überrascht durch die „vollkommene Arbeit" von Penn's Maschinen; das Ausarbeiten, das Poliren der Stücke läßt nichts zu wünschen übrig; sie finden, daß alles dieses in gleichmäßiger Weise die gewöhnlichen Verkaufs-Maschinen der Firma kennzeichnet; sie loben die gute Qualität englischen Gußeisens u. s. w. Die Blecharbeiter sprechen von der Ueberlegenheit der englischen Verzinnung; die Lithographen von der „schönen und soliden" englischen Arbeit, welche den Abdruck einer sehr großen Menge von Exemplaren gestattet. Die Kunsttischler sagen, daß englische Möbel sehr „sauber und solide" gemacht, auf der äußeren und inneren Seite gut ausgearbeitet werden; die Buchdrucker, daß der englische Druck „sorgsam ist, selbst bei den alltäglichen Werken, vornehmlich bei den Zeitungen." Die Goldarbeiter nur gehen so weit, zuzugeben, daß englische Arbeit „unbestritten unserer eigenen gleich ist;" der Punkte sind wenige, in welchen größere Solidität für die Franzosen in irgend einem Fach beansprucht wird. Diese

Beurtheilungen sind jetzt zwar fünf Jahr alt, allein wenn ein ähnlicher Bericht über die Pariser Ausstellung veröffentlicht werden sollte, so zweifeln wir nicht, daß die Schlußfolgerungen aus derselben ähnliche sein werden.

Der gute Name englischer Arbeit steht also nicht ganz so niedrig, als man annehmen könnte. Zugegeben jedoch, daß er im Abnehmen ist, daß — um einen bei dem Schneider-Gewerbe wohlbekannten Ausdruck zu gebrauchen — Fuscherarbeit mehr und mehr gewöhnlich wird. Gehört diese unseren Handwerken eigenthümlich an? Giebt es nicht einen Fuscher-Journalismus, eine Fuscher-Litteratur, eine Fuscher-Kunst, eine Fuscher-Wissenschaft, eine Fuscher-Erziehung, eine Fuscher-Gesetzmacherei, ja selbst eine Fuscher-Religion? Wachsen nicht alle diese uns über den Kopf? Hat das Jahr 1867 keine Fuscher-Reform-Bills gesehen? Verdient die arbeitende Klasse mehr als ihren verhältnißmäßigen Antheil des Tadels für jene Erschlaffung nationaler Moralität, welche sich ohne Zweifel auf allen Seiten manifestirt in der Tendenz, das Unreife, den Schein, die Unredlichkeit an Stelle des Reifen, des Wesens, der Gewissenhaftigkeit zu setzen? Kann vielleicht der Nachläßigste der Arbeiter die Nachläßigkeit einer Reihe der Directoren der Unity Bank übertreffen? Oder kann der betrügerischste den Stiftern, Anwälten, Vorsitzenden, Geschäftsführern mancher anderen cooperativen Körperschaft, die todt, im Sterben liegt oder noch am Leben ist, etwas lehren? Ohne allen Zweifel ist jeder Arbeiter moralisch verpflichtet für jede verschwendete Minute, für jedes Stück mit Bewußtsein schlecht gearbeiteter Arbeit, noch mehr für jeden directen Betrug. Aber wo sind seine Lehrer? Wenn die Merchandise Markts Act (Gesetz, betreffend die Auszeichnung von Waaren) strafbar machte die Benutzung falscher Waarenzeichen sowohl, wie die Auszeichnung falscher Quantitäten, Gewichte, Maße u. s. w., war dieses gerichtet gegen die Betrügereien der Arbeiter oder gegen die Betrügereien der Arbeitsgeber — von welchen viele, wie wohl bekannt ist, wohlhabend und einflußreich waren? Galt das Gesetz, betreffend die Verhütung von Verfälschung der Nahrungs-Artikel und der Getränke dem Arbeiter oder der Klasse, welche Anspruch macht über ihn auf der socialen Scala zu stehen und ihm politische Gewalt vorenthält? Was anders ist die vornehmliche, directe Ursache schlechter Arbeit in jedem Zweige menschlicher Thätigkeit, als der übertriebene Druck der Concurrenz, mag sich jener Druck äußern in dem Contract-System oder in rein speculativer Production — national-ökonomische Erscheinungen, die in vielen Beziehungen sehr verschieden sind, in beiden aber ist Alles der Zeit und Billigkeit untergeordnet. Nichts kann als Beispiel der so geschaffenen Uebel, belehrender sein als die Zeugen-Aussage des Mr. Edwin Coulson, Secretair des Ziegelstreicher-Gesellen-Vereins vor der Commission für den Lohn-Garantie-Verein; nachdem derselbe verschiedene Arten von Unterschleife, welche zum Vortheil der Werkmeister und Contrahenten gemacht worden, detaillirt hatte, erklärt er, daß vor hundert Jahren die Arbeit besser war, als jetzt, nicht weil es nicht Arbeiter giebt, die im Stande sind, „bessere Arbeit zu machen als die, welche in alten Zeiten gemacht ist," sondern weil „wir oft nicht die Aufmunterung haben, sie so gut zu machen, wie sie gethan sein könnte."

Und sofern Lohn-Garantie-Vereine die Verschlechterung der Arbeit verursachen sollen — wenn es eine Sache giebt, die erwiesener fest steht als eine andere, so ist es die, daß die schlechteste Arbeit gethan wird und immer gethan werden muß von Anderen, als von den Mitgliedern solcher Vereine. Denn die schlechteste Arbeit muß immer die schlechtesten Löhne erhalten, und die schlechtesten Löhne können nicht die Ausübung so vieler Sorge für künftige Bedürfnisse gestatten, wie die Zurücklegung einiger Pence wöchentlich in einem Lohn-Garantie-Verein. Die Fälle in London zum Beispiel, sind viele, in welchen, in einem gegebenen Gewerbe, der einzige Verein, oder die einzigen Vereine, welche sich behaupten können, diejenigen des West-End sind; die Ost-End-Arbeiter sind gänzlich ohne Organisation oder ihre Versuche sich zu organisiren haben sich zu wiederholten Malen als mißlungen erwiesen in Folge der Niedrigkeit ihrer Löhne und der dadurch erzeugten Demoralisation unter ihnen. Ohne Zweifel mag es richtig sein, daß in einigen Fällen — wenigeren wahrscheinlich, als angenommen wird — Lohn-Garantie-Vereine hervorstechende Vortrefflichkeit von Arbeit niederschlagen, die Arbeit in einer gewissen Wage halten wollen. In allen Fällen aber wird man finden, daß die große Schwierigkeit jedes Vereins in den geringeren Arbeitern liegt — solchen, welche nicht im Stande sind genug zu verdienen, daß man sie als Mitglieder haben möchte, die aber im Stande sind den Mitgliedern Schaden zuzufügen durch die Concurrenz, die sie mit ihrer geringeren und billigeren Arbeit machen.

Wir glauben daher, daß Lohn-Garantie-Vereine, obgleich es in keiner Weise scheint, als wollten sie Arbeit bis zu dem höchsten Grade von Vorzüglichkeit liefern, doch die stärkste jetzt vorhandene Vormauer bilden gegen bloße Fuscher-Arbeit in jedem Gewerbe-Zweig. Aber hinter dem Lohn-Garantie-Verein steht eine andere Form von Organisation, welche darauf hinausgeht, die höchste Trefflichkeit von Arbeit zu fördern. Ohne alle Frage ist derartig der Charakter cooperativer Production. Derartig muß im Verhältniß zu dem Umfang, in welchem die Arbeiter der Fabrik-Anlage an dem Unternehmen betheiligt sind, der Charakter jeder industriellen Theilhaberschaft sein.

Wir wagen daher zu glauben, daß eine sorgfältige Untersuchung dieser Frage den Nachweis liefern wird: 1. daß die Abnahme englischer Arbeit in vielen Fällen zugegeben, der arbeitenden Klasse mit Recht nur zur Last gelegt werden kann ein Antheil an der allgemeinen Verringerung von Spannkraft in dem, was die Moralität der Production genannt werden mag; 2. daß schlechte Arbeit die nothwendige Folge übermäßiger Concurrenz ist; 3. daß cooperative Associationen des Arbeiters und seine Zulassung zu den Gewinnen in anderen Fabrik-Anlagen die beste Hoffnung gewähren, die sich uns jetzt darbietet für eine erneuerte Hebung des Normalmaßes für englische Arbeit.

§. 3. Die religiöse Frage.

Der Verfall religiösen Gefühls unter den besser erzogenen Arbeitern wird wiederum von den Dienern der Religion in der Hauptstadt und in anderen bedeutenden, Städten mit Kummer verkündet und war vor einigen Monaten zum Gegenstand einer merkwürdigen Conferenz mit Arbeitern in dem London Coffee-house (21. Januar 1867) gemacht worden. Sehr harte Worte sind gewiß über Kirchen und Geistliche Seitens der Arbeiter bei dieser Gelegenheit gefallen. Und doch konnten diejenigen, welche, gleich einem der Verfasser (der bei der Nachmittags-Sitzung der Conferenz anwesend war) in ihrem Verkehr mit Arbeitern neunzehn Jahr zurückblicken konnten, sich des Gefühls nicht enthalten, welch eine Veränderung in der Zwischenzeit vorgegangen war, gerade in der Zusammenbringung einer so bedeutenden Versammlung von Arbeitern für solch einen Gegenstand; viele derselben konnten dieselbe nur besuchen unter Verlust eines halbtägigen Lohnes.

Es ist wahr, daß auf dieser Conferenz Einwürfe gegen die Wahrheiten des Christenthums, durch die Bedingungen ihrer Zusammenberufung, von der Discussion ausgeschlossen waren, und, daß auf diese Weise ihre Thüren den positiven Gegnern der Religion moralisch verschlossen waren. So mögen einige fähige Männer gehemmt worden sein ihre Stimme hören zu lassen. Möglicher Weise war eine derartige Ausschließung ein Fehler; möglicher Weise würde ihre Ansetzung Zeugnisse lebhafter Anhänglichkeit an das Christenthum Seitens des Theiles der Arbeiter hervorgerufen haben, welcher in Ermangelung solch einer Gelegenheit sich nicht aussprechen konnte.

Anderer Seits ist es nicht weniger wahr, daß diese Conferenz den

Anblick einer ungeheuren Anzahl intelligenter Arbeiter darbot, die eine Menge verschiedener Gewerbe von dem niedrigst bezahlten bis zu dem höchst bezahlten repräsentirten, viele von ihnen Wortführer in ihrem Gewerbe, die einer nach dem anderen mit der Angabe ihrer Gründe hervortraten, weshalb sie den öffentlichen Gottesdienst nicht besuchten. Kein Gefühl von Schaam oder Selbst-Tadel schien in ihrer Aussprache dem offenen Geständniß anzuhaften. In dem, was sie sagten, mochte viel Unwissenheit, viel Dünkel, viel Unbilligkeit liegen. Doch bleibt das Factum dieses anerkannten Nicht-Besuchs bestehen; auch ist es nicht von irgend welchem Nutzen, zu sagen, daß derselbe unter anderen Klassen herrscht — daß beinahe in jeder Gemeinde Frauen und Kinder die Männer um oft fünf bis sechs auf Einen, bisweilen in einem weit größeren Verhältniß an Anzahl übertreffen. Diejenigen, welche gleich dem Verfasser glauben, daß die arbeitende Klasse gerade das Herz und die Hoffnung der Nation ist — daß keine Klasse so durch und durch sich in Christi Evangelium zu Hause fühlt, wie diese — könnten verzichten auf die Theilnahme einiger Pall Mall Müßiggänger an den Gottesdienst, wenn ihre Plätze ausgefüllt würden von den intelligenten Arbeitern des Landes.

Unglücklicher Weise aber deutet der soeben gebrauchte Ausdruck — Theilnahme am öffentlichen Gottesdienst — gerade das an, wovon der Arbeiter, so weit als es die Conferenz blicken läßt, am weitesten entfernt zu sein scheint. In keiner der berichteten Reden erscheint der Begriff Gottesdienst, als eine Pflicht, getrennt von dem Hören eines Predigers. Und hier liegt möglicher Weise der Kern der Schwierigkeit. In Folge der Unterdrückung einer festgesetzten Liturgie in der Masse der dissentirenden Secten, und der Verkehrung des Princips religiöser Freiheit in eine Art von Canonisirung menschlichen Eigenwillens, einer Seits, anderer Seits in Folge der Vernachlässigung der Lehren eines „Common Prayer“ (Liturgie in der bischöflichen Kirche) von Anhängern der Low Church, oder der Verunglimpfung desselben von Anhängern der High Church, zu Zwecken, die bisweilen ohne Rückhalt theatralisch sind, ist unter uns die Verehrung Gottes zu sehr zu einem Hören und Sehen eines Mannes — hin und wieder von einem Theater-Effekt, herabgewürdigt worden. Gerade die elementare Idee jedes Gottesdienstes, des heidnischen so wie des christlichen, die einer Gemeinschaft zwischen Gott und dem Menschen, zwischen einem schwächeren Wesen, das voll von Bedürfnissen ist, und einem höheren Wesen, das im Stande ist diese Bedürfnisse zu gewähren, ist in einem großen Maße ausgestorben; noch mehr die christliche Idee eines öffentlichen

Gottesdienstes, als der vereinigten Darbringung der Buße, der Lobgesänge und der Gebete zu einem himmlischen Vater Seitens der Mitglieder einer göttlichen Familie in sicherer Hoffnung einer Annahme in Jesus Christus. Könnte diese Vorstellung einmal Sinn und Herz des Arbeiters treffen, erfüllt wie er ist von dem tiefsten Gefühl für Genossenschaft, so ist es wahrscheinlich, daß nicht nur die Pflicht des öffentlichen Gottesdienstes sich ihm fühlbar machen würde, sondern auch als Privilegium von ihm beansprucht werden würde. Aber während die Idee des öffentlichen Gottesdienstes für ihn nur in dem Sitzen vor dem Herrn So und So besteht, der gewisse Formeln und Stellungen wiederholt, verschwindet zuerst natürlicher Weise das Gefühl von Pflicht, und dann das der Befriedigung in ihrer Erfüllung. Er fühlt, zum Beispiel, und er fühlt richtig, daß vor dem Herrn So und So zu sitzen an und für sich kein Gegenstand der Pflicht ist. Und dann verschwindet die sociale Anschauung von Gottesdienstes ihrer Seits; derselbe wird bloß ein Gegenstand persönlichen Vortheils: die Frage kommt zu stehen, nicht, „wie soll ich als ein Mitglied der christlichen Familie Gott, meinen Schöpfer und Vater verehren?" sondern „ist dieser oder jener Mann meines Ganges werth, ihn zu hören und anzusehen?" Bei dem Besuch der Kirche oder der Kapelle unter dem Einfluß solcher Gedanken ist er ganz natürlich, beinahe nothwendiger Weise, zu dem Schluß gekommen, daß nach einer Weile die Männer, welche die Kanzel besteigen, nicht werth sind sie weder zu hören noch zu sehen. Die Wiederherstellung jenes elementaren Begriffes von Gottesdienst unter uns, als einer directen Gemeinschaft zwischen Menschen und Gott, dem der fungirende Geistliche Worte und Gestalt, aber nichts weiter, verleihen mag — welcher unbedingt zerstört wird von dem Augenblick an, daß er zwischen Gott und den einzelnen Besuchern des Gottesdienstes, welche die Gemeinde ausmachen, zu stehen begehrt oder scheint — scheint ein nothwendiges Vorerforderniß für die Rückkehr der arbeitenden Klasse zu unseren religiösen Andachten zu sein. So lange als jener Begriff unwiederhergestellt bleibt, ist die Wahrscheinlichkeitsrechnung, daß jede andere Klasse, welche denken lernt, sich von derselben abwenden wird. Denn die sogenannte Verehrung Gottes ist nur eine Verehrung von Menschen. Priester oder Prediger Bekennung ist nur eine milde Form von Götzendienst, bewußt oder unbewußt.

Anderer Seits aber bedarf die Wiederherstellung des öffentlichen Gottesdienstes noch etwas Tieferem bei Geistlichen und Volk — die Wiedererwachung des Gefühls von Gemeinschaft als des eigentlichen Grund und Bodens christlichen Lebens. Wenn dieses einmal wieder belebt ist, wird sich zeigen, daß dessen Sphäre allumfassend ist. Es werden keine Klagen entstehen, — wie sie so häufig auf der Conferenz waren — daß Geistliche nicht auf sociale Fragen eingehen. Man wird fühlen, daß alle Fragen sociale sind, daß die ganze menschliche Gesellschaft in Christus begründet ist. Der Geistliche wird nicht, wie der Arbeiter vielleicht erwartet, die Parthei des letzteren in allen Streitigkeiten mit seinen Arbeitgebern nehmen. Aber der Geistliche wird fühlen und erklären und zeigen, durch Wort und That, daß er, als ein wahrhafter Diener und Krieger Christi, des Königs der Könige, des Herrn der Herren einen lebenslangen Kampf zu kämpfen hat gegen Alles, was sich seiner Herrschaft widersetzt, gegen alle Bestrebungen des Handels, der Politik oder irgend einer anderen Form menschlicher Thätigkeit, die darauf hinaus wollen sich selbst Gesetze geben zu wollen ohne Ihn, und gewissermaßen unabhängige Reiche des Heidenthums in Gottes Welt bilden zu wollen. Er wird bis auf das Aeußerste verabscheuen und mit seiner besten Kraft niederschlagen jene falsche National-Oekonomie, welche Eigennutz zum Herrscher der menschlichen Gesellschaft macht, welche Wünsche bei den Menschen begründet, die lüstern sind nach gebieterischen Gesetzen und durch ihre Maximen jegliche Unterdrückung und Noth rechtfertigt. Als der Bekenner Gottes, der uns gebietet „brich jedes Joch," wird er immer bereit sein jede Gestalt politischer, moralischer oder socialer Sklaverei zu bekämpfen. Als der Verehrer eines Gottes der Wahrheit, eines Gottes, der das Licht ist und in welchem gar keine Finsterniß ist, wird er keine Form von Wahrheit fürchten, sie mag noch so ungewöhnlich sein, kein Licht löschen, so sehr es auch flackert. Er wird glauben, daß Gottes Wahrheit sich selbst Achtung verschaffen wird, wenn er sie mit seinen eigenen Gedanken nicht begreift, daß Gottes Licht scheinen wird in das Herz und den Sinn der Menschen, wenn er es nicht mit den Mauern und Riegeln seines eigenen Systems umgiebt. Er wird nicht die Bibel zu einem chronologischen oder geologischen Handbuch herabsetzen, wissend, daß Gottes Vaterschaft, Christi Fleischwerdung, die Erlösung der Menschheit durch sein Leben und durch seinen Tod, die Sendung des heiligen Geistes Wahrheiten sind, die unbedingt und gänzlich unabhängig sind von der Frage, ob die Erde 6000 oder 60,000 Jahre steht oder wie das erste Capitel der Genesis erklärt werden soll. Weil er glaubt, daß sie das Buch Gottes ist, wird er auch glauben, daß sie das Buch für die Menschen ist, weil sie Gottes Wahrheit offenbart, weiß er, daß sie der große Urquell der menschlichen Freiheit ist.

Gerade in dem Verhältniß, wie wir noch entfernt von solch einer

Ansicht des Evangeliums Christi sind, gerade so weit, der Verfasser wagt es zu denken, sind wir davon entfernt, die arbeitende Klasse dieses Evangelium in sich aufnehmen zu sehen. Aber ihre Klagen können andere Klassen verhelfen es zu thun. Keine andere Klasse dürfte sich auf solch eine Einladung gesammelt haben, um so unumwunden ihre Gründe für die Vernachlässigung des religiösen Kirchendienstes darzulegen. Und auf dem Boden dieser Gründe kann man fühlen, nicht Abneigung oder Gleichgültigkeit gegen das Evangelium selbst, sondern, im Gegentheil, ein tiefes Gefühl für eine kräftige Kundmachung desselben. Die Klage ist, nicht, daß das Christenthum gegeben ist, sondern, daß „Priester und Geistliche knappes Gewicht und knappes Maß" von demselben gegeben haben; nicht, daß dasselbe ausgeübt wird von seinen Bekennern, sondern daß ihre Ausübung es weit fehlen läßt an ihrem Bekenntniß; nicht, daß Geistliche und Priester sich für die Arbeiter ins Mittel legen, sondern, daß sie nicht unter sie kommen und ihre Unternehmungen eine werkthätige Sympathie an den Tag legen. Wahrlich, eine Stimmung wie diese, selbst wenn sie sich in harten und trotzigen Worten ausspricht, sollte die Diener Christi, statt sie zu entmuthigen, zu ihrem Werk anspornen und anfeuern — selbst wenn dieses Werk zum Theil in der Wegwerfung der theuersten Traditionen und Gewohnheiten religiöser Meinung bestände.

Ohne im geringsten das Gewicht des Zeugnisses unterschätzen zu wollen, das die Conferenz über die Gleichgültigkeit vieler der intelligenteren Arbeiter gegen den öffentlichen Gottesdienst abgegeben hat — so muß doch jetzt darauf hingewiesen werden, daß die Frage noch eine andere Seite hat. Es ist weit ab von der Wahrheit im Allgemeinen, daß solch eine Gleichgültigkeit herrschend ist. Man darf nicht vergessen, daß die Conferenz in London gehalten wurde — dem Platz, wo ein Mann jeder Klasse äußerst leicht sich durch das Leben bewegen kann, ohne daß er eine ernste Anstrengung des Verstandes oder Geistes zu üben hat, wo eine flatterhafte und bald gesättigte Neugier zu oft die Stelle für alle tieferen Interessen und für alle höheren Zwecke einnimmt. Und obgleich das Beispiel Londons von unseren größeren Städten mehr oder weniger befolgt wird, so giebt es doch sehr viele bedeutende Städte, ganze bedeutende Districte, wo unter den unterrichteten Arbeitern der Besuch religiöser Versammlungen die Regel ist, nicht die Ausnahme. Gott sei Dank zeigt die tägliche Erfahrung, daß religiöser Glaube und wachsende Intelligenz mit einander vereinbar sind. Die Berichte beinahe jeder religiösen Organisation sprechen uns von erwachten Gemüthern, gekräftigten und erweiterten Verstandeskräften durch die Empfängniß für religiöse Einflüsse; jeder, der noch so geringen Antheil genommen hat an irgend einem Werk religiösen Charakters, kennt solche Fälle. Nur ein einziges Beispiel dieser Art mag erwähnt werden; es ist das eines Geistlichen, der viele Jahre lang mit der arbeitenden Klasse sehr bekannt war: —

„Ich verbrachte meine Jugend, als Sohn eines Geistlichen, unter der Fabrik-Bevölkerung des Westens von England. Ich besuchte ihre Wohnungen mit meinem Vater und kannte ihren Charakter. Ich selbst bin beinahe dreißig Jahre Geistlicher, und hauptsächlich in landwirthschaftlichen und vorstädtischen Districten. Ich habe gesehen, daß die gewöhnlichen religiösen Versammlungen, und namentlich die großen Sonntags-Schulen, mächtige Erziehungs-Mittel, sowohl in wissenschaftlicher, wie in moralischer Beziehung waren. Wenn man jemals die vollständige Stupidität eines ländlichen Arbeiters von mittlerem Alter wahrgenommen hat und dann geachtet auf das Erwachen seines ganzen Wesens, sobald er begann die Bibel zu lesen (oder anfing lesen zu lernen), religiöse Versammlungen zu besuchen, Hymnen zu singen, an Gott, als seinen Vater, und an Jesus Christus, als seinen Erlöser zu denken, so hat man etwas ganz Wundervolles gesehen. Und doch hat sich in unserem Lande dieses Wundervolle fortdauernd ereignet und in der That, in sehr ausgedehntem Maße. „Man sieht auf diese Weise" fügt er hinzu, „daß ich in den arbeitenden Klassen eine rasch zunehmende Vervollkommnung beobachtet habe, und daß ich diese Vervollkommnung hauptsächlich dem religiösen Wirken und den verschiedenen Wirkungen des Unterrichts, die mit jenem in Verbindung stehen, zuschreibe."

Weit entfernt, daß feindselige Gesinnung und Gleichgültigkeit gegen das Christenthum unter den arbeitenden Klassen im Zunehmen sind, so ist, nach dem Dafürhalten des Verfassers dieser Zeilen, gerade das Umgekehrte mehr und mehr häufig der Fall. Manche Districte könnten genannt werden, in welchen früher offene Feindseligkeit gegen Religion unter den arbeitenden Klassen vorherrschend war, und durch ein freundliches Gefühl ersetzt worden ist — verschiedene Städte, in welchen die Führer der arbeitenden Klasse früher Ungläubige waren und jetzt fromme, gottesfürchtige Männer sind. Mögen wir versichert sein, das christliche Evangelium hat nichts von seiner Macht über die Massen verloren seit den Tagen, in denen von seinem ersten Lehrer gesagt wurde, daß „das gemeine Volk Ihn gern hört." Wenn in irgend einer Gegend die Kirchen von den Arbeitern verlassen da stehen, so geschieht es, weil sie ihnen keine „gute Botschaft" zu verkünden haben. Aber sie sind im Begriff zu lernen, daß sie ihnen gute Botschaft zu verkünden haben eben so wohl wie den erblichen Inhabern eines Kirchenstuhls und den bezahlenden Kirchenstuhl-Besitzern; und er hört oder öffnet wenigstens seine Ohren, die Botschaft zu vernehmen. Fürwahr, die Wahrscheinlichkeit ist, nicht, daß wir nahe an einer Aera religiöser Gleichgültigkeit unter den arbeitenden Klassen stehen, die größer ist, als in der Vergangenheit, sondern an einer Aera größeren religiösen Erwachens unter denselben.

§. 4. Anzeichen positiver moralischer Fortentwicklung in der arbeitenden Klasse.

Wir wollen nun zu Gegenständen übergehen, die weniger der Controverse unterworfen sind, zu Thatsachen, welche mehr positives Zeugniß von der moralischen Fortentwicklung in der Arbeiter-Klasse ablegen, als die, welche wir soeben einer Betrachtung unterworfen haben.

Eine von diesen — welche aber kaum weniger bemerkbar ist in anderen Klassen und sich in der That nicht offenbaren würde, wenn sie nicht gegenseitiger Natur wäre — ist die allmälige Annährung des Arbeiters an seine Landsleute die von anderem Rang und Stand sind, wie er selbst. Vor weniger als zwanzig Jahren lag zwischen ihm und den Leuten jeder anderen Klasse — einige specielle Fälle ausgenommen — eine Art von Wolke von Mißtrauen, welche beinahe die richtigen Abgrenzungen der einen von der anderen nicht erkennen ließ. Diese Wolke hat sich jetzt gehoben. In beinahe allen bedeutenden Gewerben und Städten braucht der Mann einer anderen Klasse, welcher wünscht und verdient Arbeiter zu seinen Freunden zu haben, nicht sehr lange nach solchen zu suchen, welche ihrer Seits seiner Freundschaft werth sind und die ihrige auf ihn übertragen werden. Wohlthätigkeits-Gesellschaften, Bau-Gesellschaften, Gewerbe- und Versorgungs-Gesellschaften, Arbeiter-Collegien, Arbeiter-Clubs und Institute bilden eine immer zunehmende Anzahl von Begegungs-Punkten, materieller sowohl wie moralischer, zwischen Klasse und Klasse, welche allmälig die eine mit der anderen durch engere Bande der Gemeinschaft verbinden. In die Reihen der Autorschaft treten Arbeiter fortdauernd ein. Sie haben zu wiederholten Malen Theil genommen an den Verhandlungen der Social Science Association entweder durch Mittheilung von Abhandlungen an ihre Transactions oder durch Betheiligung an ihren Discussionen. Der Secretair der einen der großen verbündeten Gesellschaften (Amalgamated Societies) erschien in den Räumen der Statistischen Gesellschaft; und vielleicht ist der Tag nicht fern, wo selbst der Club für National-

Oekonomie sich für würdig halten wird, einen Arbeiter einzuladen, seine Ansichten und seine Erfahrung über einige jener ökonomischen Fragen auszusprechen, welche ihn so tief berühren.

Die Zunahme loyaler nationaler Gesinnung unter den arbeitenden Klassen ist eine andere auffallende Thatsache des Zeitraumes, der uns beschäftigt. Die positive unloyale Gesinnung, welche in den Jahren 1832, 1839 und 1848 vorherrschend war, welche sogar vor funfzehn Jahren weit verbreitet war, ist beinahe gänzlich verschwunden. Der Empfang der Königin zu Wolverhampton — Mr. Bright's Verweis an das tüchtige aber unglückliche Mitglied für Tower Hamlets vor einigen Monaten — sind Vorkommnisse, welche in der vorigen Generation unmöglich gewesen wären. Zu den schlagendsten Beweisen für diese Veränderung in der Gesinnung gehört die Betheiligung der arbeitenden Klassen an der Bewegung für die Freiwilligen-Corps. Obgleich ihre von Herzen kommende Mitwirkung zu oft gedämpft wird durch die officielle Schreiberei oder die Beschränktheit der Lord-Lieutenants und commandirenden Officiere einer Seits, und anderer Seits durch die schlecht berechnete Opposition eines der Haupt-Organe für die Ansichten der Arbeiter, so ist nichts desto weniger gewiß, daß, wo sie zur Betheiligung ermuntert worden sind, Arbeiter in bedeutender Anzahl in die Freiwilligen-Corps eingetreten sind und fortwährend eintreten, und daß Officiere aus der Reihe der Arbeiter sich tauglich und einsichtsvoll gezeigt haben.

Die bessere Leitung politischer Agitation unter den arbeitenden Klassen ist eine weitere äußerst bemerkenswerthe Thatsache. In London giebt es gegenwärtig zwei rivalisirende politische Organisationen, beide in bedeutendem Umfange, die eine, beinahe ausschließlich aus Arbeitern zusammengesetzt — die Reform League und die Working Men's Association. Abgesehen von hin und wieder vorkommenden Extravaganzen in Führung und Sprache Einzelner, erscheint der Wettstreit zwischen den beiden gesittet und gemäßigt.*) Man halte gegen einander

*) Die Störungen der öffentlichen Ruhe im Hyde-Park im Jahr 1866 — die einzigen tumultuarischen Vorfälle bei der jetzigen Reform-Agitation — waren zum Theil durch officielle Mißgriffe und Ungebührlichkeiten der Polizei provocirt und waren in jedem Falle ganz und gar unbeabsichtigt Seitens der Arbeiter, welche sich zum Zweck der Demonstration versammelten. Man vergleiche diese mit den Aufständen in London vor hundert Jahren, wie sie beschrieben sind in Mr. Jesse's kürzlich veröffentlichten „Memoirs of the Life and Reign of George the Third" — dem Weber-Aufstande im Jahre 1765 wo „man von London beinahe sagen konnte, daß es drei Tage lang in den Händen des Pöbels (mob) war" und während dieser drei Tage war Bedford House nicht nur mit Soldaten besetzt und einem Belagerungs-

das Verhalten beider, als der Repräsentanten der weitgehendsten politischen Ansichten des Tages und das der Nachfolger von Cartwright und Burdett, von Cobbet und Hunt, von Feargus O'Connor und Frost, und man wird sehen, wie enorm der Fortschritt in Selbstachtung und wahrer mannhafter Gesinnung und Verfolgung des Zweckes gewesen. Man höre eines alten gefangenen Chartisten (Mr. Montle) Anrede an einen conservativen Schatzkanzler bei einer Deputation der Reform-Liga am 2. April 1867: —

„In vergangenen Zeiten (sagt er, indem er von den Ansichten und Grundsätzen sprach, welche er vertrat) hat man einige von uns, ich selbst befand mich unter der Zahl, in ein Gefängniß geworfen. Heute bringt man uns, durch Sie, zu den Füßen des Thrones. Wir bringen dem Throne die Huldigung unserer Loyalität, wir bringen dem Gouvernement jene Beschuldigungen, jene Waffen, welche diejenigen von uns, welche man Agitatoren nannte, gegen Sie gebraucht haben; ehrfurchtsvoll bitten wir Sie, uns zu entwaffnen, und uns ohne Gelegenheit zu lassen, das Land gegen das Gouvernement in Bewegung zu setzen. Wir halten die Ehre unseres Landes eben so hoch, wie jede andere Klasse; wir sind ebenso unfähig, demselben Leid zuzufügen, wie Sie es sind. Das Blut der Arbeiter ist, in Zeiten der Noth, ebenso reichlich geflossen, wie das des stolzesten Pairs des Reiches. Zwanzig Jahre stehe ich in dem Kampf um eine Reform; ich bin dessen müde und wollte, er wäre beigelegt. Wir kommen mit der Würde, welche uns bewußtes Recht giebt, und bitten uns Gerechtigkeit widerfahren zu lassen. Wenn die Bill in ihrer gegenwärtigen Gestalt durchgeht, so werden wir ihre Unterzeichnung ansehen als ein Zeichen für eine erneuete Agitation, eine Agitation aber innerhalb der Grenzen der Verfassung. Wenn Sie uns Gerechtigkeit widerfahren lassen, werden Sie sich selbst Gerechtigkeit wiederfahren lassen, werden Sie Ihrer Herr-

Zustand unterworfen, sondern einmal war die Haltung der Aufständischen so kühn, daß während die Truppen beschäftigt waren, einen Angriff auf die Front des Hauses zurückzuweisen, es einer anderen Abtheilung der Aufständischen beinahe gelang, einen Eintritt auf der Hinterseite zu erzwingen;" — die Unruhen in dem Jahre 1768/9, mit denen sich bald ein Strike der Holzsäger und Matrosen verband; dieselben dauerten mit Unterbrechungen von sechs Tagen beinahe volle zwölf Monat, veranlaßte den Verlust mehrerer Menschenleben und endeten mit einer directen persönlichen Insulte des Souverains. Bei diesem Vergleich wird man sehen, daß in jenen Tagen die Umwerfung der Hyde-Park Gitter eine reine Kleinigkeit scheinen. Die Unruhen in Bristol, kurz vor dem Beginn der Periode, der wir unsere Betrachtung widmen, zeigen, unter wie verschiedenen Bedingungen eine Reform-Agitation vor weniger als vierzig Jahren ausgeführt wurde.

scherin Gerechtigkeit widerfahren lassen und die Geschichte wird Ihnen Gerechtigkeit widerfahren lassen."

In Wahrheit, Worte wie diese, kennzeichnen das Wachsthum dessen, was in einem freien Lande das Kostbarste ist, der Geist des Bürgerthums, des wahren Patriotismus. Vielleicht eine der Ursachen, welche am wirksamsten die Gesinnungen des englischen Arbeiters gegen seine eigene Institutionen verändert haben, war das Wachsthum des zweiten französischen Kaiserreichs. Von Angesicht zu Angesicht dem riesenhaften Despotismus desselben gegenübergestellt, fühlte er durch den Gegensatz den Werth der englischen Freiheit, so unzureichend in seinen Augen sein Antheil an politischer Macht sein mag.

Nicht weniger auffallend als die Hebung ihrer politischen Stimmung in Bezug auf heimischen Fragen war unter den arbeitenden Klassen die Entwicklung dessen, was wir internationale Sympathieen nennen möchten. Während des großen Krieges auf dem Continent konnte kaum ein Ausländer auf der Straße gehen, ohne von dem Pöbel mißhandelt zu werden, einfach, weil er ein Ausländer war. Ein merkwürdiges Beispiel solcher Mißhandlung durch den Pöbel kommt in dem Zeitraum vor, der uns beschäftigt; aber, wenn auch von dem gesetzlichen Standpunkte nicht zu rechtfertigen, welch ein Fortschritt in dem moralischen Gefühl des Arbeiters offenbart sich, wenn englische Karrenführer sich für berufen erachten können an einem östreichischen General die Peitschenhiebstrafe zu ahnden, die er an ungarische Frauen vollziehen ließ. Es giebt aber Thatsachen von weniger streitiger Natur, deren sich jeder Leser erinnern wird. Die für Kossuth bewiesene Sympathie, und in einem noch größeren Grade für Garibaldi, beweisen die Zunahme eines Interesses an den polischen Angelegenheiten der Welt unter unserer arbeitenden Klasse, welche durch kein Bedenken der Geburt oder der Sprache beschränkt wird. Daß, nach der ungeheuren Auswanderung nach Amerika, Lancashire Arbeiter gelernt haben mit einer verwandten Nation zu sympathisiren, und durch Zeitungen, die in ihrer eigenen Sprache geschrieben sind, die amerikanische Politik zu verstehen, kann nicht überraschen. Welche Bande aber fesseln sie an diesen Ungarn, an diesen Italiener, daß sie Beide mit solcher enthusiastischen Popularität umfaßten? Sicherlich hat sich eine Klasse, welche die einfache Mannhaftigkeit eines Garibaldi würdigen kann, zu einer wahren, weisen Mannhaftigkeit erhoben. Sicherlich sind die Männer, welche ein so lauteres Interesse an den Geschicken ausländischer Nationen nehmen können, fortan geeignet, sich an der Regierung ihrer eigenen Nation zu betheiligen.

§. 5. Ein Beispiel moralischen Fortschrittes der inmitten verringerter Wohlfahrt beginnt.

Aus dem, was oben gesagt ist, daß wir dafür halten, daß die arbeitenden Klassen dieses Landes überall den socialen und moralischen Standpunkt gewonnen haben, welcher vor Kurzem in ihrem Bereich gelegen haben dürfte, darf Niemand folgern, daß wir sie zu einer müßigen Selbstgefälligkeit mit Resultaten ermuthigen wollen, welche oft an sich sehr unbedeutend sind und von denen oft nur ein geringer Theil aus ihren eigenen Bestrebungen hervorgegangen ist. Einer aus ihrer eigenen Reihe — der, wie er aussagt, im zwanzigsten Jahre heirathete und mit 18—20 Sh. per Woche Frau und Haushalt zu unterhalten hatte — sagt äußerst wahr: „Wenn ich die Vorzüge, in deren Besitz jetzt junge Männer sich befinden, mit denen im Gegensatz stelle, welche wir besaßen, als ich ein junger Kerl war, so glaube ich, daß nicht jener Fortschritt gemacht worden ist, den wir hätten machen können, ungeheuer, wie er gegenwärtig ist." Und in trauriger Weise zieht er in seiner eigenen Stadt von 90—100,000 Einwohnern einen Vergleich zwischen den 346 Wirthshäusern und Bierkneipen mit den 17 Bücherkrämern, Buchhändlern und Zeitungsverkäufern. Welch ein Fortschritt auch immer seit 1832 gemacht sein mag, sicher ist, daß das Nachlassen der Fluth in einigen Fällen vergleichsweise von neuerem Datum ist, daß in vielen ihre Strömung bis jetzt nur gering gewesen ist. Solch ein Beispiel beabsichtigen wir jetzt zu geben. In paßlicher Weise wird es dazu dienen, den Beweis zu liefern, wie weit noch die moralische Lage des Arbeiters in einer großen englischen Stadt davon entfernt ist, eine zufriedenstellende zu sein. Aber es zeigt etwas mehr.

Wir haben uns bisher hauptsächlich beschränkt auf solche Beweis-Darlegungen socialer und moralischer Fortentwicklung, die die Entfaltung materieller Wohlfahrt begleitete. Wenn wir ähnliche Beweis-Urkunden inmitten abnehmenden Wohlstandes beibringen können, so wird dies der stärkste Beweis sein, daß solch ein Fortschritt ein lauterer ist — daß die Fluth unwiderstehlich steigt, so träge und langsam sie sich auch heben mag. Die in Abnahme gerathende Stadt Norwich wird uns solch ein Beispiel liefern, wie wir es brauchen. Wir geben unseren Lesern als völlig glaubwürdig, die folgende Darstellung ihres Zustandes aus der Feder eines ehrenwerthen Geistlichen, der viele Jahre hindurch mit den arbeitenden Klassen jener Stadt in enger Verbindung stand. Wir haben den Inhalt derselben nicht unter verschiedene Capitel vertheilen, sondern ihn als ein Ganzes geben wollen, um die Einzelheiten derselben für sich selbst sprechen zu lassen zur Bestätigung vieler unserer oben aufgestellten Behauptungen:

„Als ich nach Norwich kam, befand sich (1849) die Chartisten-Bewegung in ihrem schlimmsten Stadium und die Stadt vom moralischen und politischen Standpunkt aus in einer schimpflichen Lage. Alle Klassen waren in Bestechung eingeübt und erzogen. Wenn man einen Blick wirft in die Berichte der Comissäre für die Untersuchung der wohlthätigen Stiftungen von Norwich und der Fabriken von Norwich zu jener Zeit, so wird man finden, daß von den hochgestelltesten Männern der Stadt beinahe jede öffentliche Wohlthätigkeit gewohnheitsgemäß zu einem Werkzeug der Bestechung und Corruption gemacht wurde und daß eine bedeutende Veranlassung zu dem Verfall unserer Fabriken in dem Parthei-Geist lag, welcher nach der Reihe jede Seite verlockte, den Pöbel der Fabrik-Arbeiter zur Zerstörung der Maschinen anzureizen, wenn er durch einen Gegner angereizt wurde. Fortwährend erzählten mir Herrn, wie unmöglich es für sie sei, ihren vertrautesten Commis und Werkmeistern ein Geheimniß anzuvertrauen, weil nicht einer der Hand-Berührung von Banknoten widerstehen könne, und wenn ich sage, ich kenne Jemand, der 75 Pfd. St. für eine Stimme ablehnte, so wird man glauben, daß es zu jenen Zeiten keine kleinen Summen waren, welche bei einer Gelegenheit, wo Bestechung zulässig schien, gefordert und geboten wurden. Meine erste Bekanntschaft mit den Haltern von Wirthshäusern machte ich bei der Vernehmung eines Chartistischen Wirthshaushalters, der Piken gemacht oder bestellt hatte, vor den Magistrats-Personen. Ganz frei heraus wandte er dem Mayor ein: „Mr. Mayor, Sie wissen, ich habe schlimmere Dinge für die Whigs gethan, wofür Sie mich bezahlten, wie ich jemals als Chartist gethan habe.“ Der Mayor verbarg sein Gesicht hinter einer Zeitung und sagte: „Solche Bemerkungen gehören hier nicht her.“ Als nachher einer seiner Magistrats-Collegen bemerkte, daß der N. N. ihm einen harten Hieb versetzte, als er sich jener Worte bediente, hörte ich den Mayor halb laut sagen: „Bei Gott, es war wahr.“ Später nannte der Mann einen Chartisten-Candidaten, der einen Wahlstreit hervorrufen sollte. Er hatte von einem whiggistischen Baronet 40 Pfd. erhalten und wurde in der Guildhall bis zur Dunkelheit zurückbehalten, damit der Pöbel sich nicht an ihn rächen könnte; derselbe that es jedoch am Abend und schlug ihn beinahe halb todt. Es war damals die gewöhnliche Redensart eines Arbeiters, der seinen Vater in ein Armenhaus oder sein Kind in eine Schule haben wollte: „Verzeihen Sie Sir, ich habe immer mit der Parthei gestimmt; aber für keinen von meiner Familie ist etwas geschehen" — indem er den bestimmten Artikel betonte, wie der Hörer zu einer oder der anderen Parthei gehören mochte.

„Bald nach meiner Ankunft starb einer unserer besten und schätzbarsten Fabrikanten. Er war, wie ich bestimmt glaube, unabsichtlich die Ursache gewesen zur Einführung der Verringerung der Löhne bei einer Veränderung im Gewerbe-Betriebe. Er beabsichtigte nur eine Verminderung auf gewisse Waaren und nur für eine Zeit; sie stellte sich aber als dauernd heraus. Der Pöbel der Fabrik-Arbeiter beschloß nun seine Bestattung zu hindern und nur durch ein geschicktes Manöver der Polizei, mit der sie denselben von dem Wege des Leichenbegängnisses ableitete, wurde dieser abgehalten den Sarg in den Fluß zu werfen, wie er es beabsichtigt hatte. In den Londoner Blättern befand sich eine vollständige Darstellung dieser Affaire, aber keine in unseren Local-Blättern. Ich hielt einige Predigten über die Beziehungen der Fabrikherrn und Arbeiter zu einander; eine Menge kam, und als ich jene Scene berührte, stürzte mehr als ein Kirchenstuhl voll Arbeitern zu ihren Füßen, erregt aber schweigend. Sie nahmen an was ich sagte, und dann, nach dem Gottesdienst, gingen sie nach einem Wirthshause und tranken meine Gesundheit.

„Ich habe verschiedene Lese-Clubs entstehen und fehlschlagen sehen; meistens aber brachen sie zusammen durch die Unrechtschaffenheit der Geschäftsführer oder durch das Mißtrauen der Arbeiter gegen einander. Und so sind die Dinge weiter gegangen, und haben die Stadt zu einem Schlupfwinkel für Corruption und Immoralität und für Mißtrauen einer Klasse gegen die andere, und des Einzelnen gegen den Einzelnen gemacht.

„Doch seit Kurzem hat eine Umänderung zum Besseren begonnen. Die cooperativen Arbeiter haben acht oder neun Jahr lang ein bedeutendes Magazin mit abgezweigten Läden, mit sehr glücklichem Erfolg gehalten — obgleich sie augenblicklich sich in einer Krisis befinden wegen Mißtrauens, das wiederum durch unehrliche Geschäftsführer hervorgerufen ist. Die Vereine der Old Fellows sind sehr groß. Bau-Gesellschaften haben glücklichen Erfolg, aber wie ich glaube, meistens unter den höheren Fabrikarbeitern und kleinen Landenhaltern; die geringen Löhne halten den gewöhnlichen Arbeiter ab, denselben beizutreten. Unter den Webern hat es immer tüchtige und geschickte Arbeiter gegeben und giebt es auch jetzt, aber die Fabrikation ist in allen ihren Zweigen in beständigem Abnehmen begriffen, und die Schuh-Fabrikation nimmt ihre Stelle ein, mit niedrigen Löhnen und fluctuirender Beschäftigung, und einer Production von oft sehr geringer Waare für den Export.

Die cooperativen Clubs und anderen Clubs lesen weit mehr, als früher, sowohl Bücher wie Zeitungen. Sehr wenige belästigen uns Geistliche mit ihrer Gegenwart an den Sonntagen, obgleich die Frauen die Missions-Häuser und Sonntags-Schulen besuchen. Große Veränderungen zum Besseren haben aber in einigen der schlechtesten Theile der Stadt stattgefunden, welche viele Jahre lang gute Schulen gehabt haben, während gewisse thätige religiös-geistliche Gentlemen Adressen an den Sonntagen und Wochentagen in Bewegung gesetzt haben, bis jetzt unsere fashionablesten Straßen der Polizei mehr Unruhe machen als jene Theile der Stadt die einstmals die „schlechtesten" hießen.

„Ohne Zweifel hat eine große Verbesserung stattgefunden, obgleich noch auf und nieder gehende Beschäftigung, die viele Hunderte zwischen dem Arbeiterhause und der Anklagebank oder dem Webestuhle schwanken läßt, niedrige Löhne und die langsam wirkenden Folgen der Bestechung bei Parlaments- und municipalen Wahlen die Bevölkerung zu der niedrigsten und schlechtest erzogenen machen, die ich jemals gesehen habe. Jeder Charlatan gewinnt ihr Ohr für eine Weile, Keiner, sei es für etwas Gutes oder Schlechtes, auf lange Zeit. Was die Bestechung angeht, so glaube ich nicht, daß eine oder die andere Seite sich mehr als 1000 — 1200 durchweg reiner Stimmen rühmen darf. Wenn die Liberalen mehr als 500 Stimmen gewinnen, so ist Alles Bestechung; wenn die Torries mehr als 2000 im Ganzen bekommen, so müssen sie nicht bloß ihre eigenen Leute bezahlen, sondern müssen auch die andere Seite ungeheuer bestechen. Die ganze Untersuchung in Wahl-Angelegenheiten wurde hier kürzlich durch ein Arrangement Seitens der Führer auf allen drei Seiten, den Whigs, Tories und Radicalen todt gemacht, sonst würden die Aufdeckungen bei uns denen von Yarmuth gleich gekommen sein."

„Alles dieses ist ohne Zweifel das Resultat von Generationen langer, schlechter Behandlung der Arbeiter, Bestechung und schlechter Erziehung, mit einem in letzter Zeit abnehmenden Handel. Die Stadt wird mehr und mehr eine Grafschafts-Stadt, welche bessere Tage gesehen hat. Inzwischen sterben die alten Uebel langsam an Entkräftung aus und sicherlich wird jetzt weit mehr gelesen und gedacht; es herrscht ein besserer Geist zwischen den Klassen und ein gesunderes Vertrauens-Gefühl bei den Arbeitern, sowohl zwischen ihnen selbst als auch in Bezug auf Arbeitgeber und die reicheren Stände. Wie anderwärts, war in den letzten Jahren ein weit größerer persönlicher Verkehr zwischen den arbeitenden und den höheren Klassen, als früher, was zu einem mehr humanen Gefühl auf beiden Seiten geführt hat. Die einzige Besonderheit von Norwich, Musik, hat bedeutende Hülfe bei diesem Resultat geleistet. Diese Gabe nimmt keine Rücksicht auf Personen und nichts kann hindernd wirken um einen Oratorium oder Kirchen-Chor zu einem rühmlichen Zweck der Vereinigung für Personen verschiedener Stände und Grade der Erziehung werden zu lassen. Die Tonic-Sol Fa war die Erfindung einer Dame hier, wie sie eine der Schulen hier besuchte, von wo sie sich von selbst ausdehnte; jetzt giebt es aber verschiedene Vereine, öffentliche und private, für Gesang sind verschiedene Musik-Vereine thätig.

„Strikes sind sehr unheilbringend gewesen und als sie vor Kurzem wiederkehrten, manifestirten sie den alten unversöhnlichen Geist. In einem Fall beschleunigten sie die beinahe totale Uebersiedlung einer bedeutenden Firma nach Bradford. Die Weber von Norwich sind bis jetzt unverbesserlich in diesem Punkt; aber sie sterben aus.“

„Was die Mäßigkeit angeht, so haben sich ohne Zweifel die Arbeiter bedeutend vervollkommnet; obgleich wir eine furchtbare Anzahl von Wirthshäusern haben, so sind sie doch meistentheils von den Märkten und von der Land-Kundschaft abhängig.“

Wir setzen noch eine andere Auslassung her, welche von einem Manne herrührt, der auch mit den arbeitenden Klassen von Norwich sehr genau bekannt ist und die vor dreißig Jahren mit denen der Jetztzeit vergleicht. Obgleich günstiger als die obige, stimmt sie doch mit ihr in der Hauptsache überein, und wirft einige neue Streiflichter über den bewegten Gegenstand.

„Ich denke,“ sagt der Verfasser

„1. daß sie (d. h. die Arbeiter), im Allgemeinen gesprochen, sich sehr gehoben haben; und besonders

2. daß sie gegen Religion weniger feindlich gesinnt sind, weniger unloyal, weniger brutal, mehr empfänglich für freundliche Bestrebungen und guten Rath;

3. daß die Führer des Volks in der Arbeiter-Klassen Agitation, z. B. in der Reform-Bewegung, verschieden sind von den alten Chartisten-Führern; gemäßigter, billiger, gesitteter, weniger heftig im Temperament und Sprache. Ich machte die Beobachtung, daß alle die Sprecher der Arbeiter-Klasse bei dem größesten Reform-Meeting, welches wir seit Jahren gehabt haben, gottesfürchtige Leute waren; Prediger des Orts oder Lehrer in den Sonntags-Schulen. Der Präsident der

„Norwich Political Union“ (Politischer Verein für Norwich) ist Vorsteher des Sonntag-Schulen-Vereins für den District. Ich war, am anderen Abend, überrascht über den Vorschlag, der auf einem Meeting gemacht wurde, welches beinahe gänzlich aus Arbeitern bestand, daß eine kürzlich von den Mormonen benutzte Halle als „Working Men's Hall and Mission-room“ gemiethet werden sollte zu Predigten an den Sonntagen und zu politischen Angelegenheiten oder zu einem Lesezimmer oder zu cooperativen Meetings u. s. w. in den Wochentagen. Die Männer, welche die Geschäftsführung für diesen Raum übernehmen wollen, sind alle (oder beinahe alle) gottesfürchtige Leute und Radikale. Und diese sind die Männer, welchen jetzt das Ohr der arbeitenden Klassen gehörte.

„4. Ich finde unter den arbeitenden Klassen ein weit besseres Gefühl für Religion, als vor zwanzig, selbst vor dreißig Jahren bemerkbar war. Die Revival Movement (Bewegung für Wiedererweckung des Glaubens), die Temperance Movement (Mäßigkeits-Bewegung) und vor allen die Sonntags-Schulen haben sehr viel dafür gethan. Das Wirthshaus ist jetzt der Feind.“

Sicherlich wird das vorstehende Bild, nicht schmeichelnd, und aufrichtig wie es ist, hinreichen, doch einen Beiweis zu liefern von der bestimmten moralischen Vervollkommnung, welche in der arbeitenden Klasse selbst aus den Abgründen politischer Corruption aufsprießt und sich Schritt für Schritt aus ökonomischem Verfall entwickelt.

Siebenter Abschnitt.

Schluß.

Wir haben den Versuch gemacht, auf diesen Seiten eine Beschreibung des Fortschrittes zu geben, der von den Fabrikarbeitern Englands gegenüber der Erfüllung gewisser selbst gestellten Aufgaben gemacht ist, welchen sie sich als Gegenstände der Pflicht gewidmet hatten. Bei diesem Versuch sind wir bestrebt gewesen von jeder Bewegung Notiz zu nehmen, in welche Arbeiter, als organisirte Körperschaften, sich eingelassen haben. Wir haben nicht für nothwendig erachtet, umständlich zu erzählen, welche Theile derselben einen Versuch gemacht haben und mit diesem Versuch fehlgeschlagen sind, noch weniger, Ansichten und Grundsätze genau zu prüfen. Der Chartismus, z. B. als ein politisches Programm, bedarf keines Arguments, um ihn zu bestreiten oder zu rechtfertigen, jetzt sind Radicalismus und Conservatismus Ausdrücke, welche sich kaum in ihrer Anwendung unterscheiden, während Chartismus, als eine Form von Gewaltthätigkeit ein erbärmlicher Fehlgriff war. Von den Owenschen Socialisten, deren Einfluß während des Zeitraums, den wir einer Betrachtung unterworfen haben, weit entfernt war unbedeutend zu sein, namentlich in den Fabrik-Districten, läßt sich sagen, daß sie eher eine Secte als einer große populäre Parthei waren, und Ansichten hegten und Principien zur Ausführung zu bringen suchten, an welchen die große Majorität der Arbeiter-Bevölkerung keinen Antheil nahm und sie auch nicht verstand, selbst nicht in jenen Districten, in denen sie den glücklichen Erfolg hatten. Welcher Einwurf ihrer Doctrin von der „Bildung des Charakters" als Dogma auch gemacht werden mag, so war sie, in ihrer

Anwendung betrachtet, nur eine besondere Form der großen Frage nationaler Erziehung, während ihre Ansichten über „die Gemeinschaft des Eigenthums" von ihnen mehr als Sache privaten Versuches wie als Sache allgemeiner Annahme betrachtet wurden. Nach einigen Jahren friedfertiger Agitation wurde mit solchen Experimenten, so weit sie in ihren Mitteln lagen, eine Probe angestellt, welche fehlschlug. Von jenem Moment an mischten sich die Anhänger der Ansichten Mr. Owens unter ihre weniger speculativen Landsleute und liehen ihre Hülfe der Förderung weniger ehrgeiziger aber mehr practischer Pläne für sociale Verbesserung, welche seitdem die öffentliche Aufmerksamkeit beschäftigt haben.

Wir müssen aber jetzt diese Darstellung schließen. Gedehnt wie sie scheinen mag, sind wir uns selbst vornehmlich der Lücken bewußt, welche in derselben geblieben sind, ihrer Nachlässigkeiten und ihrer Mängel. Wie sie indessen ist, wagen wir zu glauben, liefert sie in reichlichem Maße den Beweis, daß die Fortentwicklung der arbeitenden Klasse in unserem Lande seit dem Jahre 1832 allgemein und andauernd gewesen ist. Selbst die Klasse der landwirthschaftlichen Arbeiter hat sich nach unserem Dafürhalten bei jener Fortentwicklung betheiligt — theils vermittelst der Verbreitung des Unterrichts, theils vermittelst national-ökonomischer Umstände — wie z. B. der allgemeinen Entfaltung von Wohlstand, der Leerung des landwirthschaftlichen Arbeits-Marktes vermittelst öffentlicher Arbeiten, der Auswanderung; der Zunahme von Fabriken u. s. w.

Ausnahmen von solchem Fortschritt giebt es ohne Zweifel; Ausnahmen namentlich, welche gewisse Theile der Hauptstadt und unserer größeren Städte machen, in denen durch die allmälige Zurückziehung der wohlhabenderen, dann der comfortablen Klassen entweder nach anderen Theilen oder nach Landsitzen, die Armen allein gelassen worden sind, um ärmer und unwissender zu werden und um mehr in Verfall zu gerathen — Ausnahmen, welche gewisse andere Städte und Theile von Städten machen, in denen durch eine plötzliche Zuströmung von Wohlstand oder ferner durch Demolirungen, die durch Eisenbahnen oder andere öffentliche Arbeiten verursacht worden, die Bevölkerung sich unter schlechten sanitätlichen Bedingungen angehäuft hat, oft in Wohnungen, die eilig von Speculanten in die Höhe getrieben sind, und eine Beute ähnlicher Uebel geworden ist — Ausnahmen endlich, welche einzelne Gewerbezweige machen, welche entweder in Folge besonderer Umstände ausnahmsweise gedrückt bleiben, oder bei welchen, umgekehrt, durch ausnahmsweises Gedeihen, die Erhöhung in dem Preise für Arbeit die Entwicklung der legitimen Bedürfnisse des Arbeiters hinter sich gelassen hat. Auch prätendiren wir nicht, wir wiederholen es, sagen zu wollen, daß der Fortschritt, welcher nach unserer Behauptung stattgefunden hat, so rapide gewesen ist — daß er so weit gefördert worden ist — als es hätte sein können, und daß die Arbeiter den vollsten Gebrauch von der Gelegenheit gemacht haben, welche ihnen geboten wurde. Trotzdem glauben wir, daß die Geschichte keines Volkes unter der Sonne einen Zeitraum von derselben Dauer aufweisen kann, in welchem, ohne große politische oder sociale Revolution, ein so großer Fortschritt von der arbeitenden Klasse vollbracht ist, und dieses hauptsächlich durch Einflüsse, welche Gott aus dem Schooß der Klasse selbst sich hat entwickeln lassen.

Ohne deshalb in irgend einer Weise die politische Reform der socialen Reform — die Mittel dem Zwecke — unterzuordnen, wollen wir unsere Ueberzeugung aussprechen, (eine Ueberzeugung die zu unserer Freude jetzt vollkommen getheilt wird von beinahe der ganzen reformirten Parthei), daß für die arbeitenden Klassen Englands die Zeit gekommen ist, in der sie mit Recht einen weit größeren Antheil an der politischen Macht ausüben, als ihnen bisher gespendet worden ist. Vollkommen sind sie nicht, aber ihre Fehler und ihre Laster, wenn nicht immer dieselben wie die der regierenden Klassen, haben zum wenigsten ihr Aequivalent unter jenen Klassen. Vollkommen sind sie nicht, aber das Laster, um dessen willen sie von den eifrigsten Gegnern gerade dieses Lasters am meisten geschmäht worden sind, lieferte den Grund, nicht für Vorenthaltung des Stimmrechts, sondern für Ausdehnung des Stimmrechts auf sie. Die am weitesten gehende Abtheilung des Mäßigkeits-Vereins erklärt, daß sie das Schlachtopfer des Schankwirths sind, nicht ihr Freund und daß „eine Reform-Bill ein Allianz-Gewinn ist.“ Wir gehen weiter, und wir sagen, daß bei solch einer Geschichte, wie sie die arbeitenden Klassen von England in den letzten dreißig Jahren liefern, die Frage der Jetztzeit sich richten sollte eher auf die Vortheile, als die Gefahr ihrer Zulassung zu politischer Macht. Furcht, daß „der Topf überkocht“ — um Mr. Henley's Worte zu gebrauchen — ist kaum ein hinreichender Grund für eine große politische Reform. Nicht mit Furcht, sondern mit Hoffnung sollte eine Nation, wie die englische, der Zukunft in das Auge schauen.

Klassen-Ausschließlichkeit hat sicherlich bisher keine Garantie für ministerielle Ehre oder parlamentarische Reinheit geliefert. Die Walpole, Pelham, Bute und North waren der Gegenstand von Anklagen, welche Niemand jetzt wagen würde gegen die Integrität eines Staatsmannes zu erheben, während das Haus der Gemeinen wenig besser war als ein Markt, auf welchem die herrschenden Minister in Geld und Emolumenten solche Stimmen und Stimmabgaben bezahlten, welche sie für die Erhaltung ihrer Macht für nothwendig erachteten. Wraxells Schilderung des Parlaments von England in jenen Tagen wird beinahe von jedem Schriftsteller benutzt, der auf dieselben Zeiten und Umstände zurückgreift. „Ein Freund von mir," sagt Wraxall, „kennt Roberts, welcher Secretair des Schatzes unter Pelham war, und welcher ihn versicherte, daß es eine Anzahl von Mitgliedern gab, die vor Ende jeder Session regelmäßig von ihm ihre Bezahlung in Bank-Noten empfingen."*) „Die Summen, welche nach den Verdiensten, Fähigkeiten und der Gegenwart der betreffenden Mitglieder schwankte, betrug gewöhnlich 500 bis 800 Pfd. St. per annum." „Ich nehme meinen Platz," sagt Mr. Roberts, „in dem Court of Requests (Gerichtshof für den Gnadenweg) am Tage der Prorogation des Parlaments und wenn die Gentlemen bei mir vorbeigingen bei dem Hinweg oder der Rückkehr von dem Hause, übermachte ich das Geld mit einem Händedruck." Wie Mr. Pitt die Interessen der Besitzer der verrotteten Burgflecken ansah, mag sich aus dem Umstande ergeben, daß er in dem Entwurf seiner Reform-Bill eine bedeutende Summe Geldes als Vergütung aussetzte, während zu der Zeit der Union die irischen Besitzer solcher Flecken, die von der Acte für erloschen erklärt waren, einen sehr harten Strauß mit Lord Cornwallis für den Geld-Preis ihres parlamentarischen Einflusses hatten, welcher ihnen genommen werden sollte. Daß in Mr. Pitts Vorschlag Politik vorhanden war, wie Triftigkeit in den Ansprüchen des irischen hohen und niederen Adels mag man aus dem Umstande entnehmen, daß unmittelbar vor

---

*) „Historical Memoirs of my own Time" Wraxall, vol II. p. 515. Vergleiche auch die folgende Stelle in einem Briefe von Lord North an Georg III. — „Die Kosten der Westminster Wahl betrugen mehr als 8000 Pfd. St.; Surrey 4000 Pfd., die City 4000 Pfd. St.; der Betrag dieser drei mehr 16000 Pfd. St. Diese drei Wahlkämpfe waren unglücklicher Weise von keinem glücklichen Erfolg, und deshalb sind die Kosten der größere Kummer; aber Lord North muß, in Anerkennung der Mitglieder, welche für ihre Gelangung in das Parlament Beistand erhalten hatten, sagen, daß sie bis zu Ende beständige Ergebenheit zeigten. Die Wahlen in den Jahren 1779, 1780 und 1781 werden 53,000 Pfd. St. kosten; es waren aber keine weitere Dienstbelohnungen in Aussicht gestellt. Lord North bittet um Erlaubniß, Sr. Majestät anheim zu geben, daß zur Zeit der Wahl es von der höchsten Wichtigkeit gehalten wurde, sich eine Anzahl von Freunden in dem Hause der Gemeinen zu sichern, die Opposition war ungestüm, zahlreich und mächtig und die Zeiten waren für Gentlemen traurige." (Correspondance of George III. with Lord North from 1768 to 1783).

dem Durchgehen der Reform=Bill von 1832 Lord Camelford Old=Sarum — einen Burgflecken für zwei Parlaments=Mitglieder — an den Earl of Caledon für 60,000 Pfd. St. verkaufte, obgleich das Land und die grundherrlichen Rechte desselben nicht mehr als 700 Pfd. St. jährlich werth waren.

Die Forderung nach einer Reform=Bill, welche im Jahr 1832 ihre Erfüllung fand, entstand nicht allein aus einem Verlangen nach politischen Privilegien Seitens derer, welche sie nicht hatten. Unerträglich mochte es sein zu sehen, daß Bramber mit seiner Bevölkerung von 97 Seelen zwei Parlaments=Mitglieder sandte, ebenso Old=Sarum, ohne eine Haus irgend einer Art innerhalb seiner Grenzen, während Manchester und Birmingham mit ihren strotzenden Tausenden unvertreten waren; die damals eingetretene Veränderung wurde jedoch sehr beschleunigt durch ein herrschendes Gefühl der politischen Unmoralität und Corruption welche solch ein Zustand der Dinge entstehen ließ und förderte. Und nicht täuschte man sich ganz und gar in den Hoffnungen, die man über die Folgen einer politischen Reform hegte. Die Erweiterung der Basis der Verfassung durch die Zulassung der Mittel=Klassen zu einem Antheil an der politschen Macht des Landes reinigte in einem gewissen Umfange die politische Atmospäre. Neue Männer mit neuen Interessen kamen auf den Schauplatz und — theilweise vielleicht weil sie nicht in der Lage waren, Antheil zu nehmen an der Beute — verlangten eine uneigennützige und ehrenhaftere Verwaltung der Angelegenheiten des Landes, weniger Nepotismus und folglich mehr Gerechtigkeit in öffentlichen Ernennungen, auch mehr Sparsamkeit, indem sie darauf sahen, daß Familien=Vergrößerung nicht so geradezu zu einer Belohnung für ministerielle Unterstützung gemacht wurde.

Vor allen anderen Klassen aber ist es die arbeitende Klasse, welche von einer unglücklichen Verwaltung der öffentlichen Angelegenheiten am wenigsten Gewinn ziehen kann. Was weise ist als Politik, auswärtige oder innere, muß von wohlthätiger Folge für die Arbeiter sein. Religiöse oder politische Schwächen werden ihnen in schmerzlicher Weise fühlbar. Beschränkungen im Handel berühren sie in äußerst nachtheiliger Weise. Ein mangelhaftes und schlechtgeleitetes System nationalen Unterrichts kann ihnen nur Uebel bringen. Es giebt keine Monopole im Lande, welche ihnen Wohlstand bringen können. Ihre Söhne können nicht über die Köpfe von Concurrenten durch ungehörigen Einfluß erhoben werden. Und da jeder Versuch, ihren Interessen Dienste zu leisten durch eine ungeeignete Ausübung ihrer parlamentarischen Macht, sicherlich alle anderen Klassen sowohl, wie die Ehrlichen und Gewissenhaften ihrer eigenen Klasse gegen sie vereinigen würde, so muß ihre erste Pflicht immer sein, ihre Hülfe der Förderung von Maßregeln zu leihen, die wahrscheinlich zur allgemeinen Wohlfahrt dienen. Was mehr ist, sie haben noch jenen feinen Sinn für politische Gerechtigkeit, welchen vor 200 Jahren unsere Mittel-Klasse in Land und Stadt besaß und der jetzt in ihr beinahe ausgestorben zu sein scheint. Sie sind immer bereit mit jeder edlen Sache zu sympathisiren. Es ist die feste Ueberzeugung der beiden Verfasser dieser Schrift, daß in Bezug auf klares Verständniß, auf feine Einsicht in die Kernpunkte von Streitfragen und politischen Verhältnissen, auf überlegten Entschluß sowohl, wie auf Standhaftigkeit im Vorsatz, auf unverwandte Ehrlichkeit in den Zwecken, und auf Treue zu den Führern denen sie einmal Glauben geschenkt haben, selbst in Bezug auf eine lautere Freundlichkeit des Herzens, die weit mehr werth ist als alle äußere Politur des Betragens, die besten Männer unter ihnen keine Männer in irgend einer anderen Klasse unserer Landsleute finden, welche ihnen überlegen wären.

Macht, ausschließlich in die Hände der Arbeiter gelegt, würde ohne Zweifel mißbraucht werden, wie es immer geschehen ist, wenn sie sich in deren Besitz befanden. Wenn aber die politische Einbürgerung der arbeitenden Klassen in England die Vollendung des nationalen Gebäudes sein wird, und nicht die Ursurpation unumschränkter Macht Seitens einer Klasse, so können diese Klassen keine Gefahr bringen, welche nicht der gesunde Sinn, der Patriotismus und die Macht der Nation überwinden könnte. Das Alarmgeschrei, das darüber erhoben ist, ist kein anderes, als was immer gehört worden ist, wenn bedeutende Veränderungen in der Verfassung oder den Gesetzen des Landes in Vorschlag gebracht worden sind. Wir haben gesehen, wie absurd und unvernünftig es gewesen ist in Bezug auf die Veränderungen, welche während des gegenwärtigen Jahrhunderts stattgefunden haben. Wir wollen vertrauen, daß die „Schleußen der Revolution,“ mit deren Aufziehung wir immer bedroht worden sind, sich ebenso wenig wahrscheinlich jetzt öffnen werden, wie sie es bisher thaten; daß die Grundfeiler der Gesellschaft, welche nach der Ansicht der Politiker in der Minorität immer auf dem Punkt gestanden haben untergraben zu werden, in der Zuneigung des Volkes zum wenigsten ebenso fest stehen, ebenso stark und tief eingegraben sind, wie zu jeder früheren Zeit der Geschichte der Nation, und daß derselbe Gott, der über unser Land bis zum heutigen Tage gewacht hat, es niemals verlassen oder vergessen wird.

GPSR Compliance

The European Union's (EU) General Product Safety Regulation (GPSR) is a set of rules that requires consumer products to be safe and our obligations to ensure this.

If you have any concerns about our products, you can contact us on ProductSafety@springernature.com

In case Publisher is established outside the EU, the EU authorized representative is:

Springer Nature Customer Service Center GmbH
Europaplatz 3
69115 Heidelberg, Germany

Batch number: 10844623

Printed by Printforce, the Netherlands